Continuity and Discontinuity in Early Christian Apologetics

EARLY CHRISTIANITY IN THE CONTEXT OF ANTIQUITY

Edited by David Brakke,
Anders-Christian Jacobsen,
Jörg Ulrich

Advisory board:
Hanns Christof Brennecke
Ferdinand R. Prostmeier
Einar Thomassen
Nils Arne Pedersen

Volume 5

Frankfurt am Main · Berlin · Bern · Bruxelles · New York · Oxford · Wien

Jörg Ulrich
Anders-Christian Jacobsen
Maijastina Kahlos
(eds.)

Continuity and Discontinuity in Early Christian Apologetics

PETER LANG
Internationaler Verlag der Wissenschaften

Bibliographic Information published by the Deutsche Nationalbibliothek
The Deutsche Nationalbibliothek lists this publication in the Deutsche
Nationalbibliografie; detailed bibliographic data is available in the internet at
<http://www.d-nb.de>.

ISSN 1862-197X
ISBN 978-3-631-57976-3
© Peter Lang GmbH
Internationaler Verlag der Wissenschaften
Frankfurt am Main 2009
All rights reserved.

All parts of this publication are protected by copyright. Any
utilisation outside the strict limits of the copyright law, without
the permission of the publisher, is forbidden and liable to
prosecution. This applies in particular to reproductions,
translations, microfilming, and storage and processing in
electronic retrieval systems.

www.peterlang.de

Contents

Preface
Jörg Ulrich, Anders-Christian Jacobsen and Maijastina Kahlos   3

Apologetics and Apologies – Some Definitions
Anders-Christian Jacobsen   5

Tatian the Barbarian: Language, Education and Identity in the
Oratio ad Graecos
John Eugene Fojtik   23

Occultum and *manifestum*: Some Remarks on Tertullian's *Apologeticum*
Tobias Georges   35

"From among You are We. Made, not Born are Christians":
Apologists' Accounts of Conversion before 310 AD
Jakob Engberg   49

The Rhetoric of Tolerance and Intolerance: From Lactantius to
Firmicus Maternus
Maijastina Kahlos   79

Acerrimus inimicus: Porphyry in Christian Apologetics
Markus Mertaniemi   97

The Reception of Greek Christian Apologetics in Theodoretus'
Graecarum affectionum curatio
Jörg Ulrich   113

Preface

The present book contains the contributions to a workshop on apologetics in early Christianity which took place at the *Fifteenth International Conference on Patristic Studies* in Oxford in the summer of 2007. The workshop was arranged by scholars from Germany, Finland and Denmark who had for some time worked together in a project on early Christian apologetics. The aim of the workshop was thus to present and discuss some of the results and still unsolved problems which arose from this project. In this book we present the contributions to the workshop in a written form. Hereby we hope to reach a larger audience and thus to be able to further the discussion of the topic of *Early Christian Apologetics*.

As the editors of this volume we wish to thank the contributors who have entrusted their lectures to our editorial safekeeping. We also thank all the participants in the discussions in Oxford. Many of their valuable comments have found their way into the present versions of the essays.

We wish to thank those who have undertaken the task of producing this book. Sara Hönsch, Georg Rosentreter and Beate Ueltzen from Halle have taken care of the unification of texts and footnotes. Marlene Jessen and Andrea Villani from Aarhus and Beate Ueltzen from Halle have thoroughly worked on the layout. Martina Polster of Peter Lang publisher has given some pieces of useful advice. The University of Aarhus Research Foundation has kindly granted considerable financial support.

Halle, Aarhus and Helsinki in March 2009

Jörg Ulrich, Anders-Christian Jacobsen and Maijastina Kahlos

Apologetics and Apologies – Some Definitions

Anders-Christian Jacobsen

In the Aarhus project on apologetics[1] the concept of apologetics has been much discussed. This article will reflect this discussion but also include other elements of research history. One of the main problems when discussing the concept of apologetics is how to define and classify texts as apologetic texts. This is the issue I am going to discuss in this contribution. In the course of the article, I will discuss, first, the motive of defence; secondly, addressees of apologetic texts; and, thirdly, apologetic texts as a literary genre.

The Motive of Defence and Construction of Identity

In order to get started it is necessary to have some sort of first definition of apologetics: it is enough here to begin with the Greek words ἀπολογέομαι and ἀπολογία and derivates which mean a defence or a speech of defence or the like – written or oral.[2] From this we can conclude that apologetic texts are texts which in one way or another include elements of defence. Let me substantiate this first definition.

In my opinion texts must include elements of defence in order to be counted as apologetic texts. As a consequence a text must also answer some kind of attack to be labelled apologetic. These attacks can be explicit or implicit; they can be real or constructed by the author himself.[3] This is a classical definition of apologetics which also dominates modern scholarship, although the accent in recent scholarship is a little different. I will give some examples.

In the introduction to his book *Zwei griechische Apologeten*[4] J. Geffcken describes Jewish apologetics. He finds at least two different trends: the first, represented by Josephus, is mainly concerned with making propaganda for Judaism (XVI). The other (which is more acceptable

---

[1] Cf. the introduction to this book.
[2] Cf. H.G. Liddell / R. Scott (eds.), *A Greek-English Lexicon*, ⁹1996, 207f.
[3] By this definition I want to avoid including all kind of texts where two positions are debated into the group of apologetic texts. As an example I will mention texts which uses polemics against other positions. Polemics can be used without preceding attacks. Likewise are many so-called 'antiheretical' texts not answers to previous attacks, but in them selves attacks on other positions.
[4] J. Geffcken, *Zwei griechische Apologeten*, Leipzig 1907, IX-XLIII.

for Geffcken), represented by Philo, is concerned with defence of Judaism. An important part of this defence is attacking the critics and adversaries (XXVIII). Defence of one's own position is thus according to Geffcken an important characterization of apologetics.

A. von Harnack opens his chapter on the apologists with these words:

> Die christlichen Apologeten, von denen einige auch in kirchlichen Ämtern gestanden und auf mancherlei Weise erbauend gewirkt haben, wollten, wie sie selbst erklärten, das Christentum behaupten, welches die christlichen Gemeinden bekannten und welches öffentlich verkündet wurde.[5]

The word "behaupten" means "maintain". This term includes a strong element of defence since the act of maintaining also includes an act of defence against threats which will disturb one's position as well as an active explanation of this position. According to Harnack, the apologists tried to maintain Christianity by combining the Christian idea of revelation with the idea of rationality characteristic for Greek philosophy:

> Das Christentum ist die Aufklärung, die dem natürlichen aber verdunkelten Wissen des Menschen entspricht; es umfasst alle Wahrheitsmomente der Philosophie – es ist darum *die* Philosophie – und es verhilft dem Menschen dazu, die in ihm angelegte Erkenntnis zu verwirklichen.[6]

The apologists did thus not defend Christianity by opposing all Greek ideas, but they reinterpreted basic ideas from Greek philosophy, which – according to the apologists – in the Greek tradition itself was 'verdunkelt', because the philosophers were dominated by the demons[7]. The apologists' defence of Christianity thus included a strong element of positive explanation of what Christianity was in the view of the apologists.

R. Seeberg claims as Harnack does the double intention of defence and explanation in the Greek apologists:

---

[5] A. von Harnack, *Lehrbuch der Dogmengeschichte. Band 1: Die Entstehung des kirchlichen Dogmas*, Tübingen ⁴1909, 496f.
[6] Harnack, ⁴1909, 522f. In Harnacks concept of Early Christianity another consequence of the reinterpretation of Greek philosophical ideas was that Christianity was Hellenized. A. Adam (*Lehrbuch der Dogmengeschichte. Band 1: Die Zeit der Alten Kirche*, Gütersloh 1965, 139) rejects Harnacks thesis about the 'hellenization of Christianity'.
[7] Harnack, ⁴1909, 523.

Der Fortschritt der Apologeten seit Justin (ca. 150) über Aristides liegt darin, dass ein förmlicher Beweis für die Wahrheit des Christentums von den Späteren geführt wird, während Aristides mehr mit dem guten Willen seiner Leser rechnet, und dass die heidnischen Vorwürfe wider das Christentum ausdrücklich zurückgewiesen werden (s. bes. Athenag.). Dazu kommt das Bestreben, die christliche Hauptlehre von der Person Christi durch die Logostheorie verständlich zu machen und zu rechtfertigen.[8]

A. Adam shares the view that the Greek apologists include defence as well as explanation in their writings:

Es handelte sich um ein doppeltes Problem: Die Hindernisse, die der Aufnahme des christlichen Glaubens bei einem griechisch-philosophisch geschulten Menschen in Wege standen, sollten beseitigt und zudem der Sinngehalt des christlichen Glaubensinhaltes selbst dargetan werden.[9]

In recent scholarship on apologetics, defence is still seen as the main characteristic of apologetics, but it is often stressed that the defence against attacks from outsiders is directed inwards as a way to strengthen members of the attacked group as much as it is directed outwards against the critics. In the introduction to the important book *Apologetics in the Roman Empire*[10], the editors say:

The adherents of these religions attacked each other with great ferocity at times. In response there emerged the practice of apologetic, the defence of a religion against actual or perceived opponents.[11]

In his book on apologetics from the turn of the millennium, M. Fiedrowicz says: "Die apologetische Literatur entstand im Leben der jungen Kirche aus der Erfahrung von Kontrast und Konfrontation."[12] Fiedro-

---

[8] R. Seeberg, *Lehrbuch der Dogmengeschichte. Band 1. Die Anfänge des Dogmas im nachapostolischen und altkatholischen Zeitalter*, Leipzig ²1908, 267.
[9] Adam, 1965, 137.
[10] M. Edwards / M. Goodman / S. Price / C. Rowland (eds.), *Apologetics in the Roman Empire. Pagans, Jews and Christians*, Oxford 1999.
[11] Edwards / Goodman / Price / Rowland (eds.), 1999, 1.
[12] M. Fiedrowicz, *Apologie im frühen Christentum. Die Kontroverse um den christlichen Wahrheitsanspruch in den ersten Jahrhunderten*, Paderborn ²2001, 13.

wicz thus confirms the classical definition of the "Sitz im Leben" of early Christian apologetic. In its earliest years, the early church was "kerygmatisch-missionarisch orientiert" as Fiedrowicz says.[13] One of the consequences of this was, according to Fiedrowicz, that the church in the second century were met with all kinds of criticism from people who had heard about Christianity but who were not convinced about what they had heard. According to Fiedrowicz, the aim of apologetics is thus, to defend Christianity against this kind of criticism as well as to explain more fully what Christianity in truth is:

> Vor diesem Hintergrund ergibt sich eine mehrfache Zielsetzung der apologetischen Schriften. Zunächst galt es, jene Angriffe zu entkräften und zu widerlegen, die sich gegen einzelne Glaubenslehren und -praktiken oder das Christentum generell richteten.[14]

Loveday Alexander's contribution to the 1999 book edited by Edwards and Goodman has the title *The Acts of the Apostles as an Apologetic Text*.[15] Alexander opens her contribution with a quotation from F.F. Bruce[16] which the point is that *The Acts of the Apostles* is an apologetic text because it includes all the defensive modes which later is to be found in the second century Christian apologetics. The underlying assumption is that apologetics is defensive. Alexander endorses this definition.[17] She has, however, more to say about the definition of apologetics. I will return to that. Further examples could easily be mentioned.[18]

A position in line with but with a different emphasis than the one mentioned above can be found in Judith Lieu's contribution to a conference on apologetics held in Aarhus.[19] Lieu recognises an element of defence in apologetics, but she underlines that the motive of defence is combined with attempts to reconcile the differences between religious communities and individuals. I will bring a lengthy quote from her lecture:

---

[13] Fiedrowicz, ²2001, 14.
[14] Fiedrowicz, ²2001, 16.
[15] L. Alexander, *The Acts of the Apostles as an Apologetic Text*, in: Edwards / Goodman / Price / Rowland (eds.), 1999, 15-44.
[16] F.F. Bruce, *The Acts of the Apostles*, Leicester 1990, 22.
[17] Alexander, 1999, 15f.
[18] See e.g. M. Goodman, *Josephus' Treatise 'Against Apion'*, in: Edwards / Goodman / Price / Rowland (eds.), 1999, 45-58 (45).
[19] The title of J. Lieu's paper was *Jews, Christians and 'Pagans' in Conflict*. It is published in: A.-C. Jacobsen / J. Ulrich / D. Brakke (eds.), *Critique and Apologetics. Jews, Christians and Pagans in Antiquity*, ECCA 4, Frankfurt 2009, 43-58.

Are they (apologies) designed to mitigate conflict - to undermine persecution 'for the name', by exposing its irrationality, and to prove the emptiness of the routine charges laid against the Christians? Or do they promote conflict by carrying the battle into the enemy's territory, denouncing its values and deities, and threatening ultimate punishment? How would the Apologies look if read from the perspective of a consensus model? In what ways do they seek to effect change through evolution rather than through revolution? Justin of course celebrates Socrates and others as 'Christians before Christ', while Melito appeals to the convergence between the appearance of Christianity and the flourishing of the Empire since Augustus. Theophilus appeals to nature to support the idea of resurrection, while Athenagoras suggests that little is required of the emperors to support the Christians other than to act by their already-proven virtues. Although they testify to the actuality of conflict, these writers imply that it is not inevitable, nor so fixed within the structures of society that it cannot be defused. The apologetic genre by definition anticipates change by consensus. As such it presupposes the multiple identities that would allow for the discovery of alternative bases for collective action and feeling. It appeals to shared values in ethics and it claims a common history.

M. Kahlos[20] has recently emphasised that Christian apologists probably not were very concerned about defending their own already established and well defined positions against attacks from other existing and well defined religious positions (i.e. Greek and Roman polytheistic religions). What the apologists did was to create images of 'the others' which they could attack as a way to create and establish an identity for themselves and for their communities. What is new here is not that the writings of the apologists dealt with identity making. Already Harnack was aware of that. The new aspect which Kahlos presents is that the identity making did not take the form of shifting from one fixed identity to another fixed identity. The identities were fluent and out of these many fluent identities the apologists constructed fixed identities which they could attack and defend. This shift in the understanding of how the making of identities took place do, however, not change the fact that apologetic and apologies deals with attack, defence and explanation.

---

[20] M. Kahlos, *Debate and Dialogue. Christian and Pagan Cultures c. 360-430*, Aldershot 2007.

It seems that we can conclude that most scholars agree that writings classified as apologetic must include elements of defence against actual or constructed attacks. Important representatives from modern scholarship, however, add to this that the motive of defence is often included in order to sustain the construction of identity among adherents of the group which produce the defence. I will now turn to the ancient texts themselves.

As far as early Christian texts are concerned, some texts are dominated by defensive motives whereas others only include some defensive elements. The ways in which the defence is constructed can be very different, covering a wide field from active defence against concrete charges to an indirect defence where the content of Christian beliefs is explained.

In his *Legatio* Athenagoras says: "They bring three charges against us: atheism, Thyestian banquets and Oedipean unions."[21] A little later he adds: "I shall now meet each charge separately."[22] Even if the word *apologia* is not used here, it is quite clear that the aim of Athenagoras is to defend Christians against very concrete charges. In his defence Athenagoras applies severe attacks on Greek religious traditions as for example the use of material images of gods in the cult,[23] and he also explains elements of Christian teaching as for example the monotheistic idea of God.[24]

In Justin's first apology the whole setup is defensive: Justin addresses the emperor in order to defend Christians against legal injustice[25] and charges for immorality, atheism, etc.[26] Justin also attacks ideas from Greek religion, for example the Greek demonology, and he explains concrete elements in Christian teaching, for example the idea of resurrection. In an interesting article[27] P. Keresztes analyses Justin's first apology in accordance with classical rhetorical categories. Keresztes argues that Justin's first apology is an apologetic work with a defensive character.[28] He thus agree that apologetic texts must include defensive elements. From there Keresztes goes on to show that the type of defence found in Justin's first apology is not *forensic*[29] but delibera-

---

[21] Athenag., leg. 3.1.
[22] Athenag., leg. 4.1.
[23] Athenag., leg. 15.1-30.6.
[24] Athenag., leg. 10.1-5.
[25] Just., 1. apol. 1-12.
[26] Just., 1. apol. 13-60.
[27] P. Keresztes, *The Literary Genre of Justin's First Apology*, in: VigChr 19 (1965), 99-110.
[28] Keresztes, 1965, 100.
[29] Keresztes, 1965, 100.

tive[30] and persuasive.[31] According to Keresztes the situation in which the Christians found themselves in the second century would allow them to make a forensic defence, but they could – as Justin did – try to persuade and advise[32] the emperor to deal with the Christians in a more proper way.

In the preface to *Contra Celsum* Origen makes it clear that what he is undertaking is an apology for Christianity. He thus uses the words ἀπολογέομαι and ἀπολογία several times. It is interesting to see that Origen discusses the best way to make an apology – is it in writing or by way of life?[33] The way he describes the weak Christians as the intended addressee is likewise informative.[34]

In Luke's *Acts of the Apostles* we have an example of a text in which the defensive elements are not so prominent but anyway important. Defensive elements are for example found in Paul's speeches of defence in Acts chapter 22-26.[35]

Among Jewish texts the situation is the same: one can find some texts with a very outspoken defensive character and others which only includes defensive elements. To the last category belongs, for example, the so-called *Letter of Aristeas* and Aristobul. None of these texts are dominated by apologetic motives, but they include apologetic elements. Aristobul is thus concerned about showing that the Torah and its worldview are superior to worldviews of surrounding cultures.[36] In Aristeas a similar positive explanation of the Torah is found, which is easiest understood as a way to defend the importance of the Torah for the implied readers.[37] In Josephus, *Contra Apionem* and Philo's *De legatione ad Gaium* there are more explicit defensive elements. The defensive aspect of the last texts is very clear as Philo places the responsibility for the riots against the Jews in Alexandria on Gaius and the Alexandrian mob. The Alexandrian mob took according to Philo Gaius' hatred against the Jews because of their rejection of Gaius' claim of divinity as occasion for their

---

[30] Keresztes, 1965, 106; 108.
[31] Keresztes, 1965, 105f.
[32] Keresztes, 1965, 110.
[33] Or., Cels., praef. 1f.
[34] Or., Cels., praef. 4.
[35] Cf. Alexander, 1999, 15-44.
[36] Cf. A. Klostergaard Petersen, *Aristobul som apologetisk skrift*, in: A. Klostergaard Petersen / J. Hyldahl / K. Fuglseth (eds.), *Perspektiver på jødisk apologetic*, Copenhagen 2007, 69-97 (94).
[37] Cf. A. Klostergaard Petersen, *Apologetik i Aristeas*, in: Klostergaard Petersen / Hyldahl / Fuglseth (eds.), 2007, 45-69 (64f.).

attacks on the Jews.[38] Josephus defends Judaism against attacks from the outside. The theme of these attacks can be summed up as attacks on the antiquity of the Jews and the Jewish nation.[39]

It should be clear now that it is possible to identify a group of texts, Jewish as well as Christian, which are characterised by their defensive character or their defensive elements. This means that the identification of defensive elements in these texts can have a heuristic function as a way to identify and classify a type of texts which can be called apologetic or apologies. Whether this type of texts should be called a literary genre is another question to which I will return.

It was also clear from the examples that the intensity of the defensive elements in the texts was not the same in all texts.

In order to reach as precise a terminology as possible I suggest that only texts with a high and dominating defensive intensity should be called apologies, while texts with a low apologetic intensity should be classified as texts with apologetic elements or motives. Precisely where on the scale the dividing line between the two should be drawn is less important and can be discussed.

At this point it is important to make clear that many of these apologetic texts which are characterised by their defensive elements at the same time have a very offensive and constructive character. It is obvious that Jews, Christians and adherents of other religious beliefs in antiquity and late antiquity lived in a context where they had to define and defend their beliefs and ways of life in relation to many kinds of criticism and attacks. It is also clear that most religious or cultural groupings at that time had no clear cut definition of their beliefs and ways of life. Their religious and cultural identities were under construction or reconstruction. Apologetics can best be seen as part of these processes of self-definition and definition of others.[40] When a religious community defends and presents its own ideas against criticism from the outside, this group is, at the same time, embarking on the process of self-definition and self-construction. Therefore it is very typical for apologetic texts that they simultaneously reject criticism and present a positive description of their own ideas. In Justin's first

---

[38] Cf. Philo, legat. 114-131.
[39] Cf. Goodman, 1999, 45, where Goodman says that *Against Apion* contains much explicit apologetics and shows the finest examples of defensive techniques.
[40] Cf. A. Cameron, *Apologetics in the Roman Empire – a Genre of Intolerance?*, in: J.-M. Carrié / R. Lizzi Testa (eds.), *'Humana Sapit'. Études d'antiquité tardive offertes à Lellia Cracco Ruggini*, Bibliotheque de l'Antiquité tardive 3, Turnhout 2002, 219-227 (223).

apology, for example, he tries to prove the truth of Christianity from the Old Testament prophecies,[41] and he concludes his treatise with a positive description of the worship of the Christians and their life in the Christian community.[42] Such positive descriptions of their own beliefs are found in many apologetic texts – even in Tertullian who in my opinion is the most negative of all the apologists. In Tertullian's *Apologeticum* we find the following sentence: "I shall at once go on, then, to exhibit the peculiarities of the Christian society that, as I have refuted the evil charged against it, I may point out its positive good."[43] This sentence is part of an argument which runs through chapters 36 to 45. In these passages, Tertullian rejected the accusations against the Christians of being disloyal toward the emperor and the empire. He argued that the enemies of the emperor are to be found among the Romans themselves while the Christians were loyal and positive toward the emperor as well as toward the empire. The argumentative strategy was thus to reject the negative charges and to establish a positive image instead of the negative.[44] I thus agree with a mainstream in recent research that positive construction of identity is a very important part of the apologetic endeavour.

Addressees

Another much discussed theme is the addressees of apologetic texts. In texts considered to be of an apologetic nature, one can find many different indications of addressees. The question to be asked here is whether or not these indications of addressees – either explicitly or implied – can help to define a category of texts which can be called apologies?

With few exceptions Jewish and Christian apologies are explicitly addressed to readers outside the group to which the author of the apology belongs. One could thus assume that apologetic writings or utterances are directly addressed to those who have raised charges against the group represented by the apologist. Thus it is in some cas-

---

[41] Just., 1. apol. 30-53.
[42] Just., 1. apol. 61-67.
[43] Tert., apol. 39.1: *Edam iam nunc ego ipse negotia Christianae factionis, ut, qui mala refutaverim, bona ostendam.*
[44] Cf. A.-C. Jacobsen, *Main Topics in Early Christian Apologetics*, in: A.-C. Jacobsen / J. Ulrich / D. Brakke (eds.), 2009, 85-110. See also M. Fiedrowicz, ²2001, 19: "In Anlehnung an die platonische Apologie des Sokrates konnte somit auch die christliche Apologie den rein juridischen Rahmen sprengen und in eine philosophische Argumentation übergehen bzw. zu einer umfassende Darlegung des eigenen Wahrheitsanspruches werden."

es. Socrates' speech of defence was directed against those who had accused him – but at the same time also to those who were his judges. However, Plato's and Xenophon's written versions of Socrates' speech already aim at a wider audience of learned readers. The purpose of their writings was not only to defend the memory of Socrates but also to place themselves in the political and philosophical landscape of their own time. The Christian apologists of the second century A.D. typically addressed their writings to the Roman authorities, e.g. the emperors; friends etc. Justin addressed his apologies to the emperor Antoninus Pius; Tatian addressed his treatise to 'Greek men'; Athenagoras addressed his writing to Marcus Aurelius and Lucius Aurelius Commodus, who are called philosophers; the letter to Diognetus is addressed to Diognetus, who is said to be an inquirer into Christianity; Theophilus' treatise is 'Ad Autolycum', a person with whom Theophilus has had discussions about the nature of Christianity. In Jewish apologies we find the same variety of addressees: Josephus' treatise *Contra Apionem* is addressed to an individual person Epaphroditus, so is Philo's *Legatio ad Gaium*. Gaius is a public officer, though. The question is, however, whether these writings in reality were addressed to these authorities and individuals and to them alone. It is also possible that texts of an apologetic nature could be addressed to a wider non Christian audience aiming at converting these to Christianity. One could also very well imagine that the writings also had a function within the Christian or Jewish communities, because they could provide Jews and Christians with arguments which they could use when forced to explain and defend themselves. In the middle of the third century, Origen's treatise against Celsus makes it clear that apologies can have an internal function. Origen knew that Celsus would never read his treatise, because Celsus was long dead when Origen wrote his treatise against him.[45] *Contra Celsum* is not directed at Celsus' cultural, religious or philosophical heirs, rather towards the weak Christians who are affected by the critique raised by Celsus.[46] In such cases, the function of apologetics is to strengthen the accused group itself.[47]

In the early period of modern scholarship these explicit addressees were most often taken also to be the implied addressees. This is, for instance, the case in the introduction to G. Krüger's edition of Jus-

---

[45] Cf. Or., Cels., praef. 4.
[46] Cf. Or., Cels., praef. 3f.
[47] Edwards / Goodman / Price / Rowland (eds.), 1999, 8f. claim that most apologetic expressions and treatises have this internal address to the accused group themselves.

tin's apologies[48] where it is just taken for granted that Justin's apologies are addressed to the emperor. In the introductory note – probably written by A.C. Coxe – to the translation of Justin's apologies in the Ante-Nicene Fathers, it is said: "He (Justin) tells the professional philosophers on a throne how false and hallow is all wisdom that is not meant for all humanity, and that is not capable of leavening the masses."[49] The addressee is thus taken to be the emperor. B. Altaner[50] claims without any discussion or differentiation that the Christian apologies from the second century were written for the emperors. In his patrology Quasten opens his chapter on second century Christian apologists with this sentence:

> Whereas the works of the Apostolic Fathers and of early Christianity were directed to the guidance and edification of the faithful, with the Greek Apologists the literature of the Church addresses itself for the first time to the outside world and enters the domain of culture and science.[51]

Again we do not find any considerations about whether or not the explicit readers are also the implied readers. It is, however, also possible to find examples from the early modern scholarly literature on early Christian apologetics where the identity of the addressees is questioned. This is for instance the case in O. Bardenhewer, *Geschichte der altkirchlichen Literatur*, where he says:

> Die Verteidigungsschriften der Christen sind durchweg an eine heidnische Adresse gerichtet, wenngleich dieselben ihre Leser jedenfalls von Anfang an zumeist in christlichen Kreisen gesucht und gefunden haben.[52]

In the introduction to his edition and translation of *The Epistle to Diognetus*[53] H.G. Meecham says: "Despite its individual address, the document is obviously intended to reach a wider constituency."

---

[48] G. Krüger (ed.), *Die Apologien Justins des Märtyrers*, Freiburg ³1904.
[49] *The Ante-Nicene Fathers*, vol. 1, Edinburgh 1989 (reprint), 159.
[50] B. Altaner, *Patrologie.Leben, Schriften und Lehren der Kirchenväter*, Freiburg ⁴1955, 87.
[51] J. Quasten, *Patrology*, vol. 1, Utrecht 1962, 186.
[52] O. Bardenhewer, *Geschichte der altkirchlichen Literatur*, vol. 1, Freiburg 1913, 175.
[53] H. Meecham, *The Epistle to Diognetus*, Manchester 1949, 8.

In recent research on apologetics, this widespread identification between explicit and implied addressees is questioned.[54] Many scholars now claim that the implied readers of apologetic texts were persons belonging to the author's own grouping, for instance Jews or Christians. Edwards and Goodman[55] for example suggests that not many others than Christians has read the apologetic treatises. According to them the content and the style were not inviting for others than Christians. M. Fiedrowicz thinks that early Christian apologetics is provoked from the outside, and he considers non-Christians to be the main addressees of early Christian apologetics:

> Wollten die unmittelbaren Vorläufer der Apologeten, die Apostolischen Väter, die zentrale Botschaft der Offenbarung in schlichterer Form für die Gemeinden darlegen, so sollte nun die nichtchristliche Welt unmittelbar literarisch angesprochen und argumentativ überzeugt werden.[56]

Fiedrowicz is, however, aware that Christians also read the early Christian apologies and that the function of these texts were therefore also to provide Christians with arguments against their non-Christian critics.[57] In recent research on early Christian apologetic literature it is also possible to find advocates for the opinion that early Christian apologetic texts were directed at a wide non-Christian audience with the aim to soften their view on Christianity and Christians or maybe even convert them to Christianity. I[58] have argued along these lines showing that Minucius Felix' *Octavius* could be seen as an example of how Christians could argue to convince non-Christians that Christianity is the only true religion.[59]

---

[54] There are of course still very many scholars who claim that the explicit addressees of the apologetic texts were also the implied readers. It is not necessary to list examples of that. This can be claimed very well at the same time as it is claimed that there were more implied addressees than those explicitly mentioned, see for example J. Engberg, *Truth Begs No Favours. Martyr-Literature and Apologetics*, in: A.-C. Jacobsen / J. Ulrich / D. Brakke (eds.), 2009, 177-208.
[55] Edwards / Goodman / Price / Rowland (eds.), 1999, 8f.
[56] Fiedrowicz, ²2001, 15.
[57] Fiedrowicz, ²2001, 17. Most of the contributors to the book *Apologetics in the Roman Empire*, Edwards / Goodman / Price / Rowland (eds.), 1999 suggest that apologetic treatises also have as an implied addressee the authors own group.
[58] Jacobsen, 2009, 85-110.
[59] Keresztes, 1965, 109, rejects this idea in the case of Justin's first Apology: "All the places, scattered throughout the Apology, that could possibly suggest a missionary-protreptic purpose on Justin's part are rhetorical devises and, in the context, serve the

At the beginning of this paragraph I raised the question whether an identification of the addressees of apologetic texts can help to define apologetic texts as a type or genre? In my opinion, this is not the case: looking at the explicit addressees, the indications are very different as is seen from the examples above. Following the claim of recent scholarship that the implied addressees of apologetic texts belong to the author's own group, the result is no more helpful because the only thing we can say then is that Christian apologies are directed towards Christians, and Jewish toward Jews, and so on. This does not help to define apologetic texts as a specific type of texts.[60]

Apologetics – a Literary Genre?

Until now I have argued that texts should include a defensive perspective if they are to be labelled *apologies* or *apologetic texts*. The defensive content of a text is thus a marker which can be used to identify a text as an apologetic text. Further, I have argued that whether the explicit or implied addressee of a text can be used for classifying texts as apologies. Now I reach the question whether it is possible at all to define texts as apologetic texts and to isolate them as a specific group of texts, possibly under the category of *literary genre*.

Reading through some of the classical works on Jewish and Christian apologetics from the first decades of the 20th century, the question about apologetics as a literary genre does not seem to play any important role. In A. von Harnack's Dogmengeschichte the question is not mentioned. P. Wendland[61] says: "So zeigt uns die apologetische Literatur eine im Grundbestand ziemlich feste, in allen Einzelheiten fluktuierende, allmählich sich mehrende und erweiternde Masse." The quite fixed foundation to which P. Wendland refers is not a fixed literary genre, but a common situation and recurring topics.

---

one and only purpose of advising the Emperor to change the current course of justice in Asia."
[60] L. Alexander suggests that an identification of the implied addressees can help to identify texts as apologetics: "One essential feature of any attempt at defining a given discourse as apologetic is the question of its implied audience" (Alexander, 1999, 16). She therefore suggests a typology of apologetic discourses arranged according to an implied audience. I agree with Alexander that this can be a very helpful way to identify different types or modes of apologetic texts or discourses, but it is not possible in this way to decide about the more general question whether a texts or discourse is apologetic or not.
[61] P. Wendland, *Die Hellenistisch-Römische Kultur. Die urchristlichen Literaturformen*, Tübingen 1912, 398.

In the 1999 book *Apologetics in the Roman Empire* the editors present a working definition of *apologetics*. I quote: "taking as the core meaning of the term the sense in which it is commonly applied to the formal treatises undertaken in defence of Christianity from the second century onwards."[62] This working definition was criticised by some of the contributors to the book who claimed that there was no formal genre of apologetics in the ancient world.[63] At the background of this criticism the editors specified their definition of 'genre': they reject the traditional understanding of genre as a tool to classify texts. Instead they suggest the following definition: "Genre is thus best seen as a way of talking about the strategies of writers (and readers) in different cultural traditions and particular contemporary situations."[64] According to the editors of this important book there is an apologetic genre but genre must be understood as a way to identify and cope with similarities in argumentative strategy.

F. Young, who writes about second century Christian apologists in the book edited by Edwards and Goodman, is one of those who object to the understanding of apologetics as a literary genre. Going through a representative sample of works from the second century traditionally called apologies, she shows that these works do not represent a common literary form. Among these texts one finds speeches of different kinds, letters and petitions to the emperors etc. F. Young reaches this conclusion: "What is increasingly clear in the works we have collected under this head of 'apologetics' is that a group that regards itself as a people is fighting for social and political recognition."[65] This is, in my opinion, a very helpful definition of apologetics which is in line with what I suggested above. It avoids the claim that apologetic texts all fit into one literary genre, and at the same time it maintains that it is reasonable to talk about a group of texts as *apologies*.

In a reaction to the book *Apologetics in the Roman Empire*[66] Averil Cameron focuses on the question of apologetic as a literary 'genre'. She welcomes the discussion about apologetic as genre which is raised by the book, but she does not think that the authors of *Apologetics in the Roman Empire* reach a valid definition of the concept of apologet-

---

[62] Edwards / Goodman / Price / Rowland (eds.), 1999, 1.
[63] Edwards / Goodman / Price / Rowland (eds.), 1999, 2.
[64] Edwards / Goodman / Price / Rowland (eds.), 1999, 2.
[65] F. Young, *Greek Apologists of the Second Century*, in: Edwards / Goodman / Price / Rowland (eds.), 1999, 81-104 (92).
[66] A. Cameron, 2002, 219-227.

ics. A. Cameron follows some of the contributors (L. Alexander and F. Young) to *Apologetics in the Roman Empire* claiming that "it is no longer fruitful to insist on a genre of apologetic, or a definition which refers to literary form."[67] Instead Cameron would prefer to speak about an "apologetic method",[68] about apologetics as a "strategy"[69] or as "a tone or method of argument".[70] As I approved of F. Young's definition of apologetics I also approve of A. Cameron's. The advantage is that they replace the definition of apologetics as a literary genre with a much broader definition which is able to include apologetic texts from a wide variety of literary genres.

The above-mentioned examples from the history of research show a movement from a general disinterested acceptance of a literary definition of apologetics to an almost general rejection of apologetics as a literary genre. This question as to whether or not it is possible to define and identify an apologetic genre has been much discussed in the Aarhus research group. One of my colleagues in the project, Anders Klostergaard Petersen, who has worked intensively on these matters, claims that it is possible and rewarding to maintain the notion of apologetics as a literary genre. According to him, this is the only possible way to reach a comprehensive understanding of the phenomenon which we call apologetics. Klostergaard Petersen finds that texts belonging to such an apologetic genre are not only defined by common literary style and form but, for example, also by common argumentative strategies, common content, common efforts to create group identity etc. Drawing on theorists of genre such as A. Fowler, T. Todorov, K.K. Campbell and K.H. Jamieson, Klostergaard Petersen defines genre in this way:

> On the basis of this understanding (of Todorov), it lies near at hand to define genre in terms of the number of properties pertaining to both content and to form that a given group of writings to a greater or lesser extent share and by which they differ from other types of texts.[71]

---

[67] Cameron, 2002, 221.
[68] Cameron, 2002, 221.
[69] Cameron, 2002, 223.
[70] Cameron, 2002, 227.
[71] A. Klostergaard Petersen, *The Diversity of Apologetics. From Genre to a Mode of Thinking*, in: A.-C. Jacobsen / J. Ulrich / D. Brakke (eds.), 2009, 15-41 (32f.).

Understood like this, a literary genre is not only defined by literary form and style but also by content and intention. In addition to that, Klostergaard Petersen also – following Fowler – understands genre as something developing:

> If genres are in a continual state of transmutation, it is reasonable to question the widespread assumption of current scholarship on apologetics that no generic definition of the term can be given, since the individual writings are so remarkably diverse.[72]

As a part of his argument for maintaining the notion of apologetics as a genre, Klostergaard Petersen constructs a typology of apologetics. The basic idea in this typology is to classify texts including apologetic motives according to the intensity of the apologetic arguments in the texts. As it should be clear from what I have written above, I approve of Klostergaard Petersen's attempt to find a way to classify texts with apologetic motives, and I also sympathise with his construction of a typology. Such kind of classification is a precondition for reaching a comprehensive understanding of the phenomenon 'apologetics'. However, I do not think that the construction of a literary genre called 'apology' is the best way to classify texts containing apologetic motives. In order to do that it will be necessary – as we can see from Klostergaard Petersen's attempt – to broaden the notion of 'literary genre' very much. We then run the risk of being left with a notion of literary genre which is so general that it has no heuristic value. By constructing an apologetic genre, we will further lose the very important sense of apologetics using many different literary genres. Therefore I agree with most modern scholars who abandon the notion of literary genre as a proper way to classify apologetic texts.[73]

---

[72] Klostergaard Petersen, 2009, 34f.
[73] Why has this discussion about genre been so heated in the last decades of research in apologetics? I suppose it could be due to the fact that since Eusebius a group of Christian texts from the second century has been grouped together under the heading 'apologies'. In recent modern scholarship where literary theories and approaches have been very important, it has been taken for granted that the reason why these texts were grouped together was that they belonged to a common literary genre. However, as far as I know, Eusebius never claimed that to be the case, nor has this claim been to the front in earlier modern scholarship.

Conclusion

As far as I can see, the relationship between texts called apologies is not determined by literary style or form, neither by the addressees of the texts, but rather by the content and aims of the texts. This common content can be expressed in many different literary forms and genres and it can be addressed to many different persons and communities. It will therefore not be of any advantage to establish a literary genre called *apologetics*. On the other hand, we need a heuristic tool for identifying the kind of texts and discourses we talk about when dealing with apologetic. Such a tool can be created by establishing a typology built on the intensity of defensive content and aims in given texts.[74]

---

[74] See also A.-C. Jacobsen, *Apologetics in Origen*, in: A.-C. Jacobsen / J. Ulrich (eds.), *Three Greek Apologists. Origen, Eusebius, and Athanasius. Drei griechische Apologeten. Origenes, Eusebius und Athanasius*, ECCA 3, Frankfurt 2007, 11-47 (11-14).

Tatian the Barbarian: Language, Education and Identity in the *Oratio ad Graecos*

John Eugene Fojtik

This paper will seek to give voice to the longstanding polarity between Greek and barbarian as it appears in Tatian's *Oration to the Greeks*, locating it in its literary and historical context. I will demonstrate that Tatian employs the tools of Hellenistic παιδεία against the Greeks in a clever defense of Christianity, which in turn authenticates his barbarian identity. To accomplish this I will consider the audience to whom the *Oration* is addressed, the attitudes of that audience towards Christians and barbarians, the role of language in the debate, and finally the battle of two παιδείας.[1]

Tatian addresses an elitist audience. While his *Oration* opens with the words "O Greek men!" (ὦ ἄνδρες ῞Ελληνες)[2], this does not signify all Greeks. Rather, Tatian specifically addresses the educated elite or πεπαιδευμένοι[3] of the so-called Second Sophistic.[4] These πεπαιδευμένοι were distinguished from "both the ἰδιόται (i.e. the sub-elite) within Greek culture and the βάρβαροι ('barbarians') without."[5] Many were orators who performed publicly in order to dazzle audiences by their mastery of Classical Greek language and literature. This involved the use of classicizing speech, most notably a reproduction of the Classical Athenian dialect as opposed to the vernacular κοινῆ or common tongue. Tatian locates himself within this class of people, claiming on the one hand to have become 'very respectable' (πάνυ σεμνός) in their

---

[1] An earlier version of this paper was presented in March 2005 at the Pappas Patristic Institute, Boston, in June 2007 at the Early Christian Studies Workshop, University of Chicago and most recently in August 2007 at the Fifteenth Annual International Conference of Patristic Studies at Oxford. In a recent article Laura Nasrallah has articulated various parallels to my reading of Tatian in service of a larger geographical argument which I do not find wholly convincing. See L. Nasrallah, *Mapping the World. Justin, Tatian, Lucian and the Second Sophistic*, in: HThR 98 (2005), 283-314.
[2] I follow the Greek text and chapter and section system of M. Marcovich, *Tatiani Oratio ad Graecos*, PTS 43, Berlin 1995.
[3] Tatian specifies them in Tat., orat. 25.5: οἱ πεπαιδευμένοι.
[4] Tatian lives and writes at the peak of the Second Sophistic, ca. 50–250 AD. Cf. R. Grant, *Greek Apologists of the Second Century*, Philadelphia 1988, 113f.: Grant argues for a date of sometime near the end of 176 AD for the *Oratio*.
[5] T. Whitmarsh, *Greek Literature and the Roman Empire*, New York 2001, 5.

'wisdom' (1.5)[6] but on the other hand admitting his Assyrian provenance (γεννηθεὶς μὲν ἐν τῇ τῶ Ἀσσυρίων γῇ, 42.1). His origin as a Hellenized Assyrian, which he shares with his contemporary Lucian of Samosata, is essential to understand Tatian's impetus for taking on the barbarian cause as forcefully as he does. We will touch upon this point and parallels with Lucian as they become relevant.

Not once in the *Oration* does Tatian use the word Christian to describe his faith. Instead he prefers to refer to himself as one practicing a 'barbarian philosophy' (ὁ κατὰ βαρβάρους φιλοσοφῶν Τατιανὸς, 42.1). Tatian combines a term of honor with one of dishonor. But why does he do this? There is nothing original about using the term 'philosophy' to refer Christianity. Early apologists strategically employed it in order to help legitimatize their faith before a Greco-Roman audience that was eager to pigeonhole it as another barbarian superstition.[7] However, the title *barbarian* was something these apologists[8] were trying to avoid. Justin, in his *Dialogue with Trypho*, refuses the title as a term of scorn: "we are not a despicable deme nor a barbarian tribe."[9] Yet, as we already noted, Tatian does not shy away from admitting that he was born a barbarian. For Tatian applying the term barbarian as a slur against Christianity also impugns his ethnic identity.[10] Thus, Tatian is not only obligated to defend his faith but also to vindicate his non-Greek birth before the hellenocentric πεπαιδευμένοι.

Reversing the Rhetoric of Barbarian Immorality

Although Tatian claims and demonstrates his elitist status in Greek learning, he still faces an accretion of centuries of supercilious Greek, especially Athenian, attitudes towards barbarians. The Pan-

---

[6] On Tatian's education see M. Whittaker, *Tatian's Educational Background*, in: StPatr 13 (1975), 57-59.
[7] R. Wilken, *The Christians as the Romans (and Greeks) Saw Them*, in: E.P. Sanders (ed.), *Jewish and Christian Self-Definition, Vol. 1: The Shaping of Christianity in the Second and Third Centuries*, London 1980, 100-125. Cicero refers to the Jews as huic [...] barbarae superstitioni (Cic., orat. 67).
[8] Laura Nasrallah articulates various parallels to my reading of Tatian in service of a larger geographical argument which I do not find wholly convincing. See Nasrallah, 2005, 283-314.
[9] Just., dial. 119.4.
[10] I understand ethnic identity to be a literary and social construct not determined by genetics. Ethnicity in Tatian warrants a fuller treatment, one which cannot be undertaken here. For a valuable discussion of ethnicity in antiquity see J. Hall, *Ethnic Identity in Greek Antiquity*, Cambridge 1997.

hellenic rhetoric employed by the Athenians, which served "first and foremost, the hegemonial and imperialistic aims of the Greek πόλις,"[11] drew upon tragic texts which envisioned "barbarians as a single category embodying the opposite of the central Hellenic values."[12] The barbarians were the *other* who the Greeks were destined to dominate and upon whom they could project all of the societal ills which stood in opposition to Hellenic virtue.[13] These ills ran the gamut of 'irrational' behavior, sexually promiscuity, human sacrifice and even cannibalism. They were the descriptors of imported religious rituals.[14] Moreover, during the time of Greek cultural renaissance which Tatian inhabited these stereotypes would have flourished among the educated elite.[15]

Christianity, as a religion or 'philosophy' that, according to Tatian, the Greeks labeled barbarian (τῆς καθ' ἡμᾶς βαρβάρου φιλοσοφίας, 35.2), would also be susceptible to these stereotypes. Justin encountered these charges which he notes as 'feast of flesh', and nocturnal orgies (Just., 1. apol. 26.7). However, rather than denying that they occur, Justin chooses to distance himself from those Christians that might practice them. Tatian, on the other hand, takes these claims on with vengeance. In one of his many examples of rhetorical antithesis, Tatian establishes that the Greeks are the ones that indulge in madness (μανίας) while the barbarians are temperate (σωφρονεῖ) in their practices (33.1).

Tatian contrasts the licentiousness (ἀσέλγειαν) of women like Sappho, whom the Greeks honor in image (εἰκών), with the moderation (σωφρονοῦσι) of the supposed 'barbarian' women (33.5f.). Tatian not only defends Christian women's honor in the face of charges of sexual immorality, he also defends against Greek prejudices about barbar-

---

[11] S. Perlmann, *Panhellenism, the Polis and Imperialism*, in: Hist 25 (1976), 1–30 (30). See also E. Hall, *Inventing the Barbarian. Greek Self-Definition Through Tragedy*, New York 1989, 163: "Athenian and Panhellenic propaganda were inextricably interlinked."
[12] Hall, 1989, 161.
[13] Hall, 1989, 160-165.
[14] Hall, 1989, 143-154. While Strabo in the first century BC attempts to balance the often sensationalized portrayals of barbarians to the point of attributing their moral decay to the influence of the Greeks, he does so against a still larger backdrop of assumed Hellenic superiority (Strab., geogr. 7.3,7–9).
[15] One should note that much of what is discussed in the *Oration* and other writings of the Second Sophistic do not necessarily reflect the thoughts and practices of the society at the time. The fact that these authors operate in a world of texts that are hundreds of years removed from them complicates the process of discerning what is rhetorical device from what is actual contemporary sentiment.

ian transgression of gender lines.[16] The Greeks mocked (χλευάζητε) Christian women for entering the male world of philosophy (τὰς παρ' ἡμῖν φιλοσοφούσας), but Tatian retorts that the Greeks should rather be ashamed that they are the disciples of women (μαθηταὶ μὲν ὑμεῖς τῶν γυναίων) whom he demonstrates at length in the chapter to be deplorable (33.4f.).

However, perhaps one of the most heinous crime the Greeks associated with barbarians was ἀνθρωποφαγία (cannibalism).[17] Christianity, as a new and 'mysterious' religion from the East, in some cases incurred the same stigma as a result of the cannibalistic ring of the Eucharistic language. Tatian addresses this accusation with fervor:

> How do we harm you, O Greek men? And why have you hated those who follow the word of God as the most defiled? There is no cannibalism among us! You πεπαιδευμένοι have become false witnesses.[18]

These πεπαιδευμένοι, who "were amongst the *most* empowered of provincials,"[19] possibly brought this accusation to the Roman authority against the Christians. However, Tatian implicates the Greeks in that which they perceive themselves to be blameless. He does this by challenging the practice of Greek athletics and the imported Roman gladiatorial shows (23.1–5). He briefly touches upon boxing and continues on to the main criticism, which is of the spectacles. In doing so, Tatian demonstrates the Greeks to be guilty of the most heinous of supposed barbarian crimes, cannibalism:

> You sacrifice animals on account of your consumption of meat and you buy men providing your soul the cannibalistic feast, supplying it the most godless bloodshed.[20]

---

[16] Hall, 1989, 201-203.
[17] Cf. Hdt. 4.106; Arist., pol. 1338b; Strab., geogr. 4.5,4; 7.3,9; Claud.Ptol., geogr. 1.17,5; Luc., DDeor. 18.1: Although Lucian identifies with the Scythian Anacharsis on other occasions, for literary purposes he can still appeal to broader stereotypes of the Scythians as cannibals: τοὺς Σκύθας αὐτοὺς ἀνθρωποφάγους ὄντας.
[18] Tat., orat. 25.5: Τί βλάπτομεν ὑμᾶς, ὦ ἄνδρες Ἕλληνες; Τί δὲ τοὺς λόγῳ θεοῦ κατακολουθοῦντας καθάπερ μιαρωτάτους μεμισήκατε; Παρ' ἡμῖν [μὲν] οὐκ ἔστιν ἀνθρωποφαγία· (ψευδομάρτυρες οἱ πεπαιδευμένοι γεγόνατε).
[19] Whitmarsh, 2001, 18.
[20] Tat., orat. 23.5: Θύετε ζῷα διὰ τὴν κρεωφαγίαν, καὶ ἀνθρώπους ὠνεῖσθε τῇ ψυχῇ [διὰ] τὴν ἀνθρωποφαγίαν παρεχόμενοι, τρέφοντες αὐτὴν αἱματεκχυσίαις ἀθεωτάταις.

Tatian reverses the 'Greek versus barbarian' paradigm through his criticism of athletics and gladiatorial shows by demonstrating that Greeks, and by implication Romans, are the real 'barbarians' for participating in such savage practices. Consequently, the barbarians are revealed to be those who are more civilized by abstaining from such incivility. Tatian thus undermines the identity of the supposedly civilized world by exposing a symbol of its identity - *the amphitheatre* - as uncivilized.[21] Likewise, just as he appealed to the images of the various 'lewd' women of Greek culture in defense of Christian women, Tatian also appeals to the image of the cannibal tyrant Phalaris as one who feasted on unweaned babies (ὃς τοὺς ἐπιμαστιδίους θοινώμενος παῖδας, 34.1), but yet whose image is gloated over by the those who concern themselves with παιδεία (οἷς δὲ μέλον ἐστὶ παιδείας αὐχοῦσιν ὅτι δι' εἰκόνος αὐτὸν θεωροῦσι, 34.1). Tatian uses these symbols of Hellenic culture against the Greeks to emasculate and 'barbarize' Greek identity while bolstering Christianity's claims of legitimacy.

The War of the Words

Another area of distinction in the Greek/barbarian dichotomy, which Tatian addresses, is language. Language formed an important means of distinguishing the elite from the masses and the Greeks from the barbarians.[22] Under the Roman Empire, Greeks were removed from the former glories attested in their literature. They lived as vassals under Roman sovereignty, and as a result, they were left only with the remnants of language and culture to assert their superiority over a world in which they were otherwise powerless.

Assyrians like Tatian and Lucian who were trained in the colonial Greek educational system, might acquire an elitist dominance of the language and culture, but in wielding it before Greek audiences they would still be perceived as outsiders encroaching on territory that was not their own. Thus, there was no doubt a certain disdain for those of barbarian origin conquering the last vestige of Greek glory and prestige: παιδεία. This would make life in these elitist circles difficult for those whose ethnicity and regionalisms in speech would give them

---

[21] Cf. V.M. Hope, *Negotiating Identity and Status. The Gladiators of Roman Nîmes*, in: R. Laurence / J. Berry (eds.), *Cultural Identity in the Roman Empire*, London 1998, 179-194 (191): "The amphitheatre was a symbol of Roman identity. Gladiatorial shows were an integral feature of Roman life which diffused across the Empire."
[22] S. Swain, *Hellenism and Empire: Language, Classicism, and Power in the Greek World AD 50–250*, New York 1996, 38.

away among the discerning audiences of the Second Sophistic. Lucian indicates that he had to work at getting rid of his barbarian accent (Luc., BisAcc. 27). He was self-consciousness about being an outsider in a literary world where he enjoyed some success. Lucian's experiences with blunders in atticizing speech[23] and confrontations with those who hyperatticize[24] present a good backdrop against which we can view the attacks Tatian makes upon the Greek language.

Tatian engages in an often-bitter assault against the atticizing language of his fellow orators. He challenges the logic of reproducing an artificial Athenian dialect:

> Why, o man, do you prepare a war of letters? And why as in a boxing match do you strike together their sounds on account of the stammering of Athenians when you ought to speak more naturally? For if you atticize not being Athenian, tell me the reason for not doricizing. How does one seem to you to be more barbaric and the other more cheerful for discourse?[25]

Tatian's charge does not create a dichotomy between a language such as his native Aramaic and Greek, but rather challenges the appropriateness of preferring Attic over a more 'barbaric-sounding' Greek dialect.[26] What reason dictates is that one should speak more naturally (φυσικώτερον) in accordance with one's own native dialect. With all of the diversity among the Greeks, why is it that they should rally around the Attic tongue?

The importance of the Greek language for Hellenic identity cannot be overstated. While Greeks were "flexible" with respect to religion and other means of distinction, language was of the utmost importance in defining their identity.[27] They took pride in their "beautiful language ... [and were] ... sensitive to the differences between

---

[23] See Luc., Laps. and Luc., Pseudol.
[24] See Luc., Lex.
[25] Tat., orat. 26.8: Τί γοῦν, ἄνθρωπε, τῶν γραμμάτων ἐξαρτύεις τὸν πόλεμον; Τί δὲ ὡς ἐν πυγμῇ συγκρούεις τὰς ἐκφωνήσεις αὐτῶν διὰ τὸν Ἀθηναίων ψελλισμόν, δέον σε λαλεῖν φυσικώτερον; Εἰ γὰρ ἀττικίζεις οὐκ ὢν Ἀθηναῖος, λέγε μοι τοῦ μὴ δωρίζειν τὴν αἰτίαν· πῶς τὸ μὲν εἶναί σοι δοκεῖ βαρβαρικώτερον, τὸ δὲ πρὸς τὴν ὁμιλίαν ἱλαρώτερον;
[26] Hall, 1989, 179, points out: "The word βάρβαρος originally referred solely to language, and simply meant 'unintelligible' [...] Thus even a Greek dialect was occasionally described as 'barbarian' if it were thought sufficiently incomprehensible."
[27] Hall, 1989, 4f.

the dialects of Greek: The Athenians, predictably imagined that their own Attic was the envy of the Hellenic world (Thuc. 7.63)."[28] After Hellenism spread throughout the East and the subsequent subordination of Greece to Roman imperial rule, the influence from other languages on Greek likely escalated. The fact that there was a move toward Attic purity among the elite signifies a recognition on their part of a rapidly changing colloquial idiom.[29] Tatian takes aim at this self-perceived weakness of the Greeks in the following:

> But now it has turned out for you alone to not sound alike in your conversations. For the Dorians do not have the same speech as those from Attica, and the Aeolians do not sound the same as the Ionians. And while there is so much dissention with whom it should not, I am at a loss as to who I should call a Greek![30]

The critique of the plurality of dialects here denies the Greeks the ideal of a common language, which is so important to their identity.[31] Tatian takes a point which should be a source of Hellenic unity and cultural identity and turns it against them to the point of leaving in doubt what it means to be Greek. He then attacks the Greeks for having polluted their language by honoring non-native expressions (τὰς μὴ συγγενεῖς ὑμῖν ἑρμηνείας) and misusing barbaric phrases (βαρβαρικαῖς τε φωναῖς) in their speech (1.4). Tatian exposes the fact that there is no unified language. If the Greek language was as superior as the πεπαιδευμένοι pretend it to be then "this language should have existed."[32] But because it does not exist, Tatian can say "On account of this we have bid farewell to your wisdom, even if I was very respectable in it" (Τούτου χάριν ἀπεταξάμεθα τῇ παρ' ὑμῖν σοφίᾳ, κἂν εἰ πάνυ σεμνός τις ἦν ἐν αὐτῇ, orat. 1.5). A supposed Hellenic superiority based on language begs the question: How did Greek become superior? If the Greeks will now listen to their barbarian superiors (τοῖς κρείττοσι), then they will discover why they are not able to understand the other languages of the

---

[28] Hall, 1989, 177.
[29] Swain, 1996, 33–42.
[30] Tat., orat. 1.4: Νῦν δὲ μόνοις ὑμῖν ἀποβέβηκε μηδ' ἐν ταῖς ὁμιλίαις ὁμοφωνεῖν. Δωριέων μὲν γὰρ οὐχ ἡ αὐτὴ λέξις τοῖς ἀπὸ τῆς Ἀττικῆς, Αἰολεῖς δ' οὐχ ὁμοίως τοῖς Ἴωσι φθέγγονται· στάσεως δ' οὔσης τοσαύτης παρ' οἷς οὐκ ἐχρῆν ἀπορῶ τίνα με δεῖ καλεῖν Ἕλληνα.
[31] E. Norelli, La Critique du Pluralisme Grec dans le Discours aux Grecs de Tatien, in: B. Pouderon / J. Doré (eds.), Les Apologistes Crétiens et la Culture Greque, Paris 1998, 100.
[32] Norelli, 1998, 91.

world (πάντας ἀλλήλων ἐπακούειν τῆς διαλέκτου μὴ δύνασθαι) – the Tower of Babel (30.3f.).[33] For Tatian the Babel story neuters Greek claims to linguistic superiority by explaining that the one truly unified language was divided due to the pride of humanity. Thus, Greek or Athenian claims to linguistic supremacy become rediculous in light of the Scriptures.

However, the problem that we are presented with upon a reading of the Greek text of the *Oration* is that Tatian himself employs a classicizing Attic Greek. Although Tatian's Atticism is not consistent, he does prefer to use the Attic double tau (ττ) four times as much as the more colloquial double sigma (σσ). Moreover, he does not shy away from using the classically common but virtually extinct optative form of the verb. On an artistic level, he makes ample use of classical rhythms, rhetorical techniques and experimental use of language that reflect a particularly florid Asiatic style.[34]

But, why would he use a medium that he so vehemently condemns? If indeed Tatian's intended audience consists of πεπαιδευμένοι, it would only make sense to use the tools of rhetoric and language that they imparted to him in also taking them to task. Aimé Puech notes that although Tatian vigorously condemns the artistry of the sophists "he wrote as a sophist because the sophistic had become second nature for him."[35] Or, it could be that the artful use of the language is not as problematic to Tatian as are the purposes for which one uses it. This would make sense in light of his charge that the πεπαιδευμένοι use rhetoric for unjust purposes, selling their autonomy to defend what on one day they argue as *just* and on the other day as *unjust*: μισθοῦ πιπράσκοντες τῶν λόγων ὑμῶν τὸ αὐτεξούσιον καὶ πολλάκις τὸ νῦν δίκαιον αὖθις οὐκ ἀγαθὸν παριστῶντες (1.5).

Whatever we may say about Tatian's ornate rhetorical style, he confesses that it was, in part, the barbarian writings' simplicity of language that converted him to the philosophy:

> While I was considering serious matters it so happened that I encountered some barbarian writings, older, on the one hand, with respect to the teachings of the Greeks and more divine, on

---
[33] M. Whittaker, *Tatian. Oratio Ad Graecos and Fragments*, Oxford 1975, 55 note, is owed credit for pointing out this allusion to the tower of Babel.
[34] A. Puech, *Recherches sur le Discours aux Grecs de Tatien*, Paris 1903, 18-36.
[35] Puech, 1903, 16.

the other hand, with respect to their errors. And it came about that I was persuaded on account of the modesty of their phrasings and the simplicity of their speakers.[36]

All that the educated elite would have looked for in a text to warrant their praise is absent from the Scriptures. The crude κοινή in which they were written would have been a deterrent from their acceptance among the intellectuals of the time. Arrian of Nicomedia, who penned the *Discourses of Epictetus*, makes it a point in his *Letter to Lucius Gellius* to distance himself from the use of κοινή in the *Discourses* by arguing that he wrote only what Epictetus actually said. There was a real nervousness among the elite of their colleagues perceiving them as inept in speech. Tatian, on the other hand, makes no apologies for the Scriptures' lack of grandeur but rather appeals to their ascetic style as the epitome of noble barbarian virtue.

A Barbarian παιδεία

As a final point of discussion, we must turn our attention to Tatian's discussion of παιδεία in the *Oration*. If language was a vital feature of Greek identity then the content of that language was also of extreme import. Like the Greek language itself, παιδεία could "never escape from its Hellenocentric orbit: it is fundamentally and incorrigibly bound up with the articulation of Greek superiority."[37] It was this perceived superiority that prompted Alexander to conquer barbarian peoples and infuse them with παιδεία. As I already mentioned under my discussion of language, those from the former colonies who were now participating in Greek παιδεία could never fully be considered insiders by those 'original' wielders of this instrument of superiority. From the outset of his *Oration*, Tatian challenges the notion that the Greeks were in fact the originators of παιδεία.

> Do not dispose yourselves so hatefully against the barbarians, O Greek men, nor despise their teachings. For which custom of yours was not established by the barbarians?[38]

---

[36] Tat., orat. 29.2: Περινοοῦντι δέ μοι τὰ σπουδαῖα συνέβη γραφαῖς τισιν ἐντυχεῖν βαρβαρικαῖς, πρεσβυτέραις μὲν ὡς πρὸς τὰ Ἑλλήνων δόγματα, θειοτέραις δὲ ὡς πρὸς τὴν ἐκείνων πλάνην· καί μοι πεισθῆναι ταύταις συνέβη διά τε τῶν λέξεων τὸ ἄτυφον καὶ τῶν εἰπόντων τὸ ἀνεπιτήδευτον.
[37] Whitmarsh, 2001, 129.
[38] Tat., orat. 1.1: Μὴ πάνυ φιλέχθρως διατίθεσθε πρὸς τοὺς βαρβάρους, ὦ ἄνδρες Ἕλληνες, μηδὲ φθονήσητε τοῖς τούτων δόγμασιν. Ποῖον γὰρ ἐπιτήδευμα παρ' ὑμῖν τὴν σύστασιν οὐκ ἀπὸ βαρβάρων ἐκτήσατο;

The Greeks long asserted themselves to be superior to the barbarians but Tatian is apt to point out that those things which make them feel superior are actually barbarian in origin. He then follows this charge with a volley of examples, claiming even that the Phoenicians discovered the Greeks' beloved παιδεία, ἐξεῦρον τὴν διὰ γραμμάτων παιδείαν Φοίνικες (1.1). This statement throws down the gauntlet in front of the πεπαιδευμένοι who Tatian addresses. For the illiterate or middle and lower classes of society, Tatian's charge would not mean so much. But, to the educated elite, the charge attacks the very foundation of their identity. It was supposedly Hellenism that spread culture to the barbarian peoples, but Tatian reverses that and shows it was the barbarian peoples that made Hellenism.

In appealing to the barbarian origins of Greek culture he makes "full use of" nothing less than Greek sources: βοηθοῖς δὲ μᾶλλον Ἕλλησι [κατα]χρήσομαι (31.2). He in effect acts as a prosecutor who holds up the defendant's sworn confession as evidence against him. The flashy displays of παιδεία, which the πεπαιδευμένοι put forth as demonstrations of their intellectual prowess and cultural status, were nothing more in Tatian's estimation than attempts to show off what was not theirs to show off in the first place:

> Quit parading about somebody else's words even as the jackdaw not adorning yourselves with your own feathers. If each city-state should take away its own speech from you, your sophisms will become impossible to you.[39] [40]

Here Tatian draws upon an Aesopian fable about the Vain Jackdaw. The jackdaw, an otherwise noisy and unattractive bird seeks to fool Zeus by clothing itself in the feathers of other birds in order to be elected as king over them. However, the conniving bird is exposed as an imposter when the other fowl reclaim their feathers. In a similar fashion, Tatian reclaims the plumes of barbarian language and culture from the Greeks which they have so cunningly cloaked themselves in.

For Tatian, the argument for Greek borrowing ultimately leads to the liberation of the barbarians from the tyranny of the elite Hellenistic culture. If the hallmarks of Greek παιδεία have been taken from the bar-

---

[39] Tat., orat. 26.1: Παύσασθε λόγους ἀλλοτρίους θριαμβεύοντες καὶ ὥσπερ ὁ κολοιὸς οὐκ ἰδίοις ἐπικοσμούμενοι πτεροῖς· ἑκάστη [γὰρ] πόλις ἐὰν ἀφέληται τὴν ἰδίαν αὐτῆς ἀφ' ὑμῶν λέξιν, ἐξαδυνατήσουσιν ὑμῖν τὰ σοφίσματα.
[40] It is interesting to note that Lucian in *Apologia* (Luc., Apol. 4) also employs the fable in reference to one taking credit for ideas that originate with someone else.

barians, why should barbarians waste time trying to imitate those who are really imitating them? The barbarians have their own παιδεία that was kept from them by their own error (29.3), one that is higher than the world can apprehend: τὰ δὲ τῆς ἡμετέρας παιδείας ἐστὶν ἀνωτέρω τῆς κοσμικῆς καταλήψεως (12.10). But now the barbarians know better "for everyone who receives back his property has subdued the power of the most costly treasure" (30.2). The barbarians receive back what is theirs, an ancient wisdom found in these barbaric writings (the Jewish Scriptures), which frees them from myriads of rulers and tyrants. It is not completely clear which rulers and tyrants Tatian refers to here but it seems that Roman imperial rule and the Greek πεπαιδευμένοι are intended. Thus for Tatian the παιδεία he has discovered in the Scriptures serves as a catalyst for political and cultural revolution. The recovery of this wisdom now makes him, as a barbarian, aware that he has no reason to subjugate himself to the arrogant claims of the Greek παιδεία he formerly followed.

Tatian demonstrates the antiquity of this barbarian παιδεία encapsulated in Moses, who is "the originator (ἀρχηγόν) of all barbarian wisdom" (31.1). The appeal is made to Moses because he is older than Homer and thus establishes Tatian's 'barbarian' philosophy as something more legitimate than all of Greek civilization. According to Tatian, Moses is older than heroes, cities, demons and Homer as well as all other Greek writers before him (40f.). Greek writers are in fact dependent upon Moses, and have twisted his writings, turning them into fables. The antiquity of Moses should at least afford him the honor that Greeks give to other barbarian sages:

> And you who do not reject with contempt the Scythian Anacharsis even now should not find it unworthy of you to be educated by those following a barbarian code of law.[41]

If the Greeks accept instruction from the mouth of a Scythian (the archetypal barbarian) whom they esteem as one of the "Seven Sages" of Greek antiquity,[42] then they certainly should not shy away from being *instructed* by those who follow Moses. Tatian not only establishes the superiority of his barbarian παιδεία, he calls the Greeks to become πεπαιδευμένοι of it.

---

[41] Tat., orat. 12.10: Καὶ οἱ τὸν Σκύθην Ἀνάχαρσιν μὴ ἀποσκορακίζοντες καὶ νῦν μὴ ἀναξιοπαθήσητε παρὰ τοῖς βαρβαρικῇ νομοθησίᾳ παρακολουθοῦσι παιδεύεσθαι.

[42] The figure of Anacharsis enjoys a profound respect among the Hellenes as a teacher of barbarian wisdom. For a complete discussion of Anacharsis see J.F. Kindstrand, *Anacharsis. The Legend and the Apophthegmata*, Uppsala 1981. One should also note here

Conclusions

As Tim Whitmarsh has noted "literary writing was in this period inherently bound up with the process of negotiating an identity discrete from Rome."[43] And in fact, "the very concepts of 'Greek' and 'Roman' were under constant definition, scrutiny, review, and redefinition."[44] Tatian adds another layer to this complexity by constructing a barbarian identity which trumps both Greece and Rome. In part, Tatian constructs and revels in this barbarian identity as a brilliant answer to the charge that Christianity is 'barbarian' and thereby burdened by all the stigmas that go with it. This is the opposite tactic of his mentor Justin, who rejects the title of 'barbarian' for the faith.[45] Perhaps the old adage "if the shoe fits, wear it" is appropriate in this context. Tatian as a self-identified barbarian and convert to a 'barbarian' religion does not denounce the label but rather takes it as a badge of honor. Tatian reinforces the dichotomy between Greek and barbarian. To be Greek and to follow Greek ways is demonstrated to be wanton, and alternatively, to be barbarian is to be wise and virtuous. As a result a barbarian identity is constructed which presents itself as superior and stands in opposition to Greek identity. This superiority is ultimately based in the fact that Greek παιδεία is derived from barbarian wisdom of which Moses is the originator.

Tatian uses the tools of Greek παιδεία to legitimatize Christianity, which in turn acts to validate his own barbarian identity. Christianity as the inheritor of Moses is the embodiment of all barbarian wisdom, which is also the fount of Greek learning. That being the case, Christianity is an earlier (ἀνώτερα) and thus better παιδεία (31.1). If this barbarian philosophy is superior to Greek wisdom, then why should one who was born a barbarian try to seek fame and honor in a system that is ultimately inferior to his own? Christianity instills in Tatian a new appreciation for his barbarian origin, which he likely was less than proud of while trying to make his way among the Greeks. His new philosophy not only provides redemption for his soul in the future, it also redeems his barbarian identity in the present.

---

a Lucianic parallel. Lucian specifically identifies himself with Anacharsis in *Scytha* (Luc., Scyth. 9). The point of making the identification is to defend his Syrian provenance as nothing worse than Anacharsis' Scythian one. According to Lucian, Anacharsis and he are both barbarians and therefore if the Athenians do not disdain one for being barbarian they should not disdain the other either.

[43] Whitmarsh, 2001, 2.
[44] Whitmarsh, 2001, 2.
[45] Just., dial. 119.4.

Occultum and *manifestum*: Some Remarks on Tertullian's *Apologeticum*

Tobias Georges

Tertullian's *Apologeticum* marks an early step in the history of Christian Apologetics, and the very first step within Latin Christian Apologetics.[1] Therefore, within my considerations on the *Apologeticum*, I won't deal with great changes and continuities, but I will rather point out some characteristics that may be the starting-point for changes and continuities in later times.

Concerning the development of Christian Apologetics until Tertullian, it has been held that the *Apologeticum*, the first apology composed in the form of a forensic speech, surpasses the Greek apologies written before by its clear structure and consequent line of thought.[2] I won't stress on the devaluation of the Greek apologies implicated in this thesis which does not seem very balanced to me. But what this thesis points to reliably is that the *Apologeticum* shows an elaborate structure and argumentation. What I intend to do is to have a closer look at one interesting aspect of the plan of the *Apologeticum* in order to shed light on the understanding of the whole work. This aspect is the function of the chapters 7-9 within the structure of the *Apologeticum* and the significance of the motive *occultum / manifestum* within this context.

Most commentaries on the *Apologeticum* agree about the two-parted structure of the *argumentatio* that constitutes the chapters 7-45 of the *Apologeticum* which contains 50 chapters altogether:[3] in chapters 7-9, Tertullian deals with the *occulta facinora* the Christians are blamed

---

[1] Together with its predecessor, Tertulllian's *Ad Nationes*.
[2] Cf. R. Heinze, *Tertullians Apologeticum*, Leipzig 1910, 285f.; 288f.
[3] For the structure of the Apologeticum, see C. Castillo, El »Apologeticum« de Tertuliano. Estructura y composicion, in: EM 35 (1967), 315-326; H. Tränkle, § 474. Q. Septimius Florens Tertullianus, in: K. Sallmann (ed.), *Handbuch der Lateinischen Literarur der Antike, Band 4*, München 1997, 444-447; Tertullian, *Apologeticum Verteidigung des Christentums. Lateinisch und deutsch*, C. Becker (ed. and transl.), München ⁴1992, 24; *Tertullien, Apologétique*, J.-P. Waltzing / A. Severyns (eds. and transl.), Paris ⁴2003, XXXIV-LI.

for, in chapters 10-45 with the *manifestiora* or *manifesta facinora*. This structure is indicated by Tertullian explicitly: in apol. 4.2, he announces already:[4]

> We will reply in detail to the crimes we are alleged to commit in secret and to those ones we are found committing openly.[5]

Then, in apol. 6.11, in order to introduce the *argumentatio*, he states:

> For the moment, I will make my reply to the infamy of our secret crimes, to clear my way to deal with those which are more conspicuous.[6]

Finally, linking the chapters 7-9 with the chapters 10-45 in apol. 9.20, he remarks:

> Now to the conspicuous crimes.[7]

Taking account of the forensic genre of the *Apologeticum* – as some scholars have done with great, even exaggerated emphasis[8] – one might think that this structure follows a mainly forensic division between different kinds of crime: first the hidden crimes, then the manifest. But forensic logic does not turn out to be very elucidating in this context – because a closer look at those two parts shows that they are very diverse and that the division can not be explained just by the fact that Tertullian is dealing with different kinds of crime: first of all, the two parts differ widely in length: three chapters for the first part, 36 for the second. This does not seem quite balanced, especially in the

---

[4] This survey is based on E. Dekkers' Corpus Christianorum-edition of the Apologeticum (*Q. S. Fl. Tertulliani Apologeticum*, E. Dekkers [ed.], in: *Quinti Septimi Florentis Tertulliani Opera. Pars I*, CChr.SL 1, Turnhout 1954, 77-171). For the reasons for using this edition, I refer to A. Önnerfors' review of *Tertulliani Apologeticum*, P. Frassinetti (ed.), Turin 1965, in: Gn 38 (1966), 782-788. The English version makes use of T.R. Glovers's translation (Tertullian, *Apology*, T.R. Glover / G.H. Rendall [transl.], Cambridge 1998) and modifies it where Glover's Latin text differs from Dekkers' edition.
[5] *Respondebimus ad singula, quae in occulto admittere dicimur, quae palam admittentes invenimur.* (CChr.SL 1, 92 Dekkers).
[6] *Nunc enim ad illam occultorum facinorum infamiam respondebo, ut viam mihi ad manifestiora purgem.* (CChr.SL 1, 98 Dekkers).
[7] *Nunc de manifestis.* (CChr.SL 1, 105 Dekkers).
[8] Cf. for example G. Eckert, *Orator Christianus. Untersuchungen zur Argumentationskunst in Tertullians Apologeticum*, Stuttgart 1993.

case of Tertullian who is well known for his symmetric compositions.[9] Apart from that, the way of reasoning in the two parts is contrary:[10] in apol. 7-9, Tertullian fundamentally rejects the accusations against the Christians: that they are committing crimes secretly, that is to say, three major crimes, infanticide, cannibalism and incest (cf. 7.1: "We are said to be the most criminal of men, on the score of our sacramental baby-killing and the baby-eating that goes with it and the incest that follows the banquet").[11] In apol. 10-45, he follows a very different way: he openly admits the actions the Christians are blamed for, but denies that those actions are crimes: he underlines that the Christians do not worship the pagan gods and that they do not offer sacrifices to them for the emperors, and he criticizes the view that those actions constitute the crimes of *laesa religio* (apol. 10-27) and *laesa maiestas* (apol. 28-45):[12] by explaining that the gods do not exist and that the only true god is the one the Christians worship, whose majesty exceeds the emperor's majesty, he proves that the behaviour of the Christians can not be a crime, that it is not but reasonable and according to the truth.

So the question arises: how can this discrepancy between the two parts in length and way of reasoning be explained facing the elaborated structure of the *Apologeticum*? Within a forensic logic, one might say: the hidden crimes just represent an obstacle on the way to the manifest ones which are the true subject Tertullian wants to discuss. This is exactly what Tertullian himself seems to state right before the division of the two parts in apol. 6.11, the sentence already cited above:

> For the moment, I will make my reply to the infamy of our secret crimes, to clear my way to deal with those which are more conspicuous.[13]

---

[9] Cf. R.D. Sider, *On symmetrical composition in Tertullian*, in: JThS 24 (1973), 405-423.
[10] This contrast is analysed in detail by Eckert, 1993, 91-97.108-120.131-141. He shows that Tertullian's reasoning in chapters 7-9; 10-45 follows different juridical *status*: In apol. 7-9, he argues according to the *status coniecturae*, in apol. 10-45 according to the *status qualitatis*. The fundamental differences between apol. 7-9 and apol. 10-45 do not prevent Eckert, though, from taking the forensic realm as the principal background for his interpretation of the two-parted structure (cf. especially Eckert, 1993, 119).
[11] *Dicimur sceleratissimi de sacramento infanticidii et pabulo inde et post convivium incesto.* (CChr.SL 1, 98 Dekkers).
[12] Tertullian is talking explicitly of *laesa religio* in apol. 24.1 (CChr.SL 1, 133); 27.1 (CChr. SL 1, 138) and of *laesa maiestas* in apol. 28.3 (CChr.SL 1, 140 Dekkers).
[13] *Nunc enim ad illam occultorum facinorum infamiam respondebo, ut viam mihi ad manifestiora purgem.* (CChr.SL 1, 98 Dekkers).

By rejecting the accusation of hidden crimes, Tertullian makes way for the treating of the manifest actions of the Christians. But from the forensic point of view, it does not seem quite convincing that the *occulta facinora* should be treated with so much less effort than the *manifestiora*: the infamy of those widespread accusations like infanticide, cannibalism and incest would claim a stronger emphasis also on those crimes.[14] It seems to me that the main reason for this division is not to be found in different sorts of crimes, but rather on a level the distinction between *occultum* and *manifestum* points to, on a theological level that surpasses the forensic realm.[15] In order to prove this thesis and thereby to explain the function of the chapters 7-9, it is necessary to have a closer look at the role the contrasting motif *occultum / manifestum* plays for Tertullian's reasoning in the whole *Apologeticum*; thereafter, the importance of the division between the hidden and the manifest for the plan of the argumentation and the function of the chapters 7-9 will become clear.

Before entering the argument, a methodological remark must be made: by talking about the contrasting motif *occultum / manifestum*, I want to focus on a wider context of terms naming that contrast – in order to describe the hidden, Tertullian uses for example also terms like *latere* and *obscurum*, for the manifest terms like *palam*, *coram*, *in aperto et edito*.

So what is the meaning of that motif, what is Tertullian's intention with it? The answer is indicated right at the start of the *Apologeticum*. In 1.1, Tertullian addresses the *romani imperii antistites*, the governors of the Roman Empire, by the words:

---

[14] For those accusations and the discussion about their origins, see J.-P. Waltzing, *Le crime rituel reproché aux chrétiens du IIe siècle*, Liège ²1925; F.J. Dölger, "Sacramentum infanticidii". *Die Schlachtung eines Kindes und der Genuss seines Fleisches als vermeintlicher Einweihungsakt im ältesten Christentum*, in: AuC 4 (1934), 188-228; W. Speyer, *Zu den Vorwürfen der Heiden gegen die Christen*, in: JAC 6 (1963), 129-135; R. Freudenberger, *Der Vorwurf ritueller Verbrechen gegen die Christen im 2. und 3. Jahrhundert*, in: ThZ 23 (1967), 97-107; A. Henrichs, *Pagan Ritual and the Alleged Crimes of the Early Christians*, in: P. Granfield / J.A. Jungmann (eds.), *Kyriakon. Festschrift für Johannes Quasten. 1*, Münster 1970, 18-35; K. Thraede, *Inzest in der frühen Apologetik Tertullians*, in: M. Hutter / W. Klein / U. Vollmer (eds.), *Hairesis. Festschrift für Karl Hoheisel zum 65. Geburtstag*, Münster 2002, 248-260.

[15] R. Braun, *Observations sur l'architecture de l'Apologeticum*, in: id., *Approches de Tertullien*, Paris 1992, 127-134, has pointed out the importance of the theological realm for interpreting the structure of the *Apologeticum* – by speaking of the "illusion qui a fait exagérer l'importance de la mise en scène judiciaire" (ibid., 128). But within his interpretation, he has not explained the function of the chapters 7-9.

Occultum and *manifestum*: Some Remarks on Tertullian's *Apologeticum*   39

> If you, the magistrates of the Roman Empire, – you, who in the light of day, set on high, at the very head of the state, preside to do justice, – if you are not allowed openly to investigate, face to face to examine, the Christian issue, to learn what it is in truth [...] then let the truth be allowed to reach your ears at least by the hidden path of silent literature.[16]

In this introductory sentence the contrasting motif is evoked several times by the terms *in aperto et edito, non licet* [...] *palam dispicere et coram examinare* and *occulta via*. The sentence shows that the object the motif refers to is the truth, the truth the Christians hold. From the sentence emerges the following programme for Tertullian's argumentation in the *Apologeticum*: the Christian truth is kept secret, but from its own very nature, it wants to become manifest (cf. 1.2)[17]. It is kept secret by the Roman governors, who should, according to their prominent position in public, let the truth manifest itself.

While the word *occultum* is already used in apol. 1.1, the term *manifest* only appears in the phrase apol. 6.11 cited above, and one might ask if this term also really relates to the context of the truth wishing to become known. This relation can be proved by reference to apol. 46.2. The statement Tertullian makes there stands just after the end of the *argumentatio* in chapters 7-45 and is revealing by its very position. Tertullian summarizes his argumentation by the words "while our truth is manifested to every man."[18] So it becomes quite obvious that the term *manifestum* relates to the truth as its opposite term *occultum*. Looking back to his argumentation in apol. 46.2, Tertullian states that what he has undertaken is to make the Christian truth come out from its secret where it is kept by the addressees to the manifest.

To understand Tertullian's use of the motif *occultum / manifestum*, there is another aspect which is important to take account of: from the introductory sentence the question arises: why do the addressees prevent the causa Christianorum and the Christian truth from becom-

---

[16] *Si non licet vobis, Romani imperii antistites, in aperto et edito, in ipso fere vertice civitatis praesidentibus ad iudicandum, palam dispicere et coram examinare, quid sit liquido in causa Christianorum [...] liceat veritati vel occulta via tacitarum litterarum ad aures vestras pervenire.* (CChr.SL 1, 85 Dekkers).
[17] *Nihil de causa sua deprecatur [veritas], quia nec de condicione miratur. Scit se peregrinam in terris agere, inter extraneos facile inimicos invenire, ceterum genus, sedem, spem, gratiam, dignitatem in caelis habere. Unum gestit interdum, ne ignorata damnetur.* (CChr.SL 1, 85 Dekkers).
[18] *Dum tamen unicuique manifestatur veritas nostra.* (CChr.SL 1, 160 Dekkers).

ing manifest? According to this sentence, the *antistites* themselves are not allowed to do this. There seems to be a certain force working in the background. This force plays a major role in the context of the *occultum*. Tertullian faces it more openly in apol 2.14 when, criticizing the acting of the governors against the Christians, he tells them:

> Let this topsy-turvy dealing of yours suggest to you the suspicion that there may be some hidden power which makes tools of you against the form, yes, against the very nature, of judicial procedure, against the laws themselves into bargain.[19]

In apol. 27.4, Tertullian reveals the identity of this hidden power:

> That spirit of demonic and angelic nature [...] battles against us with your hearts for his base – your hearts tuned and suborned (as I said at the beginning) to perverse judgment and to savage rage.[20]

According to these statements, it is the demons who rule the persecutors of the Christians and of their truth, by way of *occulta inspiratione*; and the secret itself is the place where the demons reside and hide – *qua vis latet in occulto*. It is in this place that they try to keep the truth under control.

From those insights into the nature of the contrasting motif, the reason for the division of the chapters 7-9 and 10-45 and the function of the chapters 7-9 for the plan of the *Apologeticum* can be focussed. The programme that follows the striving of the truth for self-manifestation explains solidly why Tertullian puts the main emphasis on the chapters 10-45: in that part, he discusses and explains the publicly visible actions of the Christians and their faith in the one true god as the background of the actions – and in this way denies that the actions should be crimes.

In the meantime, the programme also sheds light on the function of the chapters 7-9 for the *argumentatio*: first of all, they expose the absurdity of the ideas – the *occultorum facinorum infamia* – that follow just from keeping the Christian truth in secret. Tertul-

---

[19] *Suspecta sit vobis ista perversitas, ne qua vis latet in occulto, quae vos adversus formam, adversus naturam iudicandi, contra ipsas quoque leges ministret.* (CChr.SL 1, 89f. Dekkers).
[20] *Ille scilicet spiritus daemonicae et angelicae paraturae, qui [...] de mentibus vestris adversus nos proeliatur occulta inspiratione modulatis et subornatis ad omnem, quam in primordio exorsi sumus, et iudicandi perversitatem et saeviendi iniquitatem.* (CChr.SL 1, 139 Dekkers).

lian reaches this goal in *Apologeticum* 7f. by playing ironically, in a very mocking way, with the suggestion that the Christians practice a secret cult like the mysteries. So, he derides the idea that the Christians "always escape detection" (7.5: *semper latemus*), that they act according to the *mysteries* (7.6: *ex forma omnium mysteriorum*), that they "exclude the profane, and guard against observers" (7.7: *arceant profanos et ab arbitris caveant*).[21] By many ironical allusions to the realm of the *occultum*, Tertullian underlines that the Christians have nothing in common with those crimes and that the accusations rather stem from the mind of those who prevent the Christians from explaining their truth, who keep them *in occulto*. And by exposing this absurdity, Tertullian claims the duty to reveal the *causa Christianorum* in front of everybody – especially in front of the blind, as whom he denounces his addresses in apol. 9.20 by talking of "those, who [...] seem to see what is not"[22] – they see the hidden crimes of the Christians without any reason. The duty to reveal the Christian truth is clearly caught up in chapters 10-45. So the chapters 7-9 have a fundamental, preparatory function for the following explanations: they indicate the dynamic from *occultum* to *manifestum* inherent in Christian truth. In this way, the discussion of the *occulta facinora* really "clears the way" to the dealing with the publicly visible actions of the Christians (6.11). Together, the two parts of the *argumentatio* represent this dynamic that tends to the revelation of the truth against the resistance of the addressees. This logic of revelation that emerges from the plan of the *Apologeticum* is explicitly pronounced within the chapters 7-9, in apol. 7.13. While exposing that the only source for the accusations against the Christians is the *fama*, rumour, and that *fama* from its very nature has no credibility, Tertullian states:

---

[21] *Quis unquam taliter vagienti infanti supervenit? Quis cruenta, ut invenerat, Cyclopum et Sirenum ora iudici reservavit? Quis vel in uxoribus aliqua immunda vestigia deprehendit? Quis talia facinora, cum invenisset, celavit aut vendidit, ipsos trahens homines? Si semper latemus, quando proditum est quod admittimus? Immo a quibus prodi potuit? Ab ipsis enim reis non utique, cum vel ex forma omnium mysteriorum silentii fides debeatur. Samothracia et Eleusinia reticentur, quanto magis talia, quae prodita interim etiam humanam animadversionem provocabunt, dum divina servatur? Si ergo non ipsi proditores sui, sequitur ut extranei. Et unde extraneis notitia, cum semper etiam piae initiationes arceant profanos et ab arbitris caveant, nisi impii minus metuunt?* (CChr. SL 1, 99 Dekkers).

[22] *Qui [...] videre videantur quae non sunt.* (CChr.SL 1, 105 Dekkers).

> It is well that time reveals all, [...] according to the arrangement of divine nature, which has so ordained that nothing long lies hid, even when Rumour has not flung it abroad.[23]

So the divine order itself will make an end to the secrecy. The end of the statement is highly ironic: time shall even reveal, what rumour has not spread – but in fact, rumour as the opponent of truth (cf. 7.8)[24] does not reveal anything. What Tertullian announces here is that God cares for the Christian truth to become known, the truth that is not taught, but obscured by rumour. And by this way, God also exposes the true, mendacious nature of the *fama*. So while the chapters 7-9 serve to justify the duty to reveal the *causa Christianorum* caught up in the chapters 10-45, this sentence already announces the fulfilment of this revelation – as the work of God. The overlapping of Tertullian's arguing struggle and God's own work reappears in the statements concerning the way of the truth from the hidden to the manifest cited above: in apol. 1.1, it is the truth itself that strives to get known, in apol. 46.2, it is Tertullian who has manifested the Christian truth to everybody.

Until now, we have seen how Tertullian lays the ground for the chapters 10-45 in the chapters 7-9 by reference to the *causa Christianorum* and the Christian truth. But in chapters 7-9, he also shows how the revelation undertaken in chapters 10-45 is required by the addressees' side as well. To examine this phenomenon, it should first be rendered more precisely, who are his addressees.[25] From apol. 1.1, it is obvious that Tertullian talks to the *Romani imperii antistites*. But in the course of the *Apologeticum* it emerges that besides and by way of these *antistites*, Tertullian directs his attention also to the non-Christian crowd: for example, in apol. 9.6 Tertullian talks of the governors and "these persons standing round and panting for Christian blood."[26] So how do those addressees relate to the manifestation of the truth? Tertullian has suggested already at the very start of the

---

[23] *Bene autem quod omnia tempus revelat, [...] ex dispositione divinae naturae, quae ita ordinavit, ut nihil diu lateat, etiam quod fama non distulit.* (CChr.SL 1, 100 Dekkers).
[24] *Natura famae omnibus nota est. Vestrum est: Fama est malum, qua non aliud velocius ullum. Cur malum fama? Quia velox, quia index, an quia plurimum mendax? Quae ne tunc quidem, cum aliquid veri defert, sine mendacii vitio est, detrahens, adiciens, demutans de veritate.* (CChr.SL 1, 99 Dekkers).
[25] The "addressees" discussed here are Tertullian's listeners in the realm of the text.
[26] *Circumstantibus et in Christianorum sanguinem inhiantibus.* (CChr.SL 1, 102 Dekkers).

Occultum and manifestum: Some Remarks on Tertullian's Apologeticum 43

Apologeticum that they have an affinity for the realm of the secret. Within apol. 7-9, it is especially chapter 9 that serves to uncover that the very actions of the addressees are the background for the accusation of hidden crimes against the Christians: in apol. 9.1, Tertullian introduces this chapter by saying:

> To refute these charges still further, I will show that these very things are done by you, sometimes openly, sometimes in secret, and that perhaps is the reason for your having believed them about us also.[27]

So the accusations are projections of the actions the prosecutors commit themselves – and not only in secret, but also openly. Here Tertullian makes use of the contrasting motif once more, but in a very special way, in order to underline the impertinence of his audience. Concluding chapter 9, Tertullian judges the behaviour of his addressees as a double kind of blindness:

> But two sorts of blindness easily meet, so that those, who do not see what is really there, seem to see what is not.[28]

According to this judgment, the addressees not only mean to see what is not there – the alleged crimes of the Christians – but over and above that do not see what really is – their own crimes. This double blindness is a result of the darkness, the *occultum* – in which the addressees are captured themselves. For the force working in the background of their wrong accusations against the Christians and of their own crimes is again the hidden power of the demons, as it can be inferred from apol. 7.12[29] and

---

[27] *Haec quo magis refutaverim, a vobis fieri ostendam partim in aperto, partim in occulto, per quod forsitan et de nobis credidistis.* (CChr.SL 1, 102 Dekkers).
[28] *Sed caecitatis duae species facile concurrunt, ut qui non vident quae sunt, videre videantur quae non sunt.* (CChr.SL 1, 105 Dekkers).
[29] Apol. 7.12 (CChr.SL 1, 100 Dekkers): *Exinde in traduces linguarum et aurium serpit [fama], et ita modici seminis vitium cetera rumoris obscurat, ut nemo recogitet, ne primum illud os mendacium seminaverit, quod saepe fit aut ingenio aemulationis, aut arbitrio suspicionis, aut non nova, sed ingenita quibusdam mentiendi voluptate.* – "After that it [Rumour] creeps through ramifications of tongues and ears; and something wrong in the little seed, whence it sprang, so obscures all else in the rumour, that no one reflects whether that first mouth sowed the lie, as often happens, from an envious nature, from wanton suspicion, or from that mere pleasure in lying which with some people is no new thing but inborn in them." In this text, Dekkers' version *hedera rumoris* – which is conjectural – is, like in the editions of Becker (Becker, ⁴1992, 82-84) and Waltzing / Severyns

9.17.³⁰ Thus, within chapters 7-9, Tertullian displays to which degree the addressees themselves are slaves of the realm of the *occultum*, and, consequently, how much they depend on the revelation of the truth for their own sake – on that revelation that follows in chapters 10-45.

To summarize, the quest for the reason behind the two-parted structure of the *argumentatio* and for the function of the chapters 7-9 within it has led to a logic of revelation: the accusations of *occulta facinora* can only occur because the case of the Christians and their truth are kept secret. The ruling force behind this secrecy and behind the wrong accusations originates from the demons who reside in the secret, where they try to keep the truth under control. But the absurdity of the accusations uncovers the necessity to make the *causa Christianorum* and, with it, the truth become manifest. This dynamic of reasoning corresponds to the truth's own struggle for revelation, and the revelation of truth is to the addressees' sake who thanks to it shall be freed from their blindness and slavery under the demons. In this line of thought, the chapters 7-9 lay the foundations for the chapters 10-45. So, beyond the forensic realm into which Tertullian has clearly embedded his *Apologeticum* emerges a basically theological logic of revelation that organizes the structure of the argumentation. This logic places the chapters 7-9 as a thoughtful introduction in front of the chapters 10-45. From that perspective, the two-parted structure of the *argumentatio* proves not to be unbalanced in any way.

(Waltzing / Severyns, ⁴2003, 18), replaced by the version *cetera rumoris* attested by the manuscripts. For the arguments for this reading, see J.-P. Waltzing, *Etude sur le Codex Fuldensis de l'Apologétique de Tertullien*, Liège 1914-1917, 179f. It is quite obvious that, in this statement, Tertullian alludes to the power of the demons: In 2.18f. (CChr.SL 1, 90), he has called it *quaedam ratio aemulae operationis* – a formulation which he seems to recall by talking of the *ingenium aemulationis*. Furthermore, the *ingenita quibusdam mentiendi voluptas* must stem from the demons, to whom he ascribes in apol. 22.12 (CChr.SL 1, 130) the *fallacia spiritalis* and whom he calls in apol. 47.11 (CChr.SL 1, 164) the *spiritus erroris*. Their acting in the secret is pointed out by the verb *obscurare*. Thus, according to Tertullian, the *fama* which is responsible for the accusations of *occulta facinora* against the Christians originates from the demons.

³⁰ Apol. 9.17: *Et simul error impegerit, exinde iam tradux proficiet incesti serpente genere cum scelere.* (CChr.SL 1, 104 Dekkers). "And when once mistake strikes in, then a strain of incest will continue as stock and sin creep on together." – Blaming his addressees for incest in the context of those words, Tertullian seems to have in mind the power of the demons in the background of this crime: As *spiritus erroris* (cf. 47.11), the demons are the force of error that pushes the addressees to their crimes. By using the verb *serpere* in the context of the demons' work – as already in apol. 7.12 –, he might remind the role of the snake, the *serpens*, in Gen 3.

Occultum and manifestum: Some Remarks on Tertullian's Apologeticum   45

In the end, let's have a last short look at the development of Christian apologetics this workshop is dealing with: the contrasting motif *occultum / manifestum* is not unfamiliar to the Greek apologists before Tertullian, and that's no surprise, because this motif seems to rely mainly on biblical roots. As evidence, I just recall two passages from the New Testament:

> For there is nothing hidden, except to be disclosed; nor is anything secret, except to come to light (Mk 4:22).[31]

> We have renounced the shameful things that one hides; we refuse to practise cunning or to falsify God's word; but by the open statement of the truth we commend ourselves to the conscience of everyone in the sight of God. And even if our gospel is veiled, it is veiled to those who are perishing. In their case the god of this world has blinded the minds of the unbelievers, to keep them from seeing the light of the gospel of the glory of Christ, who is the image of God. For we do not proclaim ourselves; we proclaim Jesus Christ as Lord and ourselves as your slaves for Jesus' sake. For it is the God who said, 'Let light shine out of darkness', who has shone in our hearts to give the light of the knowledge of the glory of God in the face of Jesus Christ (2Cor 4:2-6).[32]

---

[31] οὐ γάρ ἐστιν κρυπτὸν ἐὰν μὴ ἵνα φανερωθῇ, οὐδὲ ἐγένετο ἀπόκρυφον ἀλλ' ἵνα ἔλθῃ εἰς φανερόν.
[32] ἀλλὰ ἀπειπάμεθα τὰ κρυπτὰ τῆς αἰσχύνης, μὴ περιπατοῦντες ἐν πανουργίᾳ μηδὲ δολοῦντες τὸν λόγον τοῦ θεοῦ ἀλλὰ τῇ φανερώσει τῆς ἀληθείας συνιστάνοντες ἑαυτοὺς πρὸς πᾶσαν συνείδησιν ἀνθρώπων ἐνώπιον τοῦ θεοῦ. εἰ δὲ καὶ ἔστιν κεκαλυμμένον τὸ εὐαγγέλιον ἡμῶν, ἐν τοῖς ἀπολλυμένοις ἐστὶν κεκαλυμμένον, ἐν οἷς ὁ θεὸς τοῦ αἰῶνος τούτου ἐτύφλωσεν τὰ νοήματα τῶν ἀπίστων εἰς τὸ μὴ αὐγάσαι τὸν φωτισμὸν τοῦ εὐαγγελίου τῆς δόξης τοῦ Χριστοῦ, ὅς ἐστιν εἰκὼν τοῦ θεοῦ. Οὐ γὰρ ἑαυτοὺς κηρύσσομεν ἀλλὰ Ἰησοῦν Χριστὸν κύριον, ἑαυτοὺς δὲ δούλους ὑμῶν διὰ Ἰησοῦν. ὅτι ὁ θεὸς ὁ εἰπών· ἐκ σκότους φῶς λάμψει, ὃς ἔλαμψεν ἐν ταῖς καρδίαις ἡμῶν πρὸς φωτισμὸν τῆς γνώσεως τῆς δόξης τοῦ θεοῦ ἐν προσώπῳ [Ἰησοῦ] Χριστοῦ.

Influenced by texts like these, for example also Justin and Theophilus make use of the contrasting motif in the context of their struggle for the truth (cf. Justin: 1. apol. 5.1-4[33];12.1-11[34]; The-

---

[33] Τί δὴ οὖν τοῦτ' ἂν εἴη; Ἐφ' ἡμῶν ὑπισχνουμένων μηδὲν ἀδικεῖν μηδὲ τὰ ἄθεα ταῦτα δοξάζειν οὐ κρίσεις ἐξετάζετε, ἀλλὰ ἀλόγῳ πάθει καὶ μάστιγι δαιμόνων φαύλων ἐξελαυνόμενοι ἀκρίτως κολάζετε μὴ φροντίζοντες. Εἰρήσεται γὰρ τἀληθές· ἐπεὶ τὸ παλαιὸν δαίμονες φαῦλοι ἐπιφανείας ποιησάμενοι καὶ γυναῖκας ἐμοίχευσαν καὶ παῖδας διέφθειραν καὶ φόβητρα ἀνθρώποις ἔδειξαν, ὡς καταπλαγῆναι τοὺς οἳ λόγῳ τὰς γινομένας πράξεις οὐκ ἔκρινον, ἀλλὰ δέει συνηρπασμένοι καὶ μὴ ἐπιστάμενοι δαίμονας εἶναι φαύλους θεοὺς <αὐτοὺς> προσωςόμαζον, καὶ ὀνόματι ἕκαστον προσηγόρευον, ὅπερ ἕκαστος ἑαυτῷ τῶν δαιμόνων ἐτίθετο. Ὅτε δὲ Σωκράτης λόγῳ ἀληθεῖ καὶ ἐξεταστικῶς ταῦτα εἰς φανερὸν ἐπειρᾶτο φέρειν καὶ ἀπάγειν τῶν δαιμόνων τοὺς ἀνθρώπους, καὶ αὐτὸν οἱ δαίμονες διὰ τῶν χαιρόντων τῇ κακίᾳ ἀνθρώπων ἐνήργησαν ὡς ἄθεον καὶ ἀσεβῆ ἀποκτ<αν>ῆναι, λέγοντες καινὰ εἰσφέρειν αὐτὸν δαιμόνια. Καὶ ὁμοίως ἐφ' ἡμῶν τὸ αὐτὸ ἐνεργοῦσιν. Οὐ γὰρ μόνον <ἐν> Ἕλλησι διὰ Σωκράτους ὑπὸ Λόγου ἠλέγχθη ταῦτα, ἀλλὰ καὶ ἐν βαρβάροις ὑπ' αὐτοῦ τοῦ Λόγου μορφωθέντος καὶ ἀνθρώπου γενομένου καὶ Ἰησοῦ Χριστοῦ κληθέντος, ᾧ πεισθέντες ἡμεῖς τοὺς ταῦτα πράξαντας δαίμονας οὐ μόνον μὴ ὀρθοὺς εἶναί φαμεν, ἀλλὰ <καὶ> κακοὺς καὶ ἀνοσίους δαίμονας, οἳ οὐδὲ τοῖς ἀρετὴν ποθοῦσιν ἀνθρώποις τὰς πράξεις ὁμοίας ἔχουσιν. (Iustini Martyris apologiae pro Christianis, M. Marcovich [ed]., PTS 38, Berlin 1994, 38f.).

[34] Ἀπωγοὶ δ' ὑμῖν καὶ σύμμαχοι πρὸς εἰρήνην ἐσμὲν πάντων μᾶλλον ἀνθρώπων, οἳ ταῦτα δοξάζομεν, ὡς λαθεῖν θεὸν κακοεργὸν ἢ πλεονέκτην ἢ ἐπίβουλον ἢ ἐνάρετον ἀδύνατον εἶναι καὶ ἕκαστον ἐπ' αἰωνίαν κόλασιν ἢ σωτηρίαν κατ' ἀξίαν τῶν πράξεων πορεύεσθαι. Εἰ γὰρ οἱ πάντες ἄνθρωποι ταῦτα ἐγίνωσκον, οὐκ ἄν τις τὴν κακίαν πρὸς ὀλίγον ᾑρεῖτο, γινώσκων πορεύεσθαι ἐπ' αἰωνίαν διὰ πυρὸς καταδίκην, ἀλλ' ἐκ παντὸς τρόπου ἑαυτὸν συνεῖχε καὶ ἐκόσμει ἀρετῇ, ὅπως τῶν παρὰ τοῦ θεοῦ τύχοι ἀγαθῶν καὶ τῶν κολαστηρίων ἀπηλλαγμένος εἴη. Οὐ γὰρ διὰ τοὺς ὑφ' ὑμῶν κειμένους νόμους καὶ κολάσεις πειρῶνται λανθάνειν ἀδικοῦντες, ἀνθρώπους δ' ὄντας λανθάνειν ὑμᾶς δυνατὸν ἐπιστάμενοι ἀδικοῦσιν· εἰ <δ'> ἔμαθον καὶ ἐπείσθησαν θεὸν ἀδύνατον εἶναι λαθεῖν τι, οὐ μόνον πραττόμενον, ἀλλὰ καὶ βουλευόμενον, κἂν διὰ τὰ ἐπικείμενα ἐκ παντὸς τρόπου κόσμιοι ἦσαν, ὡς καὶ ὑμεῖς συμφήσετε. Ἀλλ' ἐοίκατε δεδιέναι μὴ πάντες δικαιοπραγήσωσι καὶ ὑμεῖς οὓς κολάζητε ἔτι οὐχ ἕξετε· δημίων δ' ἂν εἴη τὸ τοιοῦτον ἔργον, ἀλλ' οὐκ ἀρχόντων ἀγαθῶν. Πεπείσμεθα γὰρ ἐκ δαιμόνων φαύλων, οἳ καὶ παρὰ τῶν ἀλόγως βιούντων αἰτοῦσι θύματα καὶ θεραπείας, καὶ ταῦτα, ὡς προέφημεν, ἐνεργεῖσθαι· ἀλλ' οὐχ ὑμᾶς, οἵ γε εὐσεβείας καὶ φιλοσοφίας ὀρέγεσθε, ἄλογόν τι πρᾶξαι ὑπειλήφαμεν. Εἰ δὲ καὶ ὑμεῖς ὁμοίως τοῖς ἀνοήτοις τὰ ἔθη πρὸ τῆς ἀληθείας τιμᾶτε, πράττετε ὃ δύνασθε· τοσοῦτον δὲ δύνανται καὶ ἄρχοντες πρὸ τῆς ἀληθείας δόξαν τιμῶντες, ὅσον καὶ λῃσταὶ ἐν ἐρημίᾳ. Ὅτι δ' οὐ καλλιερήσετε, ὁ Λόγος ἀποδείκνυσιν, οὗ βασιλικώτατον καὶ δικαιότατον ἄρχοντα μετὰ τὸν γεννήσαντα θεὸν οὐδένα οἴδαμεν ὄντα. Ὃν γὰρ τρόπον διαδέχεσθαι πενίας ἢ πάθη ἢ ἀδοξίας πατρικὰς ὑφαιροῦνται πάντες, οὕτως καὶ <τὰ ἔθη>, ὅσα ἂν ὑπαγορεύσῃ ὁ Λόγος μὴ δεῖν αἱρεῖσθαι, ὁ νουνεχὴς οὐχ αἱρήσεται. Γενήσεσθαι ταῦτα πάντα προεῖπε, φημί, ὁ ἡμέτερος διδάσκαλος καὶ τοῦ πατρὸς πάντων καὶ δεσπότου θεοῦ υἱὸς καὶ ἀπόστολος ὢν Ἰησοῦς Χριστός, ἀφ' οὗ καὶ τὸ Χριστιανοὶ ἐπονομάζεσθαι ἐσχήκαμεν. Ὅθεν καὶ βέβαιοι γινόμενα ὅσα φθάσας γενέσθαι προεῖπεν· ὅπερ θεοῦ ἔργον ἐστί, πρὶν ἢ <τι> γενέσθαι εἰπεῖν καὶ οὕτως δειχθῆναι γινόμενον ὡς προείρηται. Ἦν μὲν οὖν καὶ ἐπὶ τούτοις

ophilus: Ad Autol. 1.2,1-6³⁵; 2.37,8³⁶). But what seems to be characteristic for Tertullian's use of the motif in comparison with their occasional use is that Tertullian makes a whole programme for the structure of his apologetic argumentation of it. Even Minucius Felix whose *Octavius* follows the *Apologeticum* in the line of Latin apologies and who is quite familiar with the motif (cf. Oct. 1.4³⁷;

παυσαμένους μηδὲν προστιθέναι, λογισαμένους ὅτι δίκαιά τε καὶ ἀληθῆ ἀξιοῦμεν· ἀλλ' ἐπεὶ γνωρίζομεν οὐ ῥᾷον ἀγνοίᾳ κατεχομένην ψυχὴν συντόμως μεταβαλεῖν, ὑπὲρ τοῦ πεῖσαι τοὺς φιλαληθεῖς μικρὰ προσθεῖναι προεθυμήθημεν, εἰδότες ὅτι οὐκ ἀδύνατον ἀληθείας παρατεθείσης ἄγνοιαν φυγεῖν. (PTS 38, 48f. Marcovich).

³⁵ Ἀλλὰ καὶ ἐὰν φῇς· „Δεῖξόν μοι τὸν θεόν σου", κἀγώ σοι εἴτοιμι ἄν· „Δεῖξόν μοι τὸν ἄνθρωπόν σου, κἀγώ σοι δείξω τὸν θεόν μου".Ἐπεὶ δεῖξον βλέποντας τοὺς ὀφθαλμοὺς τῆς ψυχῆς σου, καὶ τὰ ὦτα τῆς καρδίας σου ἀκούοντα. Ὥσπερ γὰρ οἱ βλέποντες τοῖς ὀφθαλμοῖς τοῦ σώματος κατανοοῦσιν τὴν τοῦ βίου καὶ ἐπίγειον πραγματείαν, ἅμα δοκιμάζοντες τὰ διαφέροντα, ἤτοι φῶς ἢ σκότος, ἢ λευκὸν ἢ μέλαν, ἢ ἀειδὲς ἢ εὔμορφον, ἢ εὔρυθμον καὶ εὔμετρον ἢ ἄρυθμον καὶ ἄμετρον ἢ ὑπέρμετρον ἢ κόλουρον, ὁμοίως δὲ καὶ τὰ ὑπ' ἀκοὴν πίπτοντα, ἢ ὀξύφωνα ἢ βαρύφωνα, ἢ ἡδύφωνα <ἢ δύσφωνα>, οὕτως ἔχοι ἂν καὶ περὶ <τὸ> τὰ ὦτα <τὰ> τῆς καρδίας καὶ τοὺς ὀφθαλμοὺς τοὺς τῆς ψυχῆς δύνασθαι θεὸν θεάσασθαι.
Βλέπεται γὰρ θεὸς τοῖς δυναμένοις αὐτὸν ὁρᾶν, ἐπὰν ἔχωσιν τοὺς ὀφθαλμοὺς ἀνεῳγμένους τῆς ψυχῆς. Πάντες μὲν γὰρ ἔχουσιν τοὺς ὀφθαλμούς, ἀλλὰ ἔνιοι ὑποκεχυμένους καὶ μὴ βλέποντας τὸ φῶς τοῦ ἡλίου. Καὶ οὐ παρὰ τὸ μὴ βλέπειν τοὺς τυφλοὺς ἤδη καὶ οὐκ ἔστιν τὸ φῶς τοῦ ἡλίου φαῖνον, ἀλλὰ ἑαυτοὺς αἰτιάσθωσαν οἱ τυφλοὶ καὶ τοὺς ἑαυτῶν ὀφθαλμούς. Οὕτως καὶ σύ, ὦ ἄνθρωπε, ἔχεις ὑποκεχυμένους τοὺς ὀφθαλμοὺς τῆς ψυχῆς σου ὑπὸ τῶν ἁμαρτημάτων καὶ τῶν πράξεών σου τῶν πονηρῶν. Ὥσπερ <γὰρ> ἔσοπρον ἐστιλβωμένον, οὕτως δεῖ τὸν ἄνθρωπον ἔχειν καθαρὰν ψυχήν. Ἐπὰν οὖν ᾖ ἰὸς ἐν τῷ ἐσόπρῳ, οὐ δύναται ὁρᾶσθαι τὸ πρόσωπον τοῦ ἀνθρώπου ἐν τῷ ἐσόπρῳ· οὕτως καὶ ὅταν ᾖ ἁμαρτία ἐν τῷ ἀνθρώπῳ, οὐ δύναται ὁ τοιοῦτος ἄνθρωπος θεωρεῖν τὸν θεόν. Δεῖξον οὖν καὶ σὺ σεαυτόν, εἰ οὐκ εἶ μοιχός, εἰ οὐκ εἶ πόρνος, εἰ οὐκ εἶ κλέπτης, εἰ οὐκ εἶ ἅρπαξ, εἰ οὐκ εἶ ἀποστερητής, εἰ οὐκ εἶ ἀρσενοκοίτης, εἰ οὐκ εἶ ὑβριστής, εἰ οὐκ εἶ λοίδορος, εἰ οὐκ ὀργίλος, εἰ οὐ φθονερός, εἰ οὐκ ἀλαζών, εἰ οὐχ ὑπερόπτης, εἰ οὐ πλήκτης, εἰ οὐ φιλάργυρος, εἰ οὐ γονεῦσιν ἀπειθής, εἰ οὐ τὰ τέκνα σου πωλεῖς. Τοῖς γὰρ ταῦτα πράσσουσιν ὁ θεὸς οὐκ ἐμφανίζεται, ἐὰν μὴ πρῶτον ἑαυτοὺς καθαρίσωσιν ἀπὸ παντὸς μολυσμοῦ. Καὶ σοὶ οὖν ἅπαντα <ταῦτα> ἐπισκοτεῖ· καθάπερ <γὰρ> ὕλης ἐπιφορὰ ἐπὰν γένηται τοῖς ὀφθαλμοῖς πρὸς τὸ μὴ δύνασθαι ἀτενίσαι τὸ φῶς τοῦ ἡλίου, οὕτως καὶ σοί, ὦ ἄνθρωπε, ἐπισκοτοῦσιν αἱ ἀσέβειαι πρὸς τὸ μὴ δύνασθαί σε ὁρᾶν τὸν θεόν. (*Theophili Antiocheni Ad Autolycum*, M. Marcovich [ed.], PTS 44, Berlin 1995, 16f.).

³⁶ Καὶ ὅτι ὁ θεὸς τὰ πάντα ἐφορᾷ καὶ οὐδὲν αὐτὸν λανθάνει, μακρόθυμος δὲ ὢν ἀνέχεται ἕως οὗ μέλλει κρίνειν, καὶ περὶ τούτου Διονύσιος εἴρηκεν·Ὁ τῆς Δίκης ὀφθαλμὸς ὡς δι' ἡσύχου λεύ<σ>ων προσώπου πάν<θ>' ὁμῶς ἀεὶ βλέπει. (PTS 44, 94f. Marcovich).

³⁷ *Et cum discussa caligine de tenebrarum profundo in lucem sapientiae et veritatis emergerem, non respuit comitem, sed, quod est gloriosius, praecucurrit.* (M. Minucius Felix, *Octavius*, B. Kytzler [ed.], Stuttgart 1992, 1).

27.2,8[38]) doesn't show the slightest similarity to the programmatic use of it. So with these results, I leave the question open for further consideration: what becomes of the motif *occultum / manifestum* in the further development of Christian apologetics?

---

[38] *Nam et falluntur et fallunt, ut et nescientes sinceram veritatem et, quam sciunt, in perditionem sui non confitentes. sic a caelo deorsum gravant et a deo vero ad materias avocant, vitam turbant, somnos inquietant, inrepentes etiam corporibus occulte, ut spiritus tenues, morbos fingunt, terrent mentes, membra distorquent, ut ad cultum sui cogitant, ut nidore altarium vel hostiis pecudum saginati remissis, quae constrinxerant, curasse videantur [...] ideo inserti mentibus inperitorum odium nostril serunt occulte per timorem; naturale est enim et odisse quem times, et quem metueris infestare, si posses. sic occupant animos et obstruunt pectora, ut ante nos incipiant homines odisse quam nosse, ne cognitos aut imitari possint aut damnare non possint.* (Kytzler, 1992, 26f.).

"From among You are We. Made, not Born are Christians":[1] Apologists' Accounts of Conversion before 310 AD

Jakob Engberg

Apologists' Accounts of Conversion, the Purpose and Use of these Accounts in the Context of Apologetic Argumentation

Shortly after his conversion to Christianity in the year 303, the North African rhetorician Arnobius wrote in the apologetic work *Adversus nationes*:

> Recently, O blindness, I worshipped images produced from furnaces, gods made on anvils and with hammers, the bones of elephants, paintings, ribbons on aged trees. Whenever I saw an anointed stone and one bedaubed with olive oil, I worshipped it, as if some power were in it, I spoke to it and begged blessings from a senseless block. And those very gods of whose existence I had convinced myself, I treated with greatest insults, since I believed them to be wood, stones, and bones, or imagined that they dwelt in the substance of such objects.
>
> But now, having been led into the paths of truth by so great a teacher (Jesus), I know what all these things are, I entertain honourable thoughts concerning those which are worthy, I offer no insult to any divine name; and what is owed to each person, whether inferior or superior, I assign with clearly-defined gradations, and on distinct authority. Is Christ, then, not to be regarded by us as God? And is He, who in other respects may be deemed the very greatest, not to be honoured with divine worship, from whom we have already received while we live so great gifts, and from whom, when the day comes, we expect greater ones?[2]

The vast majority of the ancient Christian authors conventionally termed apologists, like Arnobius, wrote accounts of their own conversion (below). Inspired by studies of conversion to modern religious

---

[1] Tert., apol. 18.4.
[2] Arn., nat. 1.39.

movements, this article asks why they wrote these accounts and how they could be used by various readers. How did the accounts function in relation to the argumentation of the apologist? But before discussing this, we must define 'accounts of conversion' and describe the limits of the so-called apologetic material considered in this article.

Accounts of Conversion
The quote from Arnobius above is an example of what I mean by an apologist's 'account of conversion'. I define an account of conversion as a description of how, why, under what circumstances or with what consequences a person became a Christian, descriptions often including a depiction of this person's life before and after this person became a Christian. This definition is made from an etic – rather than an emic – perspective. That is I – as an outsider – look for these traits in apologetic writings and when encountering them define such a passage as an account of conversion. I do not limit my investigation to passages where particular key terms, like *conversio, paenitentia* or μετάνοια, are used. This is not to suggest that such key terms were used at 'random' by ancient authors. On the contrary, a detailed study would most likely reveal that an author would describe a conversion as an enlightenment or as a philosophical reorientation, when such descriptions would serve this author's aim. Or alternatively, they would choose to describe it as a divine calling or a moral reform, when one or the other of these descriptions would better serve these aims. Studying such different accounts comparatively in spite of the differences in emphasis will, however, help to make such purposes obvious, and the investigation of such purposes is exactly the aim of this article.

Individual and Collective Accounts
The accounts discussed in this article can be grouped into two categories:

1. Individual accounts, where the apologist – like Arnobius in the quoted passage – writes in the first person singular.
2. Collective accounts, where the apologist writes in first person plural.

Arnobius can also provide us with an example of the latter type in *Adversus nationes*, about Jesus, that he has:

Guided us from false superstitions to the true religion – a blessing which exceeds and surpasses all other gifts – who has raised our thoughts to heaven from brutish statues formed of the vilest clay, and has made us to hold converse in thanksgiving and prayer with the Lord of the universe.[3]

Apologists: A Definition
This is not the place to go into the complex history of scholarship which – since the 17th century and itself building on the much earlier work of Eusebius – has resulted in a tradition of labelling certain ancient Christian authors as *apologists* and (some of) their works as *apologies*.[4] It will suffice to say that I follow that part of this tradition that narrowly define an ancient Christian *apology* as a work addressed to a Roman emperor or magistrate, but that I use the term *apologetic work* in a much broader sense about writings predominantly occupied with refuting allegations against Christians and presenting Christianity in a way that seems to be partly aimed at outsiders (e.g. by addressing the work to collective groups of outsiders, e.g. Jews, nations, Greeks). An *apologist* is thus understood as an author of an apology proper *or* of an apologetic work in this wider sense. Still it is difficult to distinguish between apologetic and non-apologetic works as the difference between the one and the other is a question of degree rather than of kind. Yet, I am nevertheless confident that the list of writings I will consider and

---

[3] Arn., nat. 1.38.
[4] M. Fiedrowicz, *Apologie im frühen Christentum. Die Kontroverse um den christlichen Wahrheitsanspruch in den ersten Jahrhunderten*, Paderborn ²2001, 13-23; B. Pouderon, *Les Apologists grecs du IIe siècle*, Paris 2005, 14-16; A.-C. Jacobsen, *Apologetics in Origin*, in: A.-C. Jacobsen / J. Ulrich (eds.), *Threee Greek Apologists. Origen, Eusebius, and Athanasius. Drei griechische Apologeten. Origenes, Eusebius und Athanasius*, ECCA 3, Frankfurt 2007, 11-47 (11-14); S. Parvis, *Justin Martyr and the Apologetic Tradition*, in: S. Parvis / P. Foster (eds.), *Justin Martyr and His Worlds*, Minneapolis 2007, 115-127 (115-117); M. Edwards / M. Goodman / S. Price / C. Rowland, *Introduction*, in: M. Edwards / M. Goodman / S. Price / C. Rowland (eds.), *Apologetics in the Roman Empire. Pagans, Jews and Christians*, Oxford 1999, 1-13 (1-12); W. Kinzig, *Der ‚Sitz im Leben' der Apologie in der Alten Kirche*, in: ZKG 100 (1989), 291-317; id., *Überlegungen zum Sitz im Leben der Gattung* Πρός "Ελληνας / Ad nationes, in: R. von Haehling (ed.), *Rom und das himmlische Jerusalem. Die frühen Christen zwischen Anpassung und Ablehnung*, Darmstadt 2000, 152-183; J. Ulrich, *Apologeter og apologetik i det 2. århundrede*, in: J. Engberg / A.-C. Jacobsen / J. Ulrich (eds.), *Til forsvar for kristendommen - tidlige kristne apologeter*, Frederiksberg 2006, 17-61 (26-27.31-34); M. Verdoner, *Kristendommens forsvarere i Eusebs ‚Kirkehistorie'*, in: Engberg / Jacobsen / Ulrich (eds.), 2006, 341-359 (341. 345-354. 358f.).

present below will not cause any great surprises, as it is a list of works conventionally considered to be apologetic.

The Material: Apologetic Works
I will not consider apologetic authors like Quadratus, Ariston, Miltiades; Apollinaris or Melito because their works are either totally lost to us or preserved only as tiny quotations. I will limit myself to the following authors and works from the period before approximately 310:

Aristides, *Apologiae*;
Justin, *Apologiae duae, Dialogus cum Tryphone Judaeo*;
Tatian, *Oratio ad Graecos*;
Athenagoras, *Legatio*;
Theophilus, *Ad Autolycum*;
Epistula ad Diognetum;
Clement of Alexandria, *Protrepticus*;
Origen, *Contra Celsum*;
Ps.-Justin, *Cohortatio ad Graecos, Oratio ad Graecos, De monarchia Dei*;
Tertullian, *Apologeticum, Ad nationes, De testimonio animae, Adversus Judaeo, Ad Scapulam, De paenitentia*;
Minucius Felix, *Octavius*;
Cyprian, *Ad Donatum, Quod idola dii non sunt, Ad Demetrianum*;
Arnobius, *Adversus nations*;
Lactantius, *Divinae institiones*.

Fourteen of these sixteen authors have left us one or more accounts of their own conversion in one or more of their apologetic works.[5] Most of them have left us both individual and collective accounts. The only two of the apologists who have not left us any account of their own conversion are Origen, whom we know was raised in a Christian family, and Athenagoras, whom we may infer from something he writes in his *Legatio* to have likewise been raised in a Christian family.[6]

---

[5] The three pseudo-Justinian works are written by different authors (e.g. Fiedrowicz, ²2001, 59f. 93f.), hence sixteen and not fourteen different authors. Arthur D. Nock claimed that all the apologetic authors had left us accounts of their own conversions; this is a slight, but only a slight, exaggeration (A.D. Nock, *Conversion. The old and the new in Religion from Alexander the Great to Augustine of Hippo*, Oxford 1933, 250). For a similar observation, based on Nock: O. Skarsaune, *The Conversion of Justin Martyr*, in: StTh 30 (1976), 53-73 (55).

[6] Athenag., leg. 11. The passage is, however, not conclusive. According to W.R. Schoedel, *Athenagoras Legatio and De Resurrectione. Edited and translated*, Oxford 1972, IX, the fifth century historian Philip of Side had claimed that Athenago-

That apologists so consistently wrote accounts of their own conversion in their apologetic writings and that so few Christian authors who were raised in Christian families wrote apologetic works may be coincidental – after all a majority of Christians in every generation until the end of the fourth century.[7]

But in the following I will investigate the theses that it was in fact no coincidence:

1. Because there was use for conversion-accounts to underscore the argumentation in apologetic writings.

2. Because (intellectual) Christian converts were more likely to write apologetic works than (intellectual) Christians who had been raised in Christian families because the apologetic argumentation could – in a sense – be turned into a justification of their own conversion.

Scholarship on the Conversion-Accounts of Apologists
Some of the apologists' individual conversion-accounts have received much attention in scholarship, but predominantly in a context where they have been used biographically, that is to discuss why, how or when the particular apologist converted to Christianity. Often the conversion-accounts are the only sources to the life of the apologist before his conversion.[8] The usefulness of these accounts as sources of information on such biographical details has however been drawn into question by

---

ras was a pagan philosopher preparing an attack on Christianity. In this process Athenagoras had been reading Christian writings and – impressed by what he was reading – he had converted. This story testifies to the existence of a typological idea about the conversion of the opponent of Christianity, a topos with links to the stories about Paul.

[7] R. Stark, *The Rise of Christianity. How the Obscure, Marginal Jesus Movement Became the Dominant Religious Force in the Western World in a Few Centuries*, Princeton 1996, 3-14; R. Mac Mullen, *Christianizing the Roman Empire (A.D. 100-400)*, New Haven 1984, 25-42.

[8] E.g. E.F. Osborn, *Justin Martyr*, BHTh 47, Tübingen 1973, 6f.; H. Chadwick, *Justin's Defence of Christianity*, in: E. Ferguson (ed.), *The Early Church and the Greco-Roman Thought, Studies in Early Christianity VIII*, New York 1993, 23-45 (28); T. Rajak, *Talking at Trypho. Christian Apologetic as Anti-Judaism in Justin's Dialogue with Trypho the Jew*, in: Edwards / Goodman / Price / Rowland (eds.), 1999, 59-80 (60); Fiedrowicz, ²2001, 39f. (Aristides and Justin); Fiedrowicz, ²2001, 52f. (Tatian); Fiedrowicz, ²2001, 56 (author of the Letter to Diognetus); M. Elze, *Tatian und seine Theologie*, Göttingen 1960, 17-33; R. Rogers, *Theophilus of Antioch. The Life and Thought of a Second-Century Bishop*, Lanham 2000, 7f.; M.B. Simmons, *Arnobius of Sicca. Religious Conflict and Competition in the Age of Diocletian*, Oxford 1995, 109.

many scholars.⁹ Firstly, they have observed that the same author can attribute his conversion to different motives in different apologies, a good example being Justin who in his dialogue with Trypho¹⁰ points to the prophetic writings, while in his Second Apology¹¹ he attributes it to the courage of Christian martyrs. Secondly, such scholars have observed that the accounts are of a stereotype character, and have argued that the accounts can thus say nothing about the *real* motives and the *real* circumstances pertaining to the apologist's conversion.

The observations are correct. Where Justin provides us with a good example of his conversion being attributed to different factors in different apologetic works,¹² Arnobius is a good example of the stereotype descriptions of a convert's life before and after his conversion.¹³ We may for instance notice that his description of his superstitious life before he became a Christian resembles other ancient authors' descriptions of how the superstitious person lived and behaved.

In his work on characters, the 4th century BC philosopher Theophrastus wrote concerning the superstitious man:

> Whenever he passes the oiled stones at the crossroads, he drenches them with olive oil from his flask, kneels and prostrates himself before he departs.¹⁴

Similar satire can be found in Lucian's *Alexander* from the 2nd century AD, where Lucian wrote about a Roman senator, Rutilianus:

> In all that concerned gods he was weird. He held strange beliefs about them, and whenever he saw a stone smeared or wreathed, he would fall on his face, kiss his hand, and dwell at it for a long time making vows and asking blessings from it.¹⁵

---

⁹ This and the following, e.g.: Nock, 1933, 258; N. Hyldahl, *Philosophie und Christentum. Eine Interpretation der Einleitung zum Dialog Justins*, AThD 9, Copenhagen 1966, 17-19. 111f. 140f. 297f.; J.C.M. van Winden, *An Early Christian Philosopher. Justin Martyrs Dialogue with Trypho Chapters One to Nine. Introduction, Text, Commentary*, PP 1, Leiden 1971, 118f. 127; T.D. Barnes, *Tertullian. A Historical and Literary Study*, Oxford 1971, 245-247.
¹⁰ Just., dial. 1-8.
¹¹ Just., 2. apol. 12f.
¹² This example is discussed below.
¹³ Nock, 1933, 258.
¹⁴ Thphr., char. 16.5.
¹⁵ Luc., Alex. 30. By referring to these two authors I do not claim that Arnobius was under exactly their influence. I am only suggesting that all three authors presented a topos of the behaviour of the superstitious person. We may note how the same topos

It is, however, possible to reverse the arguments of those scholars who claim that the dissimilarities between the same apologist's conversion-accounts in different works and the stereotype character of the conversion-accounts narrative renders the accounts unsuitable as sources for the life and times of the apologists.

Firstly, and we will return to this below, religious conversion was and is a complex phenomena which even for the same person can rarely be attributed to any single motive. So, rather than seeing different emphasis on different motives as a token of unreliability we should take advantage of the different emphasis to investigate why the apologist emphasised one motive in one context and another motive in another.

Secondly, it may perhaps turn out that the stereotype character of the conversion-accounts is what will make the accounts particularly useful and trustworthy.

Scholarship on Modern Conversion and on Modern Conversion-Accounts[16]
Modern studies of conversion to modern religious movements, Jehovah's Witnesses Christianity, Mormonism, Islam etc. have demonstrated that conversion-accounts are consistently of a stereotype character. Modern converts learn to see and perceive their own conversion in the light of that groups values and perceptions on conversion. When modern converts start to talk about their own conversion, they do so with that group's vocabulary thereby confirming to themselves

---

provided another apologist, Minucius Felix, with a setting and a point of departure for his philosophical dialogue, *Octavius* (Minuc., Oct. 2-4).

[16] J.A. Beckford, *Accounting for Conversion*, in: BJS 29 (1978), 249-262; L. Rambo, *Understanding Religious Conversion*, New Haven 1993; P. Stromberg, *Language and self-transformation*, Cambridge 1993; M. Warburg, *Citizens of the World. A History and Sociology of the Baha'is from a Globalisation Perspective*, Leiden 2006, 298-300; M. Warburg, *Fra konversionsberetninger til konversionsanalyser – kildeproblemer og fortolkningsstrategier*, in: M.S. Mogensen / H.M. Damsager (eds.), *Dansk konversionsforskning*, Religion i det 21. århundrede 8, Højbjerg 2007, 31-42. Rambo's book is regarded as the standard book on the phenomena of conversion. Beckford's article was seminal in the observation on the stereotype character of conversion-narratives and was sceptical of the value of conversion-narratives as sources for the study of conversion and this remains the dominant view in scholarship, a dominant view which is challenged from different positions by Stromberg and Warburg. The mode of challenging the dominant sceptical position followed in the present article is original. Modern conversion studies have influenced the study of conversion in antiquity, e.g. A.F. Segal, *Paul the Convert. The Apostolate and Apostasy of Saul the Pharisee*, New Haven 1990, 17.295; A.F. Segal, *Paul and the Beginning of Christian Conversion*, in: P. Borgen / V. Robbins / D. Gowler (eds.), *Recruitment, Conquest and Conflict*, Atlanta 1998, 91f.; N. Taylor, *The Social Nature of Conversion in the Early Christian World*, in: P.F. Esler (ed.), *Modelling Early Christianity*, London 1995, 133-136.

and the group the meaning and value of conversion. In scholarship on conversion to modern religious movements this observation on the stereotype character of conversion narratives has also led to an intense debate over the possibility of using accounts of conversion as sources for the study of conversion.

However, the converts do not passively take over the ideals of the religious community to which they attach themselves. The metaphor of brain-washing so frequently encountered in popular articles, novels or movies on the subject, has long since been proved to be an extremely marginal and rare phenomenon. No, the convert actively reinterprets the conventional values making them fit his own experiences. It has also been established in studies of modern conversions to missionizing religions that converts tell about and are often concisely encouraged to tell about their own conversion to outsiders, thereby giving outsiders a model to follow. Thus one convert's perception of his or her own conversion influences the next convert's perception of his or her conversion etc.

For the last 25 years scholarship on conversion to modern religious groups has been dominated by a perception that conversion is a process in a social context rather than a psychologically motivated event in an isolated individual's life.[17] Writing within this paradigm I do not rule out as a theoretical possibility that some people might not rather suddenly experience something which rather instantaneously changed their religious life.[18] But I maintain that even such a change would be followed by a process in which such a person would be integrated in a new religious community and by a process where such a person would have to learn how to cope with, comprehend, and narrate his or her change. In some modern religious groups, the formulating of a conversion-narrative that accommodates itself to the conversion-ideals of the group has been identified as a sort of final stage in the conversion process.[19]

By analogy we can thus expect that to study one apologist's account of conversion is to study the conversion-ideal that this apologist encountered during his conversion-process and to study how he consciously tried to influence (potential) new converts. We thus encounter in the conversion-accounts of the apologists the ideal and the kind of

---

[17] J.T. Richardson, *The Active versus the Passive Convert. Paradigm Conflict in Conversion / Recruitment Research*, in: JSSR 24 (1985), 163-179.
[18] Cf. the critique of the sociological paradigm in P. La Cour, *Konversion psykologisk set – klassisk og nyt – og klassisk igen*, in: Mogensen / Damsager (eds.), 2007, 194-224 (205-220).
[19] Stromberg, 1993, 3.11-13.

narratives which helped the convert to be integrated in the new religious community she or he had joined and the kind of conversion-accounts with which the convert tried to influence other potential converts.

Problem: The Function of Accounts of Conversion
Where scholarship has hitherto focused on particular accounts of conversion, one at a time, in order hopefully to learn some details about the life of a particular apologist, I will suggest a new approach where the different accounts are compared in order to learn not why and how a few apologists converted but rather to learn something about the contemporary conversion-ideals and conversion-narratives that influenced thousands of converts between the 2nd and early 4th centuries and to investigate why so many – perhaps all – of the converted apologists of this period considered it beneficial to their apologetic argumentation to give their readers accounts of their own conversion.

I thus see the potential for two kinds of questions to be investigated using this gathered material:

1. How is conversion depicted? How are the converts portrayed? What were they converting from and what were they converting to? Which key terms are used to describe this change? What motivated these conversions?

2. Why do the apologists relate their own conversions? How were the accounts intended to influence and how did they influence different audiences? How do the conversion-accounts fit in with the argumentation in that work and in that section of the work in which the accounts appear?

I will leave the first series of questions to a later occasion and focus on the second in this article. The apologists that have provided us with different accounts of their conversion in different apologetic writings are of particular interest. If they emphasise different aspects of their own conversions or different motives for their own conversions in different apologetic writings then it might be more productive to investigate whether these different emphases are designed to further the particular argumentation of that particular work, rather than merely to claim that such 'contradictions' show that the accounts are unreliable.

We thus ask: are such uses in evidence in our apologetic material? Furthermore, since the apologetic writings are traditionally viewed as writings defending Christianity in the face of polemics, allegations and persecutions from outsiders, did the apologist use their accounts of conversion to counter such polemic, such allegations or such charges?

Offensive Use: The Conversion of the Apologist as an Example for Other Conversions

Augustine Converted under the Influence of an Account of Conversion
In modern missionizing religious movements, converts use their accounts of conversion concisely to influence other potential converts (above).

In the 8th book of Augustine's *Confessions*, Augustine writes how he, before he became a Christian met with his Christian friend Simplicianus, who, so Augustine tells us, had previously been furthering the conversion of Ambrose. During Augustine's meeting with Simplicianus they 'chanced' (or was this according to Augustine part of Gods plan) to talk about Victorinus, a Roman senator and philosopher, whom Augustine had heard had died as a Christian. According to Augustine, Simplicianus seized this opportunity and because he wanted to "exhort" Augustine "to the humility of Christ", he began to tell how Victorinus – under the influence of Scripture and Christian literature and encouraged by Simplicianus – had turned away from "idols" and "sacrilegious rites" and had not blushed in his old age from becoming:

> The child of [...] Christ, and the new-born babe of Thy fountain; submitting his neck to the yoke of humility, and subduing his forehead to the reproach of the Cross.[20]

Simplicianus' narrative in Augustine's rendition is rather detailed, taking up the remainder of the chapter. It is followed by some theoretical remarks on conversion including a claim that the conversion of one man – especially a well known man – influences others to conversion and it is followed by a prayer to Christ that he may call us. After this Augustine returns to telling about his meeting with Simplicianus and concludes:

---

[20] Aug., conf. 8.2.

But when that man of God, Simplicianus, told me this concerning Victorinus, I was on fire to imitate him; and it was for this very end that Simplicianus had told me about him.[21]

We thus have Augustine claiming that a Christian in the 380's concisely narrated about a conversion in order to influence a potential convert – and with good effect. Combining our knowledge of the modern use of accounts of conversion with Simplicianus' use of Victorinus' conversion-account in Augustine's work (in itself an account of Conversion) from the early 5th century, we can legitimately ask: is it not likely that the apologists of the 2nd, 3rd and early 4th centuries also put their accounts of conversion to use for a similar offensive and missionizing purpose?

Offensive Use in the 'Oratio ad Graecos'
One of the pseudo-Justinian apologists wrote in his discourse to the Greeks:

> Come, my Greek friends, and share in unrivalled wisdom, and receive the teachings of the Divine Word, while you become acquainted with the immortal king; [...] The power of the Word [...] makes us immortal; it makes gods of us mortal men, and it transports us from earth to the regions above Olympus. Therefore, come and be instructed. Become as I am, for I was once as you. The divinity of the doctrine and the power of the Word have conquered me.[22]

These exhortations in the concluding chapter of the work clearly show that our apologist referred to his own conversion in order to facilitate his task before the pagans he is addressing. He is suggesting that they identify themselves with him, the apologist, as a convert. His hope is that this identification will prompt the pagans to convert just as the apologist himself had.

In the two examples of apologetic dialogues from our period, accounts of conversion are put to a similar use by Christian dialogue-partners.

---

[21] Aug., conf. 8.5.
[22] (Ps.)Just., or.gr. 5.

Offensive Use by and in Minucius Felix' 'Octavius'
In Minucius Felix' *Octavius* the Christian dialogue-partner opens his refutation of the pagan dialogue-partner's allegations against the Christians with the following collective account of conversion:

> Accept it from us, as from people who remember with shame their own attitude, how unfair it is to judge as you do without knowledge and investigation. We too were once like you, blind and stupid, and supposing that the Christians worshipped monsters, devoured infants, and joined in incestuous feasts; [...] At the time when we used to undertake the defence and protection of cases of sacrilege or incest or even murders, we regarded the Christians as not even entitled to a hearing. Sometimes under the pretext of pity, we were even more savagely cruel. We tortured those who confessed, to make them deny, in order to save their lives. In their case we therefore applied an absurd procedure for the trial [...] Do you recognize that what we felt and did was exactly what you felt and are doing now?[23]

According to the narrative of Minucius Felix, the whole dialogue is prompted by Octavius' wish to save Caecilius from "thick darkness of vulgar ignorance" (Minuc., Oct. 3.1). In the end Octavius prevailed and, as Minucius Felix writes, "he converted Caecilius, who was still immersed in superstitious vanities, to true religion" (Minuc., Oct. 3.1), something which Caecilius claimed to be a double victory, Octavius winning their debate but he himself triumphing over his former errors (Minuc., Oct. 40.1).

Offensive Use by and in Justin's 'Dialogue with Trypho', a Question of Audience?
Two generations earlier, Justin wrote his account of a dialogue with Trypho the Jew. In the 2nd to 8th chapters, Justin famously depicts himself as narrating to Trypho how he – as a pagan – in turn acquainted himself with or even attached himself to different philosophical schools, eventually finding satisfaction in Platonism. This satisfaction turned out to be temporary, however, as Justin narrates how he met an old man one day while walking along the sea. This man conversed with Justin and first destroyed his confidence in Plato and secondly encouraged him to:

---
[23] Minuc., Oct. 28.1-5.

"From among You are We. Made, not Born are Christians" 61

1. Read the ancient prophets, whose predictions inspired by the Holy Spirit have been proved trustworthy by coming true and by the miracles the prophets wrought.
2. Trust the prophets when they speak of God, the father and Creator and Christ his son.
3. Beseech God to open for him the gates of light, so that he can understand the truths of the prophets. These truths can be perceived and understood by no-one unless he has been enlightened by God and His Christ.

Justin further tells Trypho that when the old man had said these and many other things:

> My spirit was immediately set on fire, and an affection for the prophets, and for those who are friends of Christ, took hold of me.[24]

After having finished narrating his own conversion to Trypho the Jew, Justin said:

> It is my wish that everyone would be of the same sentiments as I, and never reject the saviour's words; for they have in themselves such marvellous majesty that they can instil fear into those who have wandered from the path of righteousness, whereas they ever remain a great comfort to those who pay heed to them. Thus if you have any regard for your own welfare and for the salvation of your soul, and if you believe in God, you may have the chance, [...], of attaining knowledge of God's Christ, and, after having become perfect, of enjoying a happy life.[25]

To perceive the different uses of this long conversion-account we must distinguish between Justin the author, Justin the dialogue partner and Justin the convert.

The dialogue partner Justin tells a potential convert, Trypho, whom he wishes to influence and exhort to conversion about his own conversion. In the story, the dialogue partner Justin emphasises elements suited to create a sense of identity between himself and his dialogue partner, who is a philosophically oriented Jew. Justin the convert in this narra-

---
[24] Just., dial. 8.1.
[25] Just., dial. 8.2.

tive was influenced by Jewish prophetic scriptures and a philosophical debate after a chance encounter, just as Justin the dialogue-partner now in a philosophical debate after another chance encounter will attempt to make Trypho see the Jewish prophetic writings in a new light.

The author Justin must, however, be writing about how he told this story with the intention of influencing his readers. In scholarship, it is hotly debated for whom Justin wrote his dialogue. There are three main positions.

1. Justin wrote for other Christians.[26]
2. Justin wrote for Jews.
3. Justin wrote for Pagans.

The traditional position, represented already in Eusebius' *Church History*[27] was that Justin had written his dialogue in order to influence Jews, convincing them that their writings were truly prophetic and that they foretold the advent of Jesus first as the suffering Christ and later as the glorious Christ. The author Justin was thus trying to do the same with respect to his readers as the dialogue partner Justin was doing in relation to his dialogue partner Trypho, and both the author and dialogue partner Justin addressed himself to a Jewish audience. This view is, however, challenged by amongst others the Danish theologian Niels Hyldahl and the Norwegian theologian Oskar Skarsaune.[28] They both argue that Justin would not have thought a Jewish audience in need of proof of the superiority of Jewish writings, thus reversing an argument for the traditional position claiming that arguments from Jewish scripture would have carried little or no weight with pagans. Hyldahl and Skarsaune, however, draw slightly different conclusions from this and other arguments: Skarsaune that the audience was primarily pagan and Hyldahl that the intended audience was primarily composed of other Christians attracted to Judaism. The view that the primary readership (and the primary intended readership) of the Dialogue were other Christians (but not necessarily Christians

---

[26] Few if any would dispute that the dialogue had a Christian audience and was intended by Justin to have a Christian audience. The scholars arguing for a Jewish or a pagan (intended) audience are therefore arguing that people representing one or the other of these 'groups' was also reading (and intended to read) the dialogue. The scholars here said to argue for a Christian audience are then the scholars arguing that Justin only (or nearly only) reached (and intended to reach) Christians with his argumentation.
[27] Eus., h.e. 4.18,6.
[28] Skarsaune, 1976, 59 and Hyldahl, 1966, 17-21.296.

attracted to Judaism) is probably the prevalent view today.²⁹ But the issue is far from resolved and both the traditional position and the idea that the Dialogue was written for pagans finds support from moderns scholars.³⁰

I will not purport to be able to resolve this important question here or attempt to give any definite answer. I will only point out that some of the arguments used in this debate rest on the assumption that cultural, ethnic and religious systems of 'paganism', Judaism and Christianity and corresponding identities (pagan, Jew, Christian) were rather stable and well-defined in relation to each other. On a general level, this traditional assumption has been challenged in recent years with the argument that identities are cultural constructs and that persons often function well with multiple identities.³¹ It might be productive to let this debate inform the debate on the audience of apologetic writings as well.³² Whereas Jews, Christians and Pagans might be said to construct different religious worlds, they might also be said to inhabit the same cultural world. It was, for example, traditionally maintained that the new Christian identity of Justin did not prevent him from continuing to identify himself as a philosopher, just as it did not prevent his dialogue partner from presenting himself as both philosopher and Jew.³³ Their identities as philosophers should, however,

---

[29] E.g. F. Young, *Greek Apologists of the Second Century*, in: Edwards / Goodman / Price / Rowland (eds.), 1999, 81-104 (84f.); C.H. Cosgrove, *Justin Martyr and the Emerging Christian Canon. Observations on the Purpose and Destination of the Dialogue with Trypho*, in: VirgChr 36 (1982), 209-232 (211-218).

[30] E.g. C.D. Allert, *Revelation, Truth, Canon, and Interpretation. Studies in Justin Martyr's Dialogue with Trypho*, SVigChr 64, Leiden 2002, 16-19. 37-61; Young, 1998, 84f.; Rajak, 1998, 62. 67. 75-80. Allert argues comprehensively for a Jewish audience and against the idea of a pagan audience or a *purely* Christian audience. However, he also concludes that the text – because it was written in a Christian community – would have been used by Christians. Young argues that the actual readers were mostly Christians, but that Justin had also intended the readers to be philosophically minded pagans. Rajak argues against the possibility of Jewish or pagan readers and for a Christian audience even (without mentioning Hyldahl) toying with Hyldahl's idea of Christians attracted to Judaism.

[31] E.g. J.D.G. Dunn, *The Parting of the Ways between Christianity and Judaism and their Significance for the Character of Christianity*, London 1991; J. Lieu, *Christian Identity in the Jewish and Graeco-Roman World*, Oxford 2003, 98-146. 269-297 (in particular).

[32] A step along this way is taken by R. Lyman, *The Politics of Passing. Justin Martyr's Conversion as a Problem of Hellenization*, in: K. Mills / A. Grafton (eds.), *Conversion in Late Antiquity and the Early Middle Ages. Seeing and Believing*, New York 2003, 36-60 (36-39).

[33] E.g. Just., dial. 1. For an overview over (and critique of) traditional Lutheran scholarship on the philosophical and Hellenic 'pollution' of Christianity allegedly evident in Justin's continued embracing of philosophy and in the entire apologetic 'enterprise': Winden, 1971, 126f.; Ulrich, 2006, 53-55; and id., *Innovative Apologetik. Beobachtungen zur Originalität Justins am Beispiel der Lehre vom Logos spermatikos und andere Befunde*,

not be seen as a polluting Hellenization of Christianity or Judaism, and this is not (just) because Christianity according to Justin was a return to the original philosophy unpolluted by centuries of Hellenic speculation.[34] Conversely there is no reason to assume that pagans would be unaffected by arguments derived from textual prophesies, the notion that the divine could reveal itself through texts and even texts of an obscure origin was not strange to pagans, to pay heed to such arguments did not represent Judaization or Christianization in itself. Nevertheless a Christianization of a pagan might have been what Justin specifically wanted to achieve by his arguments from prophesy.

A way of adding nuance to the question of readership and its inherent clear-cut distinctions between different segments of the population in the Ancient World is to introduce the convert (and the potential convert) as a likely reader (and intended reader) of the dialogue, a reader who in his cultural world navigates and constructs the border area between two religious worlds (also influenced by the text he or she is reading). A way of bypassing the debate is to emphasise the common cultural world of the different groups of possible readers and to ask if the commonality in this world would not make it possible for Justin's account of conversion to influence a) outsiders (Jews and pagans), b) insiders (Christians), c) converts and potential converts (of Jewish or pagan background).

Let us assume that these readers were Christians. By reading the conversion-account Christian readers were provided with a narrative that they might be able to use in conversations with outsiders and potential converts in much the same way that Simplicianus had used the account of Victorinus' conversion in his conversation with Augustine.

If we, on the other hand, assume Justin's readers (and intended readers) to have been outsiders and consider these to have been potential converts we thus see the author Justin trying to influence them to conversion by letting the dialogue-partner Justin narrate a story about his conversion. A story Justin as author presumably wanted the reader to be able to relate to. Finally the author Justin is letting the dialogue partner Justin exhort his non-Christian dialogue-partner to conversion with arguments that could likewise influence the reader.

---

in: ThLZ 130 (2005), 4-16 (5f.). In recent years, however, a value-neutral observation that Justin maintained an identity as philosopher after his conversion prevails; e.g. J. Ulrich, *Justin Martyr*, in: Engberg / Jacobsen / Ulrich (eds.), 2006, 85-106 (86).

[34] This was Hyldahl's well-argued main thesis, cf. Hyldahl, 1966, 140-159. 227-255, a thesis that, however, rests on an assumption of dichotomy in Justin's writings between Hellenic philosophy and culture and Christianity.

Finally – instead of the dichotomies insider-outsider, Jew-pagan – let us then assume that Justin's readers (and his intended readers) have been converts themselves, that is converts at some stage in their conversion-process. By reading Justin's narrative they are reinforced in the meaning of their own conversion, they are learning through his example to understand what a conversion is. Finally, they are learning that they – like the dialogue-partner Justin – can give an account of their own conversion in order to influence other potential converts.

We will return to Justin's conversion-account below because more is at stake and because Justin tried to make his conversion narrative play a role in resolving these stakes.

(Self)-Confirming Use: The Value of the Conversion-Accounts for the Apologists as Converts

But for now we will turn to one last question concerning the role of the apologists' accounts of conversion in relation to converts or potential converts. We must recall that modern converts often through their conversion-process learn how to narrate their own conversion (above). This can be understood as meaning that the proper formulation of a conversion-account forms a late stage in the convert's own conversion-process. It is thus tempting to ask whether something similar may be observed in relation to the apologists' accounts of conversion. How did the apologists' conversion-accounts affect the apologists themselves?

In his now classic work from 1933 Arthur D. Nock wrote:

> The apologists were without exception men who were not the sons of Christians but had been converted to Christianity themselves. The apologia of each of them was therefore in a measure an apologia *pro vita sua*.[35]

As we have seen, Nock was slightly exaggerating, Origen was not a convert and we do not know if Athenagoras was likewise raised in a Christian family. But Nock nevertheless hints at the interesting question of weather writing an apologetic work and narrating about your own conversion in such an apology might not also be seen as a way of rationalizing the process of conversion that the apologist had just been through. Or maybe

---
[35] Nock, 1933, 250.

rather: might not the writing of such an apology be seen as a last stage in some of these apologists' conversion-processes, a stage where the apologist came to terms with the meaning of his own conversion?

In that case, the apologetic arguments are not only to be seen as a Christian author's suppositions about how a potential convert could be influenced. The argumentation is an argumentation that made sense to and influenced the author as a convert in this admittedly late stage in his own conversion-process.

(Self)-Confirming Use: Apologetic Works with Accounts of Conversion by Recent Converts
As already mentioned, many of the apologists like Aristides, Theophilus, the author of the *Letter to Diognetus*, the three pseudo-Justinian authors and Minucius Felix would barely be known to us had it not been for the preservation of their own writings. As a consequence, we are not in a position to know whether these authors wrote their apologetic works shortly after, or many years after, their conversion. But we do know more about some of the apologists, and among these we can single out Justin and Tatian, as it would appear that they had been Christians for several years when they wrote their apologetic works. If we look at the remaining apologists on the list presented above and combine conventional dating of their works and conventional biographies it appears that Tertullian, Cyprian, Arnobius and Lactantius all began to write apologetic works containing accounts of their own conversion shortly after or even in the same year as their conversion. Let us take Cyprian as an example. Conventional biographical entries on Cyprian – based also on the contemporary biography of Pontius – suggest that Cyprian was rapidly converted and baptized in the year 246. Conventionally the two apologetic works, *To Donatus* and *That Idols are not Gods*, are dated to the same year.[36]

Cyprian as Recent Convert Writing and Reading Apologetic Works
In the work addressed to Donatus, Cyprian calls Donatus a man who is already "appointed" (*signauit*) to the heavenly camp, one who is encouraged to persevere in virtue.[37] But at the same time it is clear

---
[36] E.g. Pont., v.Cypr. 4; Hier., vir.ill. 68. Also Fiedrowicz, ²2001, 64f.; H. von Campenhausen, *Lateinische Kirchenväter*, Stuttgart 1950, 37-56; B. Altaner / A. Stuiber, *Patrologie. Leben, Schriften und Lehre der Kirchenväter*, Freiburg ⁷1966, 172-174; J. Quasten, *Patrology*, Utrecht ²1962, 340-346.
[37] Cypr., ad Don. 15.

that Cyprian has progressed further in Christianity than Donatus. Cyprian claims that he will provide Donatus with a light, so that Donatus can recognise the divine providence and disperse the cloud of evil. This – and the formulation that Donatus is one appointed for the heavenly camp – would suggest that Donatus is a more recent convert than Cyprian, or perhaps rather a convert at an even earlier stage in his conversion-process than Cyprian.

Cyprian exhorts Donatus to receive the word and the grace of God. This is something which, according to Cyprian, is felt before it is learned, something which is received through a sudden divine act of grace and not through a long period of study.[38] After this exhortation Cyprian goes on to tell Donatus in some detail about his own conversion.[39] In his earlier life Cyprian had been in darkness; in doubt, he had drifted about on the sea of life a stranger to truth and life. His character made it hard for him to believe that God would show him mercy and save him because he felt himself bound by the errors of his past life. At that stage he had still been an easy victim of sin.

But now everything was changed. He had been baptized and the errors of his past life forgiven. A light from above had broken into his heart and purified it, the Spirit from heaven had filled him and a second birth had made him a new man. At a stroke, doubt and questions had resolved themselves; that which was closed had been opened, the darkness teemed with light and the impossible was suddenly possible. This description then ends with a direct exhortation to Donatus. Cyprian claims to know exactly how Donatus is feeling, as he knows this from his own past life. The divine gifts are not received thanks to human virtue but thanks to the power and grace of God, and Cyprian encourages Donatus to stay with this grace and allow God to give him power to live a holy life, predict the future, convince others, convert, heal, to vanquish demons, and to bring peace where there is opposition.[40] Alluding to (but reversing) Satan's temptation of Jesus at the mountain,[41] Cyprian figuratively takes Donatus with him up on a mountain and shows him all the world's sins and unrighteousness.[42] Cyprian finally explains that only God can liberate and save him from this.

---

[38] Cypr., ad Don. 2.
[39] Cypr., ad Don. 2-4.
[40] Cypr., ad Don. 5f.
[41] Mt 4:8-11 and Lk 4:5-9.
[42] Cypr., ad Don. 6-13.

It is thus clear that, like other apologists, Cyprian used his account of conversion to exhort (potential) converts. It is likely that Cyprian's exhortation was written not only for the benefit of the recent convert Donatus, but also for the benefit of other converts and potential converts. But as Cyprian was himself a convert – is it not likely that the long description of errors from which God had liberated Cyprian can also be interpreted as Cyprian's attempt at attaching meaning to his own conversion? Two such purposes could easily have co-existed as Johannes Quasten has observed and written on this work:

> The treatise intends not only to justify Cyprian's own conversion but to invite others to take the same step. Every sinner was to feel heartened in considering from what an abyss Cyprian had been rescued.[43]

Cyprian's other apologetic work from this first year after his conversion, the work claiming that idols are not gods, was really much less creative. It consists of a paraphrasing of parts of Tertullian's *Apologeticum* and Minucius Felix' *Octavius*. Therefore what interests me in this context is not the content of this work but its mere existence. Its existence shows us that a convert in the first year after his conversion took it upon himself not only to read two major apologetic works but also to reproduce them. This indicates that he valued them and suggests that other converts might have been introduced to apologetic works; their refutations of pagan charges against Christians and their arguments for the truth of Christianity and their accounts of conversion being (and being considered) useful reading for converts and potential converts.

Defensive Use: Refuting Allegations, Arguing for the Value of Scripture

Defensive Use: Arnobius' Refutation of the Allegation that Christians were Superstitious
Finally: were the apologists' accounts of conversion connected with the more defensive purposes and argumentations of their apologetic writings?

Let us here return to the quote from Arnobius and see what Arnobius wrote just preceding his individual account of conversion, which we quoted above:

---

[43] Quasten, 1962, 347.

"From among You are We. Made, not Born are Christians" 69

But in the meantime let us grant, yielding to your ideas, that Christ was one of us – similar in mind, soul, body, weakness, and condition. Is he not worthy to be called and to be esteemed God by us, because of his many blessings? For if you have placed Liber in the assembly of the gods, because he discovered the use of wine; Ceres, because she discovered the use of bread; [...] with how great distinctions should he (Jesus) be honoured by us? He who, by instilling His truth into our hearts, has freed us from great errors; who, when we were straying everywhere, as if blind and without a guide, withdrew us from precipitous and devious paths, and set our feet on more smooth places; [...] who has shown us what God is, who he is, how great and how good; who has permitted and taught us to receive and to understand, so far as our limited capacity can, his profound and inexpressible depths; [...] who has restrained our arrogance, and has caused our necks, uplifted with pride, to acknowledge the measure of their weakness; who has guided us from false superstitions to the true religion – a blessing which exceeds and transcends all his other gifts – who has raised our thoughts to heaven from brutish statues formed of the vilest clay, and has caused us to hold converse in thanksgiving and prayer with the Lord of the universe.[44]

Here Arnobius claimed that Jesus had rescued him and other converts from superstition and given and promised him and other converts other divine benefits too. Arnobius therefore claims that the worship of Christ is fully justified as proper religion: i.e., proper *religio* which for the Romans was the exact opposite of *superstitio*.[45]

---

[44] Arn., nat. 1.38.
[45] On *religio* as the opposite of *superstitio* in Roman thinking (rather than for instance *ratio*), J. Engberg, *Impulsore Chresto. Opposition to Christianity in the Roman Empire c. 50-250 AD*, ECCA 2, Frankfurt 2007, 199-205. 215-223; M. Beard / J. North / S.R.F. Price (eds.), *Religions of Rome. Vol. 1. A History*, Cambridge 1998, 92-96.213-227; J. Scheid, *Religion et superstition à l'époque de Tacite. Quelques réflexions*, Cádiz 1985, 24f.; J.B. Kätzler, *Religio. Versuch einer Worterklärung*, in: 20. *Jahresbericht des Bischöflichen Gymnasiums Paulinum in Schwaz*, Schwaz 1953, 1-18 (7-11); D. Grodzynski, *Superstitio*, in: REA 76 (1974), 36-60 (36-40.53); A.K. Michels, *The versatility of Religio*, in: *The Mediterranean World. Papers Presented in Honour of Gilbert Bagani*, Peterborough 1976, 36-77 (66-72); M. Sachot, *Religio / superstitio. Histoire d'une subversion et d'un retournement*, in: RHR 208 (1991), 355-394 (364-367); M. Smith, *De superstitione*, in: H.D. Betz

It is well known that Pliny, Tacitus and Suetonius all regarded Christianity as a superstition.[46] I have elsewhere argued that this perception of Christianity was indeed widespread and that it was a major factor in motivating pagans to oppose Christianity and persecute Christians.[47] That book covers the period before the year 250. But Arnobius' refutation of the accusation that Christians were superstitious because they worshiped Christ and his use of both an individual and collective account of conversion in this refutation points to the fact that Christians in the early 4th century were still being regarded as superstitious and that this contributed to some people's hostility towards Christians. That it was still a motive for persecuting the Christians during the Great Persecution is substantiated by an inscription published in 1988 in *Journal of Roman Studies* by Mitchell.[48]

The Comparison of Two Accounts of Justin
As already mentioned, some scholars have regarded Justin's accounts of his conversion as untrustworthy because they have noticed that Justin in his dialogue with Trypho[49] points to his reading of the prophetic writings as his incentive to conversion while according to his Second Apology he was allegedly aroused by the courage of Christian martyrs, and thus saw that Christians were really very virtuous people, and thus the opposite of what he had hitherto believed in his ignorance.[50]

As already suggested, such a search for a single motive for such a complex phenomenon as a conversion will in all probability always prove to be futile. But that is not what we are going to discuss here. Instead, we will take benefit from the two different accounts of conversion written by the same apologist in different works to see how they each fit into the work of which they are a part.

(ed.), *Plutarch's theological Writings and early Christian Literature*, SCHNT 4, Leiden 1975, 1-35. Also Tac., hist. 4.54,4; Tac., ann. 12.59; 14.30; Cic., orat. 59.28,67; Cic., nat. deor. 2.28; 2.71.
[46] Plin., ep. 10.96; Tac., ann. 15.44; Suet., Nero 16.2.
[47] Engberg, 2007, 186-204. 258f. 215-227. 268. 306-316. 322. 326. 330-334.
[48] S. Mitchell, *Maximus and the Christians in A.D. 312. A new Latin Inscription*, in: JRS 78 (1988), 105-124.
[49] Just., dial. 2-8.
[50] Just., dial. 12f.

The Conversion-Account in the Second Apology: Refuting Allegations of Debauchery
In his Second Apology Justin wrote:

> When I myself rejoiced in the teachings of Plato, and on the one side heard the Christians slandered and on the other saw them standing fearless in the face of death and everything else which is considered dreadful, I realized that it was impossible that they should be living in sinful pleasure. For, what sensual or self-indulgent person, who approves of the eating of human flesh, would welcome death that he might be despoiled of his pleasures, and would not rather always try to continue in his present manner of life, and to elude the public officers?[51]

Justin then devotes the rest of the chapter to refuting allegations that Christians practised debaucheries such as cannibalism and incest. Finally he concludes:

> Change your ways, and come to your senses. When I learned of the evil veil which the wicked demons had thrown around the divine doctrines of the Christians to deter others from following them, I had to laugh at the authors of these lies (the demons), at the veil itself, and at the popular reaction. I am proud to say that I strove with all my might to be known as a Christian![52]

Justin thus claims that the courage of the martyrs proved to him that the Christians were virtuous and that the allegations of debaucheries against the Christians were false, and that this prompted his own conversion to Christianity. But not only that: his two references to his own conversion envelop a chapter where he argues against such allegations. It is thus clear that the reference to his own conversion is made in order to assist in this refutation. The refutation of allegations of Christian debauchery is a major theme in the Second Apology as Justin in the first two chapters argues that Christians are primarily accused by immoral people devoted to their own immorality. In the first chapter this is a general claim; in the second it is underscored by the story of the conversion of a previously promiscuous and drunken wife who after having become a Christian began to live a virtuous life and asked her

---
[51] Just., 2. apol. 12.1.
[52] Just., 2. apol. 12.8-13.1.

immoral husband to likewise reform his ways. The husband is not reformed but turns angry, and this prompts him in two consecutive turns to accuse two people of being Christians. First he accuses his wife, but a written appeal from his wife to the emperor forces the husband to postpone this case. Then, instead he accuses his wife's Christian teacher, Ptolemaeus, before the Roman magistrate Urbicus. All this leads to the executions of both Ptolemaeus and Lucius, a Christian who merely attended the trial. This conversion- and martyr-account underscores what Justin had claimed in chapter one on a general level: Christians are not immoral; some of them have rather converted from immorality to virtue and are now being assailed by the wicked.

Where, in his Second Apology, Justin is primarily using his own account of conversion defensively to refute allegations of Christian debaucheries, this would indicate that the Second Apology was in fact intended for an audience of outsiders, including possibly the addresses, the emperors. A Christian audience or a convert would hardly need to be convinced that Christians did not convene for sessions of cannibalism and incest.

Finally the claim that he was converted under the influence of the courage of the martyrs is part of an apology where he tries to convince the emperors that they should put an end to the persecutions of Christians. If he could thus, from his own personal experience, convince the emperors that the martyring of Christians would not in the least decrease the number of Christians but rather prompt more to conversion, this might incite the emperors to put a stop to persecutions.[53]

The Conversion-Account in the Dialogue: The Usefulness of Jewish Scripture, Refuting Marcion
In contrast to this, the dialogue with Trypho the Jew is a long debate over the Jewish prophetic writings, a debate were the dialogue-partner Justin tries to prove that the prophets spoke about the advent of Jesus as Christ,[54] his two comings: first in humility and then in glory.[55] The dialogue is long and at times the arguments are quite complicated. It would thus be difficult to postulate that the author Justin thought that his entire writing could thus be read and understood by an audience with limited intellectual abilities or limited patience with long and complicated exegetic debates. The entire writing was thus most

---

[53] Compare Just., 2. apol. 14 with Tert., apol. 50.13-16.
[54] Just., 2. apol. 48-108.
[55] B. Chilton, *Justin and Israelite Prophecy*, in: Parvis / Foster (eds.), 2007, 77-87 (79).

likely primarily intended for intellectual readers. There is a chance or maybe even a likelihood however, that a less intellectual and a less patient audience might be able to appreciate, understand and remember the more straightforward and catchy conversion-narrative with which Justin opened and introduced the debate and with which Justin establishing the same relation between Jewish scripture and Jesus Christ as is found as the conclusion of the debate: Justin had himself been converted to Christ by reading the Jewish scriptures and now he tried with some success to further the conversion of a learned Jew with the help of the same Scriptures. If a non-intellectual audience could remember that much it might, in Justin's eyes, be worth something.

But which audience, intellectual and non-intellectual, would in Justin's eyes benefit from and be in need of convincing that the Jewish Scriptures had prophesised about Christ? It is self-evident that an audience who already regarded the Jewish scriptures as having normative status – i.e. Jews and or Jewish sympathisers – would be powerfully influenced if Justin could convince them that these Scriptures had foreseen the coming of Jesus (thus negating the validity of Skarsaune's argument against the traditional position, that the Dialogue was written for a Jewish audience, cf. above).

But it is equally self-evident that an audience which already regarded Jesus as the Christ of God, that is a contemporary Christian audience, could be influenced by Justin's account of conversion and / or by his subsequent arguments in the debate with Trypho to value the Jewish Scriptures. After all, they would have proved their value in a big (but complicated) way by proclaiming Jesus as Christ and in a small (and easily accessible) way by converting Justin.

And in Justin's day and age there were indeed Christians whom Justin believed to be in need of reassurance of and convincing about the value and normative status of Jewish Scripture. The dialogue is dated to the period between 155 and 161 and was written in Rome.[56] This means that it was written in the decade after Marcion's split with the Catholic Church and his establishment of a competing congregation. This split divided the Church over the very issue which lay at the heart of Justin's concern: the issue of whether the Jewish creator god – the god of the Jewish scriptures – was to be regarded as the father of Jesus or an evil god. Included in this split was thus a polemic about the status of Jewish Scriptures, because Marcion wanted to discard these and only recognise

---

[56] E.g. Ulrich, 2006, 85-106 (87-90); Fiedrowicz, ²2001, 40.

as authoritative modified versions of the Gospel of Luke and ten Pauline letters. That Justin was indeed vehemently opposed to Marcion and felt a strong need to refute him can be gauged by the fact that Justin wrote a whole treatise against Marcion[57] and by the fact that he also refutes Marcion in both his First Apology[58] and in his Dialogue. Justin writes:

> My friends, there were, and still are, many who, in Jesus' name, come and teach others atheistic and blasphemous doctrines and deeds; [...] each has his own peculiar manner of teaching how to blaspheme the Creator of the universe, and Christ, whose coming was foretold by the Creator, the God of Abraham, Isaac, and Jacob. These blasphemers are all outside of our communion, for we know them for what they are, impious atheists and wicked sinners, men who acknowledge Jesus with their lips, but do not worship him in their hearts.[59]

Justin thus moulded his conversion-account in the dialogue in a way that lent itself to being an argument in an internal Christian debate over the normative status of Jewish Scripture, a status thrown into question by Marcion and other contemporary heretics, whom we know Justin regarded as dangerous and certainly eagerly opposed also in writing. Having established the authoritative status of Jewish scripture, through his own conversion account and through the proof that these scriptures prophesised about Jesus, he could of course also use the scriptures to provide arguments in other internal Christian debates, e.g. on the question of the millennium.[60] This crucially points to the fact that Justin also intended his work to be read by Christians.

In an interesting article from 1982 Charles Cosgrove argued that Justin's Dialogue was written with a Christian audience in mind and with the purpose of reversing a second-century Christian 'trend' toward treating 'apostolic' writings as canon, and that this was somehow also an anti-Marcion enterprise.[61] The evidence for this thesis is extremely slim and Cosgrove's thesis has been thoroughly criticized by Craig Allert.[62] The discussion of the function of the conversion-narrative

---

[57] This treatise is now lost, but we know of its existence thanks to Eus., h.e. 4.11.
[58] Just., 1. apol. 26.5; 58.1.
[59] Just., dial. 35.
[60] Just., dial. 80.
[61] Cosgrove, 1982, 209-225.
[62] Allert, 2002, 15-20. 37-61.

above has, however, suggested that Cosgrove could be right in claiming an intended Christian audience, a stance against Marcion, and the centrality of a Canon-issue in the Dialogue. But it has also suggested that Christians were not the only or even primary intended audience (converts and potential converts, Jews or pagans are prioritized) and that the Canon-issue debated was concerned with the validity of Jewish scripture (i.e. what we would call *OT-Canon*, not *NT-Canon*).

Conclusion

With two exceptions, all the apologists of the period before approximately 310 AD have described their own conversion in one or more of their preserved apologetic writings. It is likely that the two exceptions 'failed' to describe their own conversion simply because they were raised as Christians.

The apologists described themselves as converts and frequently encouraged their readers to follow their example and convert – this is no less true when, as in the case of apologies proper, the apologist formally addressed himself to emperors or magistrates who persecuted Christians.[63] The arguments in the apologetic works and the accounts of conversion could have been intended to influence converts and potential converts. This is not to say that all converts or potential converts were intended to read the apologetic works themselves, the relative costliness of text and the relatively low literacy-level in antiquity[64] would speak against this. Many a convert or potential convert would probably rather have been presented with a re-telling of selected descriptions and arguments via Christian relations, here of course accounts of conversions would be much easier to remember and retell and thus much more effective than long, complex exegetical or philosophical arguments.

But our apologetic authors of course all came from the elite that could both read and afford books; and at least three of the apologists had been presented with the apologetic writings of others at an early stage of these three apologists' own conversion process, and at least three (and probably more) of the apologists wrote (inspired by this?) accounts of their own conversion quite soon after this conversion, or

---

[63] E.g. Arist., apol. 1; 16f.; Just., 1. apol. 12.8-13.1; 67f.; Tert., Scap. 2-4.
[64] I am not here taking side in the vigorous debate on the literacy-levels in the Ancient World provoked by W.V. Harris' book (W.V. Harris, *Ancient Literacy*, Cambridge 1989), and his estimate that only 5-10 percent of the population in the Early and High Roman Empire was literate. Even if we double this estimate, as some of Harris' critiques would like to do, the vast majority of the population would have been illiterate.

perhaps at a later stage in their conversion-process. The argumentations in these apologetic writings thus not only show which arguments and descriptions a Christian author presumed would motivate a potential convert. The argumentations and the descriptions show which arguments and descriptions made an impression on the apologist as a convert at this (admittedly late) stage of his own conversion process. The apologists thus wrote their accounts of conversion in order to:

1. Influence potential converts, creating an opportunity for the potential convert to identify himself or herself with the apologist.
2. Reinforce themselves and other (recent) converts in the value and meaning of their conversion.
3. Encourage other converts to tell others of their conversion in order to influence them or to provide other Christians with such accounts of conversion for use in conversations with outsiders.
4. Underscore the main argumentation of their apologetic work (or the part of it in which the account of conversion is placed):
   a. E.g. Refuting specific allegations of outsiders by claiming that the author had himself converted from believing that which the outsider accused the Christians of practising (e.g. debaucheries, superstition) and changed to a new and better life (e.g. in virtue, in true *religio*).
   b. Influence an internal Christian debate over the normative status of Jewish scripture, showing the value of these by claiming that the apologist himself had converted under their influence.

When describing their own conversion, the apologists thought they were describing a 'reality'. It would be of some interest if these descriptions could tell us about the real motives that influenced personalities like Justin, Tertullian, Cyprian or Lactantius at the time when they were first attracted to Christianity. What we are offered instead are their views of 'reality' in retrospect, which – by the way – leaves us no worse off than many scholars making qualitative studies of modern conversion by interviewing converts.

Better still: when the reality described by the apologists made sense to themselves and their audience, it influenced and prescribed their 'realities'. The conversion accounts of the apologists reflect the meaning, motives and ideals that they and thousands of other converts had already learned to connect with conversion and the accounts influenced how yet more converts would come to understanding their own conversion. This means that the conversion-accounts of the apologists should also be read as normative sources. This result of this study could have bearing on how modern accounts of conversion should be interpreted in studies of conversion to modern religious movements, reaffirming the value of such accounts as sources for the understanding of the conversion process. I will finally suggest that it might be productive for students of conversion to modern religious movements to look for a defensive use of conversion-accounts resembling the use that the apologist put their accounts of conversion to, when refuting allegations that Christians were practicing debauchery or that Christianity was a superstition.

"From among you are we. Made, not born are Christians."[65] The title of this article is taken from Tertullian's Apology.[66] This article has argued that Tertullian was right, not only on a quantitative level, where a majority of Christians in every generation where converts, but also on a qualitative level: the apologists used their accounts of conversion to construct their own identities as converts and Christians and they used them in a deliberate attempt to make new Christians. In this process they finally shaped the very Christianity they had joined.

---

[65] The context is a debate over the resurrection and judgment (Tert., apol. 18f.). Tertullian here uses his pagan past in order to claim that he had previously laughed at these doctrines, but that he had converted under the influence of the prophets. He is thus trying to build a 'bridge' between his opponents view and his own present views. He claims that he had previously shared his opponents view but that he had now passed from that view to a new and more informed view – a passing that he wants his opponent to emulate.
[66] Tert., apol. 18.4.

The Rhetoric of Tolerance and Intolerance: From Lactantius to Firmicus Maternus

Maijastina Kahlos

This article traces the changes in the rhetorical strategies of the Christian apologetic writing within the Constantinian shift in the first half of the fourth century. I have chosen Lactantius (c. 250–325) and Firmicus Maternus to illustrate the ambivalent elements in Christian tradition. In the fifth book of *Divine institutes* Lactantius appeals for religious tolerance, or rather forbearance, of his *Institutiones divinae* (c. 304-313) while Firmicus Maternus ends his *De errore profanarum religionum* (c. 346-350) with a request to the emperors Constantius II and Constans to wipe out idolatry.

There is a significant increase of aggression from Lactantius to Firmicus Maternus. Therefore, it seems to be a long way from the moderation advocated by Lactantius to the language of oppression in Firmicus Maternus' *On the error of profane religions*. The defence of Christianity has been transformed into an attack against polytheistic religions. I call this a transformation from apologetics into "categoretics".

In the pre-Constantinian apologetic writings, Christian authors asked for toleration for their religion. In the post-Constantinian apologetics, or rather "categoretics", Christian writers insisted upon putting down the rival religions lumped together under the blanket term 'paganism'. The former defence (*apologia*) was altered into category (*categoria*) and apologists became "categorists" or polemicists.[1]

I find it problematic to apply the words tolerance or toleration to the ancient world since they tend to stand for the modern conceptions, somewhat different from the ancient way of grasping and discussing these issues. Therefore, I would rather speak of forbearance instead of tolerance or toleration.[2] It is more reasonable to use the terms that ancient writers themselves employ and forbearance (*patientia*) is the term that Lactantius makes use of.

---

[1] J.-C. Fredouille, *Tertullien dans l'histoire de l'apologetique*, in: B. Pouderon / J. Doré (eds.), *Les Apologistes chrétiens et la culture grecque*, Paris 1998, 271-281 (279), distinguishes between the two eras of Christian apologetic writing, the age of the defences *pro Christianis* and the attacks *contra gentes*.
[2] For the problematic use of the term *tolerance* in ancient history, see P. Garnsey, *Religious toleration in classical antiquity*, in: W.J. Sheils (ed.), *Persecution and Toleration*, Oxford 1984, 1-28 (1) and M. Kahlos, *Forbearance and Compulsion. Rhetoric of Tolerance and*

It is a commonplace to take note of how the second- and third-century Christian writers were keen to speak for religious freedom and how this interest in the liberty of religion disappeared and transformed into aggression as soon as Christianity gained the upper hand and the situation was inverted.[3] The petitions for the freedom of religion by earlier apologists such as Athenagoras[4] and Tertullian[5] have traditionally been labelled as a 'loser's creed'.[6]

However, defence was closely linked with attack and polemic against outsiders even in earlier Christian apologetics of the second and third centuries.[7] Earlier apologetic writings already contained aggressive elements in their defensive arguments in relation to non-Christian

---

Intolerance in Late Antiquity, London 2009. See also E. DePalma Digeser, *The Making of a Christian Empire. Lactantius & Rome*, Ithaca 2000, 110 and M. Turchetti, *Religious Concord and Political Tolerance in Sixteenth- and Seventeenth-Century France*, in: SCJ 22 (1991), 15-25 (18).

[3] The sheer turnover has been observed sardonically, e.g., by A. Pastorino, *Iuli Firmici Materni De errore profanarum religionum*, Firenze 1956, 282. H.A. Drake, *Constantine and the Bishops. The Politics of Intolerance*, Baltimore 2000, 430, speaks of several layers of irony and role reversal in case of Firmicus Maternus and other contemporary writers.

[4] Athenagoras of Athens wrote a petition for Christians in 177 and addressed it to the emperors Marcus Aurelius and Commodus. In the first chapter of the plea he speaks for religious moderation that should be applied to Christians as well and to reinforce his request he represents Christianity as one cult among the other religions of the Roman Empire. For Athenagoras, see M. Fiedrowicz, *Apologie im frühen Christentum. Die Kontroverse um den christlichen Wahrheitsanspruch in den ersten Jahrhunderten*, Paderborn ²2001, 44-47 and F. Young, *Greek Apologists of the Second Century*, in: M. Edwards / M. Goodman / S. Price / C. Rowland (eds.), *Apologetics in the Roman Empire. Pagans, Jews, and Christians*, Oxford 1999, 81-129.

[5] Tertullian requested moderation for Christianity in *Apologeticum* in 197. In Tert., apol. 24 Tertullian speaks of religious freedom (*libertas religionis*) and the choice of deity (*optio divinitatis*). For Tertullian, see, e.g., Fiedrowicz, ²2001, 60-62 and Fredouille, 1998, 271-281.

[6] Drake, 2000, 459 questions A. Pettegree, *The Politics of Toleration in the Free Netherlands, 1572-1620*, in: O.P. Grell / B. Scribner (eds.), *Tolerance and Intolerance in the European Reformation*, Cambridge 1996, 182-198 (198), who calls toleration "in the early modern period [...] only ever a loser's creed."

[7] G.G. Stroumsa, *Tertullian on Idolatry and the Limits of Tolerance*, in: G.N. Stanton / G.G. Stroumsa (eds.), *Tolerance and Intolerance in Early Judaism and Christianity*, Cambridge 1998, 173-184 (173), criticizes the traditional answer as an oversimplification according to which, "as long as Christians were in need of religious toleration for themselves, they knew how to make a case for its necessity" and "as soon as they came to power, however, they forgot their early virtues and learned how to deprive others of what they had just acquired."

outsiders.[8] I am inclined to see these aggressive elements towards the non-Christian majority as a part of the identity building of the Christian minority.[9] Christian writers such as Tatian, Theophilus, Tertullian and Hermias consciously articulated boundaries between their Christian communities and those outside. Others cults and religions were represented as the achievements of demons and the devil.[10]

Tertullian's attitudes in *On idolatry* and *On the spectacles* illustrate the repressed aggression towards the surrounding polytheistic world. In both tractates he declares the religious practices of the majority to be the work of demons. In *On idolatry* he advises his fellow Christians to live among the gentiles, enduring their errors, but not to participate in their superstitions.[11] However, this endurance was not to last for ever. In *On the spectacles* Tertullian consoles his Christian audience, painting a vivid picture of the gruesome punishments that the persecuting pagans will meet in the Last Judgment.[12] Lactantius and Firmicus Maternus could be observed as belonging to this tradition of repressed aggression.

Lactantius on *patientia*

Lactantius (c. 250 – c. 325) was born and educated in Sicca Veneria, in North Africa and he became a Christian around 300. He worked as a teacher of rhetoric in Nicomedia, the seat of Emperor Diocletian, when the tetrarchic persecution of Christians began. He wrote *Institutiones divinae* between 304 and 313 and edited the work around 321-323.[13]

---

[8] A. Cameron, *Apologetics in the Roman Empire. A Genre of Intolerance*, in: J.-M. Carrié / R. Lizzi Testa (eds.), *'Humana sapit'. Études d'antiquité tardive offerts à Lellia Cracco Ruggini*, Bibliotheque de l'Antiquité tardive 3, Turnhout 2002, 219-227 (222), draws attention to "the narrow line between apologetic persuasion, polemical aim and polemical discourse."
[9] For identity building, see M. Kahlos, *Debate and Dialogue*, Aldershot 2007, 58-62.
[10] The most vehement attack comes from the second-century apologist Tatian who in his oration against the Greeks (*Logos pros Hellenas*) assaults the plurality of Greco-Roman culture. For Tatian, see, e.g., E.J. Hunt, *Christianity in the Second Century. The case of Tatian*, London 2003 and E. Norelli, *La critique du pluralisme grec dans le Discours aux Grecs de Tatien*, in: B. Pouderon / J. Doré (eds.), 1998, 81-120.
[11] Tert., idol. 14.5.
[12] Tert., spect. 30.
[13] The *elogia* to Emperor Constantine were added in 321-323. It has been stated that most of the books were written in the period when Diocletian's coercive policies had already appeared to be a failure and there was no longer need for an apology as such. Therefore, it seems that Lactantius wrote not (only) to argue for forbearance of Christianity but to propagate Christianity to the Roman upper classes.

There is a thorough discussion on religious forbearance in Book 5 (*De iustitia*) that was originally written as an independent work separate from the other six books of *Institutiones divinae*.[14] Until recent years Lactantius' argumentation has not received much attention in the modern discussion on Greco-Roman religious moderation.

According to Elizabeth DePalma Digeser, Lactantius articulates "an original and comprehensive argument for religious toleration", urging both the Roman authorities and Christians to embrace what he calls forbearance, *patientia*, towards diverse religious inclinations.[15] The idea of forbearance is connected with Lactantius' conception of the universal peace and true justice that he discusses in Book 5. Furthermore, Book 5 is an intense attack against the persecutors of Christians, that is, intolerant 'pagans'.[16]

First Lactantius turns to the ineffectiveness and futility of religious coercion in Chapter 5.19. He writes of ignorant Romans who believe that they could direct all the people to their religion with maltreatment and cruelty: "Do they then endeavour to accomplish this by discussion or by giving some reasoning? By no means; instead, they attempt to achieve this by force and torments (*vi atque tormentis*)."[17]

According to Lactantius, the Romans are correct as they believe that religion is the most significant thing among human issues (*in rebus humanis*) and that it should be protected with the greatest power. They are nonetheless wrong both in the choice of religion itself and in the method of its protection.[18] Thus, their error involved both *what* and *how*.

Then Lactantius argues for freedom of choice in religious issues and promotes the concept of forbearance (*patientia*). There is no need of cruelty and violence because *religio* cannot be compelled (*religio cogi non potest*). Religious issues must be advocated by words rather than stripes.[19] Lactantius asserts that religion must be defended, not by killing but by dying for it, not by brutality (*saevitia*) but by forbearance (*pa-*

---

[14] Book 5 is dated to 306.
[15] E. DePalma Digeser, *Lactantius, Porphyry and the Debate over Religious Toleration*, in: JRS 88 (1998), 129-146 (129).
[16] Lactantius does not attack all 'pagans' but only the persecuting pagans. Lactantius' *Institutiones divinae*, as E. DePalma Digeser, 2000, 67-83 argues, attempts to win monotheistic pagans to the Christian cause.
[17] Lact., inst. 5.19,1-6. See also Lact., epit. 47-49.
[18] Lact., inst. 5.19,21: *Sentiunt enim nihil esse in rebus humanis religione praestantius eamque summa vi oportere defendi, sed ut in ipsa religione sic in defensionis genere falluntur.*
[19] Lact., inst. 5.19,11: *Non est opus vi et iniuria, quia religio cogi non potest, verbis potius quam verberibus res agenda est, ut sit voluntas.*

tientia), not by crime but by faith, because in religion there necessarily is only the good, not the evil (*necesse est bonum in religione versari, non malum*). If religion is protected by the evil, it will merely be blemished and violated. Nothing is as voluntary as religion (*nihil est enim tam voluntarium quam religio*). If a sacrificant's mind is against a religious act, it is futile, simply nothing, Lactantius adds.[20]

For Lactantius the fundamental element in religion is its goodness and liberty. By oppression and cruelty the oppressors only corrupt and violate their own religion. Religion and compulsion are contradictory because oppression is evil. *Carnificina* and *pietas* are completely divergent. Neither can truth be combined with violence nor justice with brutality.[21] In his emphasis on the free choice of one's religion, Lactantius reminds us of Tertullian[22] as well as of the proclamation of imperial religious policy by the Emperors Licinius and Constantine in 313.[23]

Lactantius compares the Christian persuasion with the Roman coercion, exclaiming that Christians do not force anyone to venerate their God against anyone's will. The Romans use violence and injustice. In contrast Christians know that one would be of no use to God if one lacked devotion and faith, and yet, no one deserts Christianity once the truth seizes one.[24] Consequently, Lactantius urges Romans to use persuasion and argumentation instead of coercion and violence: "because they cannot accomplish anything by violence – for God's religion is amplified the

---

[20] Lact., inst. 5.19,22f.: *Defendenda enim religio est non occidendo sed moriendo, non saevitia sed patientia, non scelere sed fide: illa enim malorum sunt, haec bonorum, et necesse est bonum in religione versari, non malum. Nam si sanguine, si tormentis, si malo religionem defendere velis, iam non defendetur illa, sed polluetur atque violabitur. Nihil est enim tam voluntarium quam religio, in qua si animus sacrificantis aversus est, iam sublata, iam nulla est.* - See also Lact., epit. 49.1.

[21] Lact., inst. 5.19,17: *Longe diversa sunt carnificina et pietas, nec potest aut veritas cum vi aut iustitia cum crudelitate coniungi.*

[22] Tert., apol. 24.5 speaks of *libertas religionis* and *optio divinitatis*. For the "market-place of religions" under the early Empire as the background of Tertullian's ideas, see Stroumsa, 1998, 174f., and J. North, *The Development of Religious Pluralism*, in: J. Lieu / J. North / T. Rajak (eds.), *The Jews Among Pagans and Christians in the Roman Empire*, London 1992, 174-193.

[23] The declarations of 313 by Licinius and Constantine, usually erroneously titled as "the Edict of Milan", is found in Lact., mort. 48 and Eus., h.e. 10.5. For the declaration of 313, see, e.g., A.D. Lee, *Pagans and Christians in Late Antiquity*, London 2000, 83-85; Garnsey, 1984, 18 and J. Rist, *Die Mailänder Vereinbarung von 313: Staatsreligion versus Religionsfreiheit*, in: StPatr 34 (2001), 217-223.

[24] Lact., inst. 5.19,13: *Itaque nemo a nobis retinetur invitus – inutilis est enim deo qui devotione ac fide caret – et tamen nemo discedit ipsa veritate retinente*; see also 5.20,9: *At nos, contra, non expetimus ut deum nostrum, qui est omnium, velint nolint, colat aliquis invitus, nec, si non coluerit, irascimur.*

more it is suppressed – let them rather make use of reason and advice." Therefore, he urges pagans to represent their religion as a counterpart to the religion of Christians.[25]

Lactantius invites his opponents to settle religious disputes by negotiating, using speech (*oratio*) and persuasion (*hortamenta*) instead of violence. It is nonetheless obvious to him and his audience that his rivals are to lose this debate because, as he states, they have no proper arguments to defend their religion. Consequently, we cannot speak of a genuine dialogue but rather the invitation functions as a rhetorical device in the polemic.[26] It is tempting to consider Lactantius merely as a promoter of religious forbearance but it is imperative to keep in mind that, besides appealing for patience, he vigorously attacks the Roman religious tradition.[27]

Lactantius writes that religious coercion is a violation of the human and divine law, stating that Christians are tormented against every law of humanity (*contra ius humanitatis*) and all divine justice (*contra fas omne*).[28] In this passage as well in other passages Lactantius' argumentation against coercion is connected with his overall idea of *iustitia*. His main thesis is that true justice can be achieved only when the true religion prevails. 'Pagans' crave justice on earth but this is unattainable as long as the worship of the false Gods is carried on. People are depraved and iniquitous precisely because they worship the false Gods. There would be universal peace on earth if the one true God, that of the Christians, were venerated. Lactantius links the cult of the one God (*monotheism*) with peace whereas the worship of the numerous Gods (*polytheism*) is connected with dissent and war.[29] Consequently, Lactantius' notion of *iustitia* is limited: justice excludes the deities of other religions.

---

[25] Lact., inst. 5.19,9-20.
[26] Lact., inst. 5.19,9-14. Lactantius' invitation to a debate resembles that of Augustine in *City of God* (5.26). For the premises of a dialogue, see Kahlos, 2007, 75-78.
[27] For Lactantius' critique of the Roman religion, see M. Kahlos, *Ritus ad solos digitos pertinens (Lact. inst. 5.19.29). A Caricature of Roman Civic Religion in Lactantius Institutiones divinae*, in: A.-C. Jacobsen / J. Ulrich / D. Brakke (eds.), *Critique and Apologetics. Jews, Christians and Pagans in Antiquity*, ECCA 4, Frankfurt 2009, 283-302.
[28] Lact., inst. 5.19,7; 5.19,6: *Iustitia [...] quae nihil aliud est quam dei unici pia et religiosa cultura*. For Lactantius' concept of justice, see E. DePalma Digeser, *Religion, Law and the Roman Polity. The Era of the Great Persecution*, in: C. Ando / J. Rüpke (eds.), *Religion and Law in Classical and Christian Rome*, Stuttgart 2006, 68-84 (80).
[29] Lact., inst. 5.8; e.g., 5.8,6: *Quodsi solus deus coleretur, non essent dissensiones et bella, cum scirent homines unius se dei filios esse.*

Lactantius promotes *patientia* as the right defence of religion. He asserts that one defends one's religion correctly only by patient endurance (*patientia*) or by dying.[30] What is this *patientia* like? We must go through other passages in which he discusses *patientia* to comprehend Lactantius' understanding of forbearance or endurance. In 5.19.7 Lactantius gives an explanation for the existence of the contrasts between virtue and vice and between good and evil. God has designed these contrasts so that humans could distinguish the quality of the good from the evil and the other way round. Now God has returned *iustitia* to earth in the form of Christianity but he has not eliminated evil in order to make virtue stand out more clearly. To be able to practice the virtue of *patientia* humans need something to endure. Lactantius writes: "For how could '*patientia*' maintain its power and meaning if there were nothing that we were required to forbear ('*pati*')?"[31]

Lactantius' notion of *patientia* resembles modern ideas of tolerance in which it is usually understood that, despite the disapproval of the religious, moral or political views of other people, one does not take action against them.[32] Therefore, disapproval is essentially involved in the concept of tolerance. According to this definition, tolerance is practiced only in a society in which there is contention and strife and hence need for conciliation and compromise. Tolerance should not be confused with either disregard or laxity or elasticity: it is patience.[33] Lactantius disapproves of the Roman religious tradition as deceitful and injurious, and, even with this reproof, he promotes *patientia*.[34]

There is a similar discussion on *patientia*, this time God's *patientia*, in Book 2. Lactantius asks why God endures (*patitur*) the demonic deceptions – the non-Christian religions – and does not abolish them. His explanation for the divine *patientia* is the same need of contrasts as in Book 5. God forbears the evil errors in order to keep the evils opposed

---

[30] Lact., inst. 5.19,24.
[31] Lact., inst. 5.7,6: *Quomodo enim patientia vim suam nomenque retineret, si nihil esset quod pati cogeremur?*
[32] For the modern discussion on tolerance, see P. King, *Toleration*, London 1976, 22-29 and D.G. Mullan, *Introduction. Philosophical and Historical Perspectives*, in: id. (ed.), *Religious Pluralism in the West. An Anthology*, Malden 1998, 1-17 (5).
[33] Garnsev, 1984, 1-4; DePalma Digeser, 2000, 110f.; DePalma Digeser, 2000, 118f. has attributed the confusion of modern discussion on ancient religious tolerance to a lack of pronounced definitions. One should not confuse 'tolerant' individuals with any state policy of toleration. Neither should theological intolerance or intolerance on the level of ideas and rhetoric be confused with action such as coercion.
[34] Lact., inst. 6.3; 6.7,1-9.

to the good and the vices to the virtues; thus God will punish some people and honour others.[35] However, these circumstances will not last for ever. Lactantius asserts that God's wrath will be manifested in the Last Judgment. God endures (*patitur*) humans' error and impiety *now*, righteous, temperate and patient (*patiens*) as he is. God's retribution is postponed to the future.[36]

Lactantius points out that Christians should practice the virtue of *patientia* towards their pagan opponents in the same way that God who shows patience towards the impious. Christians must wait patiently (*patienter*) for the Judgment Day. Lactantius declares that the adversaries of Christians will certainly meet their chastisement because God has promised to exact revenge "quickly" (*celeriter*) on them.[37] For Lactantius, forbearance is requisite in the present but only in the hope of retribution in the future. Punishment is to be left to God, not to humans.

This ultimate retribution reserved for the opponents of Christians is a well-known theme in Lactantius' other work, *De mortibus persecutorum*. Here the writer celebrates the turning of the tables, rejoicing in God's vengeance on the 'pagan' persecutors in minute detail and taking specific pleasure in the sufferings of Emperors Galerius and Maximin Daia in particular.[38] Likewise, Tertullian had rejoiced in the divine retribution that awaited 'pagan' opponents in the Final Judgment.[39] The promises of the divine punishment reserved for 'pagans' were not unfamiliar in Christian apologetic writing.[40]

---

[35] Lact., inst. 2.17,1: *Cur ergo deus fieri patitur nec tam malis succurrit erroribus? Ut mala cum bonis pugnent, ut vitia sint adversa virtutibus, ut habeat alios quos puniat, alios quos honoret.*

[36] Lact., inst. 2.17,3: *Nunc autem patitur homines errare et adversum se quoque impios esse, ipse iustus et mitis and patiens.*

[37] Lact., inst. 5.23,3: *tamen iubeat nos exspectare patienter illum caelestis iudicii diem, quo ipse pro suis quemque meritis aut honoret aut puniat.* - Lactantius acknowledges that God takes vengeance for the sufferings of his people even here in the present. The divine retribution appears also in the later dedications to Emperor Constantine: inst. 1.1,15 and 7.26,10. See also Lact., epit. 48.4.

[38] Lact., mort. passim; on divine vengeance in general mort. 1.50; 52; in particular 1.33 (Galerius) and 1.49 (Maximin Daja). Previous scholarship cast doubts on Lactantius as the author of *On the Deaths of Persecutors* since it was thought that the sophisticated appeal for toleration in *Institutiones* and the revengeful *De mortibus persecutorum* could not be written by the same person. *De mortibus persecutorum* is usually dated to either 313f. or 318-320.

[39] Tert., spect. 30. In the case of Tertullian, Stroumsa, 1998, 174 speaks of lack of "a real internalization of the idea of tolerance."

[40] For the tradition of painting punishments for opponents, see E. Heck, *Me Theomakhein oder: Die Bestrafung des Götterverächters*, Frankfurt 1987.

Firmicus Maternus and the Rhetoric of Compulsion

What is known about Firmicus Maternus is not much. He appears as a polytheistic Platonist and a devotee of Porphyry of Tyre in his astrological treatise *Mathesis* composed some time between 334 and 337. After his conversion to Christianity, he rebutted his former religious and philosophical inclinations in *De errore profanarum religionum* usually dated between 346 and 350.[41] The rejection of Porphyry, notorious for his opposition to Christianity, was imperative. Whereas in *Mathesis* Porphyry had been *noster Porphyrius*, in *De errore profanarum religionum* he is condemned as *defensor sacrorum, hostis dei, veritatis inimicus and sceleratarum artium magister*.[42]

De errore profanarum religionum is an intense assault against polytheistic cults and practices. Like a number of other Christian converts, Firmicus Maternus manifests his change of religion and openly breaks away from his former adherences. In order to make his conversion look reliable, he condemns his own religious past fiercely.[43] In the defence of his new adherence, Firmicus employs the technique "the attack is the best defence", demonizing his previous devotions as the work of the devil. The demonization is by no means a novelty but rather Firmicus continues the tradition of Christian apologetics in which the attack against pagan cults and practices was an essential part of the defence of Christianity.

Firmicus Maternus ends *De errore profanarum religionum* with a final request to Constantius II and Constans to whom he has also dedicated his work. He asks the emperors to suppress 'paganism': "But the necessity (*necessitas*) also demands you, the most sacred emperors, to punish and rebuke this evil and the supreme God's law maintains that your se-

---

[41] Firmicus describes his conversion (err. 8.4): *At ego nunc, sacrarum lectionum institutione formatus, perditos homines religioso sermone convenio*. For Firmicus' conversion, see I. Opelt, *Firmico Materno. Convertito convertitore*, in: Aug. 27 (1987), 71-78.
[42] Firm., math. 7.1,1; Firm., err. 13.4f.
[43] For the expiation of one's former errors in Christian apologetics, see Fiedrowicz, ²2001, 65-68; W. Kinzig, *Überlegungen zum Sitz im Leben der Gattung* Πρός "Ελληνας / *Ad nationes*, in: R. von Haehling (ed.), *Rom und das himmlische Jerusalem. Die frühen Christen zwischen Anpassung und Ablehnung*, Darmstadt 2000, 152-183, and Opelt, 1987, 72f. Drake, 2000, 426-427 parallels Firmicus's case with that of Arnobius and suggests that Firmicus tried to demonstrate his sincerity in front of his bishop but this remains as speculation. In his zealous rhetoric, Firmicus reminds us of those converts whom Gregory of Nazianzus (or. 5.37) depicts: 'pagans' after their conversion become more intolerant than Christians themselves. See further G. Dagron, *L'empire romaine d'Orient au IVème siècle et les traditions politiques de l'hellénisme. Le témoignage de Thémistios*, in: *Travaux et Mémoires* 3 (1968), 1-242 (165).

verity will persecute the transgression of idolatry everywhere".[44] Thus, Firmicus uses a 'There Is No Alternative' argument, appealing both to the necessity and the authority of God's law.[45] The rulers have no other choice but to wipe out idolatry because God has commanded it.

God's will is written in *Deuteronomy* 13:6-10 that Firmicus cites to justify the considerable callousness. There should be no exceptions, not even one's family members and friends: "[The Scriptures] demand that one should not spare his own son or brother. The beloved body of the spouse should also be brought to the judges' sword. Moreover, a friend must be persecuted with great severity and all the people must be armed to cut the bodies of the sacrilegious people into pieces".[46]

Firmicus urges the emperors to use force not only in eradicating polytheistic cults and temples, but also in extirpating 'pagans'.[47] He celebrates the burning of 'pagans' with their Gods and cult places.[48] The punishments for pagans are depicted in a conspicuously tangible manner. How should we interpret Firmicus' expression of cutting the bodies of the sacrilegious people into pieces?[49] Earlier apologists' descriptions of the divine retribution of their opponents were also particularly concrete. I have already mentioned the very physical chastisements that Tertullian and Lactantius reserved for the enemies of Christians.

---

[44] Firm., err. 29.1: *Sed et vobis, sacratissimi imperatores, ad vindicandum et puniendum hoc malum necessitas imperatur, et hoc vobis dei summi lege praecipitur, ut severitas vestra idolatriae facinus omnifariam persequatur.*

[45] The 'There Is No Alternative' argument was made famous by Margaret Thatcher in the 1980s.

[46] Firm., err. 29.2: *Nec filio iubet parci nec fratri et per amata coniugis membra gladium vindicem ducit [Deut. 13:6-10]. Amicum quoque sublimi severitate persequitur et ad discerpenda sacrilegorum corpora omnis populus armatur.*

[47] Firm., err. 28.6 asks the emperors to demolish the temples with their ornaments and idols: *Tollite, tollite secure, sacratissimi imperatores, ornamenta templorum. Deos istos aut monetae ignis aut metallorum coquat flamma; donaria universa ad utilitatem vestram dominiumque transferte!*

[48] Firm., err. 15.3-5.

[49] In the case of Augustine of Hippo, H. Chadwick, *Augustine on Pagans and Christians. Reflections on Religious and Social Change*, in: D. Beales / G. Best (eds.), *History, Society and the Churches. Essays in Honour of Owen Chadwick*, Cambridge 1985, 9-27 (12), believes that the bishop attempts to make his listeners interpret the 'extinction of pagans' not literally, but spiritually; e.g., in a psalm commentary (in Aug., in psalm. 149.13) Augustine writes of the 'extinction of pagans', asserting that the 'killing' of pagans urged by the Scriptures is to be understood allegorically as their conversion: *et pagani exstinguuntur, et idola franguntur. Quomodo, inquies, pagani occiduntur? Quomodo, nisi cum Christiani fiunt? Quaero paganum, non invenio; christianus est: ergo mortuus est paganus.*

In order to validate religious coercion, Firmicus compares the annihilation of 'paganism' with the curing of diseases and the purification from dirt. Constantius and Constans are urged to cut off (*amputanda*), destroy (*delenda*) and correct (*corrigenda*) idolatry with their harsh legislation and thus prevent the noxious error from polluting the Roman world. Firmicus calls the Greco-Roman religious tradition a pestilential practice that should no longer prevail.[50] He develops the medical analogy further and describes pagans as ailing patients (*aegrotantes*). These ailing people must be aided even against their wills. They will be healed of their injury (*plaga*). Some of them do not want to be cured and make resistance but the rulers must help these miserable people and liberate them. Firmicus rationalized that coercive legislation turns out to be for their benefit.[51] The medical analogy is connected here with the paternalistic rhetoric ("we know what is good for you"). The suppression is meant only for the good of the people.

Firmicus Maternus associates 'paganism' with disease (*morbus, malum morbid*), coercion with medicine (*remedia, medicina*) and the victory of Christianity with health (*valitudo, sanitas, salus*).[52] The 'pagan' superstition is a contagious disease.[53] The sick often refuse to accept treatment of their illnesses, he continues, and they insist on having things that only harm their health. A patient's mind is weak and seized by a disease and, therefore, spurns the medication. However, the stronger the disease becomes, the more powerful the remedies that must be used – an obvious allusion to the harsh legislation. After successful treatment, a patient is ready to recognize its usefulness.[54]

---

[50] Firm., err. 16.4: *Amputanda sunt haec, sacratissimi imperatores, penitus atque delenda et severissimis edictorum vestrorum legibus corrigenda, ne diutius Romanum orbem praesumptionis istius error funestus immaculet, ne pestiferae consuetudinis convalescat improbitas, ne quicquit hominem dei conatur perdere diutius in terra dominetur.*

[51] Firm., err. 16.4: *Nolunt quidam et repugnant et exitium suum prona cupiditate desiderant, sed subvenite miseris, liberate pereuntes: ad hoc vobis deus summus commisit imperium, ut per vos vulneris istius plaga curetur. Facinoris eorum periculum scimus, erroris notae sunt poenae, sed melius est ut liberetis invitos quam ut volentibus concedatis exitium.*

[52] Firm., err. 16.5.

[53] Firm., err. 17.4; 20.7; 12.1: *superstitionis istius metuenda contagio* that might echo the expression *superstitionis istius contagio* used by Pliny the Younger (Plin., ep. 10.96,9) of Christians.

[54] Firm., err. 16.5: *Aegrotantes contraria delectant, et cum corpus hominis adversa valitudo possederit, contra salutem suam a laborantibus perversa poscuntur. Capta mens languoris vitio morborum semper augmenta desiderat et medelas artificum aspernata contempnit, respuit remedia medicinae et in exitium suum prona animositate festinat. Tunc si malum morbi fortius creverit, maiora remedia quaeruntur, et pro salute hominis sollicita fortius se medicina componit. Asperi*

The metaphor of disease and remedy is a recurrently used rhetorical device in both Christian and non-Christian writings. It was employed by Emperor Maximinus Daia to refer to the Christians[55] whereas, for Theodoret of Cyrrhus and Prudentius, 'pagan' cults and tradition were diseases.[56] Augustine of Hippo uses the medical analogy as he argues for religious coercion both in the case of Christian dissidents and polytheists. Augustine justifies the oppression of the Donatists as the remedial inconvenience (*medicinalis molestia*) that presses an individual towards the correct choice.[57] 'Pagan' cults are dangerous illnesses for Augustine who in *City of God* writes that he has done his very best to rebut the 'pagan' errors: if the disease turns out to be untreatable, it is not the healer's fault.[58] Similarly to Firmicus, Augustine also refers to the reluctant patients who resist the cure[59] and speaks of God who amputates the infected parts in the same manner as the physician who cuts off the rotten members of a body. This remedial God forces not only individuals but also whole groups to the remedy of Christianity.[60]

Firmicus praises Constantius II and Constans for their activity against 'paganism' and demands that they continue even more zealously. He manifests the Christian triumph over idolatry, stating that the name of Christ has filled everything in east, west, north and south. Even though the slain limbs of idolatry still shudder in some places, this pestilential iniquity is cut off in the purified areas.[61] Firmicus as-

---

cibi, amari potus nolentibus ingeruntur, et si convaluerit malum, et ignis adhibetur et ferrum. Sic homo recepta sanitate et salute sibi reddita, quicquid aegrotantis corporis vitio invitus passus est, hoc totum utilitate sua factum esse stantis animi iudicio confitetur.

[55] Maximinus Daia (Eus., h.e. 9.7,3; 9.7,6f.; 9.7,11f.) brands the Christians with negative attributes such as blind error, delusion, impiety, execrable vanity, dark and destructive ignorance, conflagration, storm, pollution and disease.

[56] Particularly Thdt., affect. 1.1-8; 1.127f. and Prud., c. Symm. 1.2: *antiqui morbi*.

[57] Aug., ep. 185.7,26; cf. Aug., ep. 93.2,4: *mordacissimum medicamentum tribulationis*.

[58] Aug., civ. 6. praef.; cf. Aug., civ. 10.29; serm. Dolbeau 26.28 (= 198augm) and ep. 102.19. Aug., serm. 26.8 Dolbeau refers to the pagans' obdurate stubbornness that ought to be cured by the remedial authority (*medicinae auctoritate sanari*).

[59] Aug., serm. Dolbeau 25.1,14-19.

[60] Aug., Eu.Io. 7.12. In this tractate Augustine reproaches his parishioners for taking part in 'pagan' feasting.

[61] Firm., err. 20.5: *Qui locus in terra est quem non Christi possederit nomen? Qua sol oritur, qua occidit, qua erigitur septemtrion, qua vergit auster, totum venerandi nominis maiestas implevit, et licet adhuc in quibusdam regionibus idololatriae morientia palpitent membra, tamen in eo res est ut expiatis omnibus terris pestiferum hoc malum funditus amputetur.*

serts that it is not far short of the total annihilation of 'paganism' by means of imperial legislation and the ultimate end of the detrimental infection of idolatry.[62]

Firmicus Maternus exhorts Constantius and Constans over and over again to action: they must raise the flag of faith and disseminate what is beneficent.[63] As reward he promises them God's favour and success: they will defeat their adversaries who stain the empire.[64] After the devastation of temples, the emperors are elevated to even greater heights by God's virtue and triumph over their enemies, expanding their empire and increasing their glory. In Firmicus' depiction, the emperors come out as no less than the rulers of cosmic powers.[65]

De errore profanarum religionum ends with Firmicus' exhortation to the emperors who are promised God's "misericordia" and ever-increasing prosperity as the rewards of their faith. They can notice the amplification of the divine support already at the beginning of their faith.[66] God has rewarded the emperors' faith and, as long as they turn with pure minds, devoted conscience and uncorrupted soul towards heaven, they can look for aid from God. Firmicus' last words promise victories, prosperity, peace, opulence, health and triumphs during the blissful government.[67]

---

[62] Firm., err. 20.7: *Vos nunc, Constanti et Constans, sacratissimi imperatores, et venerandae fidei vestrae imploranda virtus est. [...] Modicum <tantum> superest ut legibus vestris funditus prostratus diabolus iaceat, ut exstinctae idololatriae pereat funesta contagio.*

[63] Firm., err. 20.7: *Erigite vexillum fidei [...] Signum venerandae legis erigite, sancite, promulgate quod prosit.*

[64] Firm., err. 20.7.

[65] Firm., err. 28.6: *Post excidia templorum in maius dei estis virtute provecti. Vicistis hostes, propagastis imperium et ut virtutibus vestris gloria maior accederet, mutato ac contempto temporum ordine, hieme – quod nec factum est aliquando nec fiet – tumentes ac saevientes undas calcastis Oceani. [...] Virtutibus vestris victa elementa cesserunt.* Firmicus probably alludes to Constans' expedition to Britannia in 343; cf. R. Turcan, *Firmicus Maternus. L'erreur des religions païennes*, Paris 1982, 346; K. Ziegler, *Iuli Firmici Materni V.C. De errore profanarum religionum*, München 1953, 6; A. Pastorino, 1956, 274.

[66] Firm., err. 29.3: *Misericordiae suae vobis, sacratissimi imperatores, deus summus praemia pollicetur et amplificationis maximae augmenta decernit. [...] Auspicia vestra maioribus cumulata sunt donis. Initio fidei positi divini favoris incrementa sensistis. [...] Dei virtutum utrique diverso sensistis eventu: vobis caelestis victoriae corona conlata et felicitate vestra nostra relevantur incommoda."*

[67] Firm., err. 29.4: *Haec vobis deus summus, sacratissimi imperatores, pro fide vestra reddidit praemia, [...] Pura mente, devota conscientia, incorrupto animo clementia vestra caelum semper aspiciat, a deo semper exspectet auxilium, [...] Sic vobis feliciter cuncta provenient, victoriae, opulentia, pax, copia, sanitas et triumphi, ut divina maiestate provecti orbem terrae felici gubernetis imperio.*

Firmicus shows himself self-confident in his fervour. In the above cited passages he celebrates a number of already accomplished victories over 'paganism'. Firmicus speaks of the emperors' admirable faith and their success in destroying temples and idolatrous practices and, then, he asks them to continue and intensify their measures against 'paganism'. Did Firmicus' exhortations have any influence on imperial legislation? We know of imperial decrees under Constantius II and Constans that commanded some temples to be closed and prohibited certain sacrificial practices. However, the imperial legislation against polytheistic practices did not attain the intensity that Firmicus advocated.[68] Even though certain sacrifices and some other rituals were forbidden, a number of traditional practices and particularly 'pagan' festivals were allowed to continue. In 346 it was even decreed that, although all superstitions were to be wiped out, temples outside the city of Rome should remain intact and unharmed.[69]

In the course of the fourth and fifth centuries, the language of religious legislation is often reflected in the rhetoric of Christian writers and vice versa. Therefore, it is possible that Firmicus' appeals resonate with Constantius' and Constans' already existing legislation. His words *gladium vindicem* resemble the phrasing *gladio ultore* in the imperial edict of 346.[70] A number of previous researchers even implied that *De errore profanarum religionum* encouraged the imperial legislation against 'paganism'.[71] Nonetheless, as L.W. Barnard has proposed,

---

[68] E.g., Cod.Theod. 16.10,2 (in 341): *Cesset superstitio, sacrificiorum aboleatur insania.* This edict might also be interpreted as directed against magical practices and divination rather than polytheistic practices and sacrifices as such. Cf. M.R. Salzman, *On Roman Time. The Codex Calendar of 354 and the Rhythms of Urban Life in Late Antiquity*, Berkeley 1990, 206.

[69] Cod.Theod. 16.10,3 (in 342): *Quamquam omnis superstitio penitus eruenda sit, tamen volumus, ut aedes templorum, quae extra muros sunt positae, intactae incorruptaeque consistant. Nam cum ex nonnullis vel ludorum vel circensium vel agonum origo fuerit exorta, non convenit ea convelli, ex quibus populo Romano praebeatur priscarum sollemnitas voluptatum.* Similar decrees were issued under Theodosius I, Arcadius and Honorius.

[70] Firm., err. 29.2. Cf. Cod.Theod. 16.10,4 (in 346): *Placuit omnibus locis adque urbibus universis claudi protinus templa et accessu vetito omnibus licentiam delinquendi perditis abnegari. Volumus etiam cunctos sacrificiis abstinere. Quod si quis aliquid forte huiusmodi perpetraverit, gladio ultore sternatur. Facultates etiam perempti fisco decernimus vindicari et similiter adfligi rectores provinciarum, si facinora vindicare neglexerint.* - However, the term *gladius ultor* is a fairly frequently found expression in legislative texts, referring to the revenging sword of justice.

[71] E.g., A. Piganiol, *L'Empire Chrétien 325-395*, Paris 1972 (orig. 1947), 87; J. Vogt, *Toleranz und Intoleranz im constantinischen Zeitalter, der Weg der lateinischen Apologetik*, in: Saeculum 19 (1968), 344-361 (360), somewhat more cautiously. A. Wlosok, *Zur lateinischen*

Firmicus' zealous assault might also be understood as a confrontation of the continuing forbearance or vagueness towards 'pagan' practices in Constantius' and Constans' policies.[72] Or, as most scholars have suggested and what sounds most plausible to me, Firmicus Maternus echoes and shows his support for the imperial anti-pagan legislation rather than influences it. These laws were probably issued before Firmicus wrote his *De errore profanarum religionum*.[73]

Firmicus' motives and sincerity of conversion have understandably been open to suspicion: modern scholars have usually treated him as an opportunist and turncoat who made a 180 degree turn and tried to curry favour in the corridors of power with his attack on paganism.[74] Whatever Firmicus' intentions were, it is important to ask why such an attack was needed and why such rhetoric was supposed to be useful.

Both *De errore profanarum religionum* and the rhetoric of the imperial legislation under Constantius and Constans illustrate the climate of opinion of the 340's and 350's. Firmicus has been taken to stand for the atmosphere of Constantius II's reign in the same way as Lactantius has been seen to portray the attitudes in the Constantinian era. This nonetheless is a simplification that hardly does justice to the complicated political, social and religious situation during the reigns of Constantine's sons. It cannot be simplified as an age of straightforward religious oppression of non-Christians because the imperial legislation was probably directed not only by religious zeal but also by "Realpolitik."[75]

Apologetik der constantinischen Zeit (Arnobius, Lactantius, Firmicus Maternus), in: Gym. 96 (1989), 133-148 (145) regards Firmicus's requests as consistent with the policies of Constantine's sons.

[72] L.W. Barnard, *L'intolleranza negli apologisti cristiani con speciale riguardo a Firmico Materno*, in: CrSt 11 (1990), 505-521 (512f.).

[73] Turcan, 1982, 23, suggests that Firmicus's fervour reflects the imperial legislation and Firmicus tries to appear "plus royaliste que le roi". According to C. Ando, *Pagan Apologetics and Christian Intolerance in the Ages of Themistius and Augustine*, in: JECS 4 (1996), 171-207 (177), Firmicus was familiar with the contemporary legislation and referred to it. Drake, 2000, 431, writes that Firmicus' requests endorsed, rather than prompted, the legislation.

[74] Turcan 1982, 23f. labels Firmicus's conversion as "le virage à 180°", G. Fowden, *Polytheist Religion and Philosophy*, in: CAH 13 (1998), 538-560 (555), describes Firmicus as "a lukewarm polytheist and a Christian of convenience" and, according to Drake, 2000, 426, Firmicus attempted "to curry favor with those who had patronage to dispense."

[75] For the ambiguities in Constantius' religious policy, see P. Heather / D. Moncur (eds.), *Politics, Philosophy, and Empire in the Fourth Century. Select Orations of Themistius*, Liverpool 2001, 48-57.

The Christian Double Tradition

After the Constantinian shift and turning of tables, a number of Christian opinion leaders set out not to defend the religious liberty and forbearance and individual liberty, but to justify the establishment of one religious inclination for the empire and the annihilation of others. Firmicus Maternus was hardly the only writer with such zeal. Among other loud lobbyists, there were Eusebius of Caesarea and Athanasius of Alexandria even though their pressure on the imperial administration took a more sophisticated form. For militant Christians such as Firmicus, Eusebius and Athanasius, the *patientia* advocated by Lactantius was not an acceptable alternative. Christianity was by no means a monolith and it is important to remember that the militant views were not acknowledged by all Christians.[76] Roman emperors were pressured with various demands by divergent groups of people, some of them were more extreme and others more moderate.

It has often been asked why Christians with their irenic teaching of the neighbourly love ended up with a rhetoric of intolerance and policy of coercion. A number of explanations have been proposed, for example, the tendency of power to corrupt: thus, Christians were corrupted by the power that they attained during Constantine's reign. Furthermore, it has been suggested that Christians absorbed the idea of religious coercion during the Great Persecution. Moreover, scars on the Christian psyche might play an important role in the question of intolerance.[77]

I am inclined to agree to some extent with G.G. Stroumsa who writes that "indeed, an ambivalent attitude to religious toleration had been inherent to Christianity from its very beginnings" and that there was "a fundamental ambivalence, a double tradition within early Christian *psyche*: a demand for tolerance together with an acceptance of intolerance."[78] Beneath the irenic teaching, there was the eristic line of thinking, claim for monopoly of truth, the demonization of rival communities and consequent hostility. For example, Lactantius does not leave room for other truths and religions in this exclusivity. Other adherences – philosophies and religions – are labelled as demonic errors and falsifications and this is bluntly repeated passim in *Institutiones divinae*.[79] This attitude is the

---

[76] The differences between militant and moderate Christians have been emphasized in the recent research, e.g., Drake, 2000, passim.
[77] Drake, 2000, 85.
[78] Stroumsa, 1998, 173f.; 181.
[79] For Lactantius (e.g., Lact., inst. 5.4,1-8), Christianity as the only *religio* and the true wisdom.

heritage of apologetics. One can ask whether it was easier for people like Firmicus Maternus to rationalize their intolerance on the level of ideas within the monotheistic theological framework than in the some other kind of framework.[80]

Now, it is imperative to distinguish between political moderation or everyday life forbearance on the practical level and dogmatic or theological intolerance on the level of ideas and rhetoric.[81] There is a huge – but not unbridgeable – gap between the rhetorical manifestation of intolerance and the use of coercive powers in practice. The social and political circumstances, the relationship between majorities and minorities and the action of individuals determine the outcome.[82]

Is intolerance inherent in Christianity?[83] Instead of posing the question in such a manner, I would rather argue that tolerance and intolerance – if we choose to use these dreadfully heavy words – are the two sides of the coin. Christianity bears tolerance and intolerance as its heritage from the very beginnings, as does every religion and ideology.[84] It included the seeds needed for both tolerant and intolerant attitudes as well as for their practical political emanations, forbearance and compulsion.

---

[80] Monotheistic Christianity has been labelled as intolerant and contrasted with allegedly tolerant polytheism since David Hume, *The Natural History of Religion*, 1757.
[81] Here I agree with DePalma Digeser, 2000, 118, and Vogt, 1968, 344.
[82] A.H. Armstrong, *The Way and the Ways. Religious Tolerance and Intolerance in the Fourth Century A.D.*, in: VigChr 38 (1984), 1-17 (2), speaks of actual balance of forces.
[83] See, e.g., P. Athanassiadi, *Persecution and Response in Late Paganism. The Evidence of Damascius*, in: JHS 113 (1993), 1-29 (11), who writes that "intolerance is built into the very presuppositions of Judeo-Christian thought."
[84] H.A. Drake, *Lambs into Lions. Explaining early Christian Intolerance*, in: PaP 153 (1996), 3-36 (15f.), calls them mass movements.

Acerrimus inimicus: Porphyry in Christian Apologetics

Markus Mertaniemi

Apologetics as Polemic and Rhetoric

The concept of "apologetics" has been discussed lately, for instance, in connection with a Danish research project on apologetics and it has been seen as a problematic concept to define.[1] I will use this term to describe that Christian polemic which discusses Porphyry's writings against the Christians. In other words, there is a situation where Christian authors have to defend Christianity against Porphyry's writings. Thus, I have understood apologetics in broader terms than only in the context of the second or third century. I have also included among the texts such writings as Jerome's biblical commentaries because there are many references to Porphyry. Here I see apologetics more as a rhetoric and especially rhetorical strategy and from this point of view I will concentrate on the character descriptions (ἦθος) of the apologetics. It was part of the overall argument for the defence of Christianity and discourse over the religious hegemony of the Roman Empire.[2] Generally, I see that apology is defence in connection with persecution or other religious violence.[3] Although persecution was generally over after 313, the Christian elite had to defend their social position, power and the legal position of Christianity against the non-Christian elite and their criticism. Porphyry was one of the most influential opponents of Christians at the time of the last persecutions and coercive policy toward Christians. It seems that the role of the Neoplatonists and especially Porphyry was central in the legitimization of the coercive religious policy.[4] Later, his writings lived their own lives among the Greco-Roman elite and presented a serious challenge to the christianization of the Roman Empire.

---

[1] See article of A.-C. Jacobsen in this book.
[2] Cf. A. Cameron, *Apologetics in the Roman Empire. A Genre of intolerance?*, in: J.M. Carrié / R. Lizzi Testa (eds.), *'Humana sapit'. Études d'antiquité tardive offertes à Lellia Cracco Ruggini*, Bibliotheque de l'Antiquité tardive 3, Turnhout 2002, 219–227.
[3] See again Jacobsen.
[4] See of the role of Porphyry and Neoplatonism before the last persecutions 303–312, for instance W.H.C. Frend, *Prelude to the Great Persecution. The Propaganda War*, in: JEH 38 (1987), 1–18; M. Mertaniemi, *Values of Hatred. Rhetoric and Image of Christianity Before*

Rhetorical Ethos

The focus of this article is the ethos of the Christian apologetics toward one of the most serious opponents of Christianity. Thus, I will try to find new features of how Porphyry has been used in the polemic between non-Christian Neoplatonism and Christianity, and in the discourse over religious hegemony in the Roman Empire. I would like to emphasise especially the point that it is a question of using the personal image of Porphyry as a tool for the rhetorical aims of the writers. The term ἦθος here is from the Greco-Roman rhetorical tradition and the concepts of how Aristotle analyzed parts of the effective rhetoric in his classical work on rhetoric. According to Aristotle, there were three divisions in rhetoric: πάθος (invoking the emotions), λόγος (rational arguments) and ἦθος (character descriptions of the people involved).[5] Thus, rhetoric could give us many possibilities to analyse polemical texts as these.

Another viewpoint which I will use for these polemical texts is historical image research and especially the concept of the enemy image.[6] These texts are rhetorical, but on the other hand it is a question of the human psychology of how people tend to see their enemies. As we can read from Christian authors, many of those whom we know from the fourth or fifth century thought that Porphyry was their enemy at least in some sense.[7] For instance, Augustine wrote of "most bitter enemy" in his great apologetic work *De civitate Dei*.

The Image of the Enemy

It is important to recognize that Porphyry's image as an enemy was created. I do not mean by this that he would not have been a real adversary of Christians or Christianity but instead that Porphyry was not

---

and During the Great Persecution 303-312 AD, in: K. Alenius / O.K. Fält / M. Mertaniemi (eds.), *Imagology and Cross-Cultural Encounters in History*, Oulu 2009, 57-62.
[5] G.A. Kennedy, *Historical Survey of Rhetoric*, in: S.E. Porter (ed.), *Handbook of Classical Rhetoric in the Hellenistic Period 330 B.C.–A.D. 400*, Leiden 1997, 3–37 (14).
[6] From the concept of the enemy image, see O. Zur, *The Love of Hating. The Psychology of Enmity*, in: *History of European Ideas* 13 (1991), 345–369; V. Harle, *The Enemy with a Thousand Faces. The Tradition of the Other in Western Political Thought and History*, Westport 2000.
[7] Porphyry as slanderer or enemy of Christians or their religion as seen by Christian authors: Aug., civ. 19.22: *Christianorum acerrimus inimicu*; Aug., serm. 241: "Their great later philosopher Porphyry, the most bitter enemy (*acerrimus inimicus*) of the Christian faith"; Aug., cons.ev. 1.7,10: *enemies*; Aug., cons.ev. 1.15,23; Aug., civ. 19.22: "the most bitter opponent of the Christians"; Eus., p.e. 1.9: "that very man who gains celebrity by his abuse of us"; Eus., p.e. 5.1; 10.9: "the very bitterest and fiercest enemy"; Eus, h.e. 6.19,2: "even Porphyry, who settled in our time in Sicily, wrote treatises against us."

the man by his physical, psychological and other characteristics as was described by Christian sources. In other words, the enemy image is a mental impression of Porphyry in Christian writings. For instance, it can be presumed that all of his contemporaries did not see him as an enemy, but rather as a philosopher who was doing his job by criticizing the superstition of Christians. Some of the Christians also saw him from this point of view and were ready to change their attitudes concerning some matters of religion and society. This can be seen, for instance, in an interesting text by Augustine who wrote of how Porphyry's Christology was not really Christian and about his thoughts that Christ was only a man and not a god; these statements meant, according to Augustine, that the person who agrees with them is a *Plotinian heretic*.[8] Here, Augustine is creating the image of the other, heretic, and, in the end, an enemy of true Christianity. At the heart of this enemy creation is the split between 'them and us'.[9] His problems concern Porphyry's rhetoric of assimilation toward Christianity where he cited oracles who thought that, indeed, Christ was pious and people should revere him as other holy men. It is possible that there were people among the Christians who thought that Porphyry's Christology was an idea which could be accepted. Thus, Augustine had a need to create rhetorical boundaries between Christianity and Neoplatonism. Neoplatonism was still at the turn of the sixth century quite an influential philosophy in Alexandria among others.[10] The threat of assimilation was real: it seems that Porphyry and some others invoked Jesus that the gods need not be abandoned or their images destroyed.[11] Many apostatized from Christianity for the teachings of Porphyry, as one of the Christian authors claimed.[12]

One of the central factors which affected the enmity between Christians and Neoplatonists was the competition between the groups. This is a factor that is under-evaluated in the explanations of the attitudes and conflicts between these groups. Watts has for his part proved that there was competition between Christians and non-Christian Neoplatonic philosophers in Alexandria at the end of the fifth and beginning

---

[8] Aug., civ. 19.23.
[9] Zur, 1991, 345.
[10] Cf. E. Watts, *An Alexandrian Christian Response to Fifth-century Neoplatonic Influence*, in: A. Smith (ed.), *The Philosopher and Society in Late Antiquity. Essays in Honour of Peter Brown*, Swansea 2005, 215-229.
[11] Aug., cons.ev. 1.31,47.
[12] Sever., creat. 6.

of the sixth century.¹³ If there was real competition as it seems, it affected the conceptions of the other and the formation of enemy images. In social psychological research it has been noticed that one of the central factors which affects the origin of enemy images is the competition between groups. People tend to change their views of the other when their interests come into conflict.

Claiming Porphyry

One of the aspects of how Christian authors generally created the image of Porphyry was that they described Porphyry as claiming something. This claim of Porphyry or claiming alluded to the fact that it was not so or there was something doubtful in what he was saying. There were also stronger descriptions such as in Eusebius' *Historia ecclesiastica* where he wrote that Porphyry told lies about Origen and then added: how the adversary of Christians would not have done it.¹⁴ In this statement of Eusebius we can see the ideologist who thought that his ideology is so true that all who are against it are liars or perhaps stupid. This can be explained by human psychology and how people tend to evaluate their own values and culture to be superior to others.¹⁵ From the rhetorical viewpoint Eusebius gives a simple answer to why some people are not ready to accept Christianity.

Jerome also wrote of Porphyry as "stupid".¹⁶ Porphyry also dreams in his critic of the Church and show his ignorance when he criticized the evangelist Matthew of falsehood.¹⁷ Rhetorically, Jerome depicted how Porphyry stays awake at nights when he imagines some places in the book of Daniel and ridicules them.¹⁸ According to Jerome, Porphyry limits himself to false claims and based his argumentation on an artificial mode of reasoning in his interpretation of the book of Daniel.¹⁹ Thus, he can invoke only the naïve among the Christians and poorly informed among other people.²⁰ In addition, Augustine wrote that Porphyry presented calumnious charges "in impious vanity or in ignorant temerity".²¹

---

[13] Watts, 2005.
[14] Eus., h.e. 6.19,9.
[15] R. Brown, *Group Processes*, Oxford ²2000; M.B. Brewer, *Intergroup Relations*, Buckingham 2003.
[16] Hier., ep. 130.14: *stultus Porphyrius*.
[17] Hier., Is. 9.30,1-5; Hier., Dan. 1.
[18] Hier., Dan. 5.10.
[19] Hier., Dan. 4.11,44f.
[20] Hier., Dan. 4.12,1-13.
[21] Aug., cons.ev. 1.7,10.

Acerrimus inimicus: Porphyry in Christian Apologetics 101

Augustine's "impious vanity" is also visible in Jerome when he stated that Porphyry is a "sycophant" when Porphyry refuted the Christian concept of the origin of the book of Daniel.[22] Theophylactus depicted Porphyry's critic as "sophistry" and thus presented it as not to be taken too seriously.[23] However, this is the case only when Porphyry is criticizing Christianity.

Eusebius also used him against non-Christian religions and in these cases he seemed to refer to Porphyry neutrally or even authoritatively. In these kinds of cases Porphyry is "writing", adding something or giving "testimony" to something.[24] Porphyry draws his knowledge from the ancient records and his critical study of traditional rituals of animal sacrifices, *De abstinentia*, is described as "careful work".[25] This is in great contrast compared to elsewhere in Eusebius where he wrote of the "worthless labour against us", by which he meant the *Contra Christianos*.[26] He even wrote: "approved as true by the testimony of Porphyry the philosopher" which is a remarkably positive statement and gives to Porphyry an authoritative role which he already had among the Neoplatonist audiences and among the adversaries of Christians.[27] Eusebius knew this and used Porphyry for his own purposes as part of his argumentation for Christianity as negative proof against non-Christian religions.[28] The simple reason for this was that Porphyry had more authority among the non-Christians than Eusebius had.

These parts of the texts have positive ἦθος of Porphyry such as "famous philosopher"[29]. Kofsky has explained that these recognitions were used in the context where Eusebius tried to appeal to the name of Porphyry.[30] Elsewhere we can see irony when Porphyry is called a "wonderful philosopher".[31] He is the "noble philosopher of

---

[22] Hier., Dan. 1.3,98; in the similar way in Eus., d.e. 1.1,12.
[23] Theophylactus, Enarr. in Evan. Joannis.
[24] E. g. Eus., p.e. 1.9; Porphyry also "records" in his critical view on non-Christian religion Eus., p.e. 3.3, "tells" Eus., p.e. 3.9.
[25] Eus., p.e. 9.3.
[26] Eus., chron., praef.
[27] Eus., p.e. 1.10.
[28] Eus., p.e. 6.4: "It is Porphyry who tells you this, not I."
[29] Eus., p.e. 3.11,12.
[30] A. Kofsky, *Eusebius of Caesarea against Paganism*, Leiden 2000, 253–264.
[31] Eus., p.e. 3.7. Also "wonderful theosophist" Eus., p.e. 4.9. This name of "theosophist" Eusebius gave from Porphyry's writing *philosophia ex oraculis* in which Porphyry calls his collection of oracular responses "theosophy", wisdom from the gods. Eus., p.e. 4.6.

the Greeks, this admirable theologian, this initiate in secret mysteries", at the same time when Porphyry is described as teaching and practising "evil arts of sorcery".[32] Eusebius uses hyperbolic words when saying "wonderful philosopher" to make Porphyry's conduct look ridiculous.

Eusebius had probably been seen among the advocates of polytheistic and monotheistic non-Christian religions as a superstitious and untrustworthy man. Thus his own testimonies among these non-Christians were worthless, while Porphyry was appreciated. Eusebius understood that if there were some statements of enemy that support the adversary's case it is a strong argument because it is difficult to deny it as biased argument. This happened when Porphyry criticized non-Christian religions of the Greco-Roman world.

Conflicting Porphyry

One of the ways Porphyry is used can be seen in Eusebius' apologetical works such as *Praeparatio evangelica* and *Demonstratio evangelica*. Porphyry is used to show that the opponents of Christianity have views which are contradictory. Kofsky has stated that Porphyry is presented several times as being in conflict with his own views.[33] An excellent example is the fragment of *Contra Christianos* where Porphyry wrote that gods were no longer living among people because Jesus had begun to be honoured. Eusebius used this against Porphyry by claiming that this is against Porphyry's and others' beliefs when they thought that mortal Jesus could have expelled their immortal gods from the cities of the Empire.[34] In another context, Eusebius cited Porphyry who wrote about the response of a god in which this god recommended using magic to direct one's destiny. Here the apologist asked what worth is the advice on destiny from a god who was not able to prevent his own temple from being destroyed by lightning. Secondly, he asks the rhetorical question: what kind of character is the man who recommends using magic instead of philosophy, thus referring to Porphyry.[35] Eusebius showed the conflict between the different concepts of non-Christian religions and created an untrustworthy personal image of Porphyry.

---

[32] Eus., p.e. 5.14.
[33] Kofsky, 2000, 273.
[34] Eus., p.e. 5.1.
[35] Eus., p.e. 6.4.

Impious Porphyry

In the beginning of the *Praeparatio evangelica* Eusebius presented accusations which were brought out against Christians. He wrote about how Christians were accused of being atheistic and impious and apostatized from their ancestral gods. Christians were fighting against the gods.[36] Eusebius tried to prove some of these accusations to be wrong, but some he admitted. He wrote that Christians are Greeks by race and Greeks by sentiment thus demonstrating against those who tried to create rhetorical boundaries between Hellenism or Greeks and Christianity and Christians. However, he admitted that Christians were deserters of Greco-Roman religion. Indeed, he did not use the word religion but wrote: "We have become deserters from the superstition of our ancestor, [...] this even we ourselves should never deny."[37] Superstition meant severe insult toward those who were advocates of other Greco-Roman religions. Eusebius must have known this and here he is himself creating boundaries between the one true religion and those that are mere human invention or works of daemons as Christians thought.[38] He also invoked the name of Socrates when he tried to prove Christianity as acceptable and wrote of *polytheistic error*.[39] These negative depictions of polytheistic error and superstition are part of Porphyry's personal image, too. Porphyry is the *daemons' advocate*.[40] Didymus wrote of Porphyry's comparisons between Achilles and Hector and Christ and the Devil as being the purpose of *diabolical confusion*.[41] This statement of Didymus can be compared to Augustine's statement of the Plotinian heretic when he wrote about Porphyry's Christology. Again, Christian authors created a rhetorical boundary between them and us, pagan and Christian: these two should not be mixed with each other because one is unholy and profane and the other sacred.

This demonization of Porphyry is an interesting aspect of apologetic texts if we think about later periods of history and their role in the Christian enemy images of the Middle Ages and recent history.

---

[36] Eus., p.e. 1.2.
[37] Eus., p.e. 1.5. Translation by E.H. Gifford in: *Eusebii Praeparatio evangelica*, Oxonii 1903, if not stated otherwise.
[38] E.g. Eus., p.e. 4.10,23 wherein he is discussing Porphyry's statements in the text *De abstinentia* and *Philosophia ex oraculis*.
[39] Eus., p.e. 1.10.
[40] Eus., p.e. 6, praef.; also Eus., p.e. 4.6: "For he of all the philosophers of our time seems to have been most familiar with daemons and those whom he calls gods, and to have been their advocate, and to have investigated the facts concerning them much the most accurately."
[41] Didym., eccl. 9.8-10.20.

Porphyry is against God and he is an advocate of evilness. Typically, the enemy images project good to us and evil to the others. In the end it can be seen as justified that the enemy should be destroyed because it is a threat to us and even to our God.[42] This is an important part of the ethos and image of Porphyry. As Zur has stated in his psychohistorical analysis of the different modes of enmity and their evolution, it can be seen that the development of the holy war brings for the first time in history an enemy which is not only to be exploited but which has to be eliminated.[43] The enmity can be seen in laws against Porphyry's books, for instance, in the *Codex Justinianus* in the law which was legislated in 448: "We decree that all things which Porphyrius, impelled by his insanity, or any one else, has written against the worship of the Christians [...] shall be delivered by fire."[44] As we know in the case of Porphyry his valuable and critical books were later destroyed by the Christian authorities. It is true that they were also propaganda against Christians and books which in their time created hatred against Christians, but it is questionable whether they were so dangerous anymore in the context of the fifth century where a majority of the Roman population were Christians.

The old enmity and mental impressions of the enemy led to the destruction of the *Contra Christianos* and perhaps also *De philosophia ex oraculis*.[45] There can be seen other reasons for the destruction of the books. It can be understood on the part of the political elite to create order and religious harmony in the Empire which seemed to be under severe pressure and headed towards collapse in the fifth century when *barbarian* hordes sacked almost all parts of the Empire in Western Europe, including Rome in 410 by Goths and in 455 by Vandals. It was easier to justify the destruction of the non-Christian religions and philosophies as threats to our most holy values and God than to describe possible problems which would come if the Empire were not

---

[42] Zur, 1991, 346: "Furthermore, in this framework 'good' is always associated with 'us' and 'evil' with 'them' ('not us'). 'Them', the other, the stranger, the unknown, the ones who are different from us, become 'the enemy' is to be feared and hated." See also Harle, 2000.

[43] Zur, 1991, 348.

[44] Cod.iust. 1.1,3. Translation by Fred H. Blume: http://uwacadweb.uwyo.edu/blume&justinian/default.asp; See also Cod.iust. 1.5,6, where Porphyry's advocates are called *porphyrians* and are connected with impiety and sects.

[45] It is, of course, possible that they are the same book. In both cases where they are cited, there is both philosophical and religious (*oracular responses*) critic toward Christianity.

unified but under internal disorder and without a strong legitimated central power. Thus, we can see a unifying political principle in the background of the enemy image.

The attribute *impious* recurs several times in the writings of the Christian writers.[46] Porphyry is also hated by God.[47] The most important aspect of the description of the godlessness is already discussed above. It creates the image of an enemy whom it is justified to eliminate, but it is also a remarkable part of the ἦθος. It creates the mental impression of a man who is in moral decline. What God hates is that what Porphyry is by his personal features: impious, untruthful, avaricious, unholy, evil, lustful and unjust. It is interesting that all these texts are outside of the actual context of persecutions. There is one time in Eusebius, four times in Jerome, and lastly one time in Augustine. Then there is Lactantius' description of the high priest of the philosophers which is in the same tone but there is no mention of Porphyry by name. I will discuss this interesting contemporary text of the persecutions later because of this anonymity. Here, ἦθος had meant to make Porphyry's writings against Christians seem to be untrustworthy because their writer was not truthful, but rather an impious man.

Porphyry had "excessive hatred" of the Christians as Eusebius claimed.[48] This is a mirror image if we compare some pagan critics of Christians with the accusations of impiousness. For instance, Tacitus who wrote that one of the central accusations of Christians in the time of the Nero persecution was their hatred towards mankind.[49] This is a quite typical motif of the writings concerning enemy images. This exaggerated hatred is an important part of the image where the other will be feared among the own group and aggressive politics can be directed toward it. It is also a useful explanation for when we are connecting evil to the enemy or telling others of its doings against us. These are over historical features in different historical societies but we can explain this also from the historical context. Hatred toward others and generally toward humankind was one element of the images of strange cultures or religions with which the Roman Empire

---

[46] Cf. Eus., chron., praef. interpr. Hieronymo: *impius ille Porphyrius*; Hier., Is. 3.2; Hier., Ioel 2.28-32; Hier., Dan. 2.40; Hier., tract.psal. 77; Hier., tract.Marc.; Hier., ep. 57.9: *hoc quippe impiorum est Celsi, Porphyrii, Juliani*; Hier., ruf. 3.42: *adversum impiissimos, Celsum atque Porphyrium*; Aug., cons.ev. 1.7,11.
[47] Sever., creat. 6.
[48] Eus., p.e. 10.9.
[49] Tac., ann. 15.44.

had bad relations at any given moment. It was part of the image of Jews and it was part of the image of Christians. Here this accusation against the Christians is directed back at the Neoplatonist adversary but as far as I can see, there are no signs that Christian authors would have recognized this. Instead, I would explain it more as part of the general human imagination toward one's enemies and at the same time a part of the unconscious attitude towards others in times of conflict. The enemy always hates us and often we cannot see any rational grounds for its behaviour toward us. As has been described earlier, people tend to create borders between them and us and project all varieties of evil to them, meanwhile imagining themselves as good.

Animal Porphyry

Porphyry was also animalized which is a typical feature of the enemy images. Jerome wrote of "the gentile dogs, they bark against us in their books, which they have left in memory of their impiety".[50] Porphyry is, according to Jerome, "blaspheming" against Christians but he himself is "completely ignorant and criminal".[51] The most hostile and insulting depiction of Porphyry can be found from Theodoret who wrote in *Graecarum affectionum curatio* of Porphyry that he acts and was affected like a "monkey" (πίθηκος) because he imitated and read prophets but could not change himself to a human, as monkeys that imitate men and still remain monkeys. Porphyry stole the divine words but "remained a monkey".[52] The enemy image has been conceptualized by Wahlstrom as: "the commonly held, stereotyped, dehumanised image of the outgroup".[53] On the other hand, Zur has stated that "'moral' or 'civilised' human beings do not kill other human beings, but they do kill Gooks, Huns, Japs, and Niggers."[54] There are many ways to dehumanize the enemy. They can be made faceless, numbers, feminised or humanoids such as Satan or the Devil and, in the end, also like animals. When the enemy is described as animal it no longer has any resemblance to human beings.[55] Thus, Porphyry's image reflects a general mentality of the Christian elite towards its non-Christian op-

---

[50] Hier., Matt. 21.21: *Latrant contra nos gentilium canes in suis voluminibus, quae in impietatis propriae memoriam reliquerunt*; also Hier., Pelag., 2.17: *Latrat Porphyrius*.
[51] Hier., Gal., 1.16; cf. Hier., Gal., prol.: *nequaqam intelligens [...] et sceleratus ille Porphyrius*.
[52] Thdt., affect. 7.36f.
[53] Wahlstrom, 1988, 48.
[54] Zur, 1991, 362.
[55] Zur, 1991, 362f.

ponents. We can see from the contemporary legislation toward the end of the fourth century how it constantly became more and more restrictive concerning other religions and non-Christian philosophy.

Porphyry of Sicily

Porphyry was not generally described as a pagan. He was described as being "pagan" in Epiphanius' writing on the heresies.[56] Elsewhere, Jerome ridiculed anonymous non-Christian critics of scriptures as "gentile dogs" who "bark" against Christians in their books.[57] This meant implicitly Porphyry, also. Jerome also straightforwardly named Porphyry an "impious gentile".[58] There is a clear contrast in comparison to Augustine who wrote of Plotinus, Iamblichus, and Porphyry as "Greeks".[59] Augustine could write that Porphyry was "the most intelligent of philosophers" in which description is no indication of the typical "pagan" in the Christian hegemonic discourse.[60] He also mentioned in his private letters how Plotinus' school in Rome flourished and how he has as students the most intellectual and the most creative men.[61] This Augustine stated in private letter and not in straightforward polemical situations. Anyway, in the case of Jerome's "impious gentile" there is perhaps an interesting feature of the development of the conception of "pagan" as ungodly if we think that originally *paganus* meant something closer to backwardness and lower culture in comparison to Christianity. Now *paganus* has also become an enemy of God.

There is also in Augustine's work one writing which can probably be connected to these basic insults toward non-Christians, namely that he named Porphyry as "Porphyry of Sicily".[62] This same place of *De consensu evangelistarum* is negative from its tone of "oblique slanderers" and "vain praying men of Christ". The last mentioned "vain praying men of Christ" probably refers to Porphyry and maybe some others who were teaching that Christ was not a god although he was a

---

[56] Epiph., haer. 51.8,1: "Certain others of the pagan philosophers as well, namely Porphyry, Celsus, and Philosabbatius."
[57] Hier., Matt. 21.21.
[58] Hier., Vigil. 10: *Nisi forte in more gentilium impiorumque Porphyrii et Eunomii*.
[59] Aug., civ. 8.12: *E Platonicis sunt valde nobilitati Graeci Plotinus, Jamblichus, Porphyrius*.
[60] Aug., civ. 7.25: *Porphyrius philosophus nobilis*; Aug., civ. 19.22: *Philosophus nobilis, magnus gentilium philosophus, dictissimus philosophorum, quamvis Christianorum acerrimus inimicus*; Aug., civ. 22.4: *Porphyrius nobilissimus philosophus paganorum*.
[61] Aug., ep. 118: *Plotini schola Romae floruit habuitque condiscipulos multos acutissimos et sollertissimos viros*.
[62] Aug., cons.ev. 1.15,23; also in Aug., retract. 2.57.

holy, pious man; according to these philosophers those who were worshipping Christ as a god became estranged from the truth.[63] This same depiction of Porphyry as "Porphyry, who settled in our time in Sicily" appeared also in the Eusebius' *Historia ecclesiastica* when the Church historian was writing of Porphyry's comments on Origen in *Contra Christianos*.[64] It is important to see this context. As we have already seen, in the case of the *De abstinentia* the given image of Porphyry is certainly better than in connection with *Contra Christianos*. Also, Jerome wrote that Porphyry wrote it in Sicily.[65]

The need for polemic, self-defence and accusational rhetoric toward Porphyry made his image in apologetics more negative. With this in mind, we have to ask what the meaning of "Porphyry of Sicily" is, especially when we know that philosophical biographies and Porphyry himself connected his home to Tyre.[66] Why not Porphyry of Rome where he lived for a remarkable part of his intellectual career? Porphyry was six years in Rome but in Sicily an uncertain time, probably a couple of years.[67] It is total nonsense that Eusebius told in the introduction to Porphyry, how Porphyry was living in Sicily in his own time. It is easy to see that this Porphyry of Sicily is a Christian allusion to their enemy. In fact, Eunapius knew the details of the origins of the Porphyry's name so well that it seems quite improbable that other Christian authors would not also have known the real names and origins of Porphyry. Similarly to the non-Christian Eunapius, the non-polemical Byzantine lexicon Suidas also connected Porphyry to Tyre (Τύριος φιλόσοφος).[68] Thus, their claims of Sicilian origin for Porphyry seem to be a rhetorical choice by which they again tried to create an untrustworthy mental impression of him: Porphyry was geographically located in the philosophical backwoods in the late antiquity context when Sicily was not a learned centre of culture and politics.

Here, I agree with Barnes who has stated that Eusebius and Augustine were insulting Porphyry by depicting him living "in the intellectual backwater of Sicily".[69] Barnes has also noted that, in fact, Eusebius did not write that Porphyry would have written *Contra Christianos* in

---

[63] See also Aug., civ. 19.23, where Augustine cites *Philosophia ex oraculis*: 'Viri pietate praestantissimi est illa anima; hanc colunt aliena a se veritate.'
[64] Eus., h.e. 6.19,2.
[65] Hier., vir. ill. 81: *Contra Porphyrium, qui eodem tempore scribebat in Sicilia.*
[66] Porph., vit.Plot. 7; Eunapius, vit.sophist. 4.1,2.
[67] Porph., vit.Plot. 5.1–6.
[68] Eunapius, vit.sophist. 4.1,2; Suidas, Porphyrios.
[69] T.D. Barnes, *Scholarship or Propaganda? Porphyry against the Christians and its Historical Setting*, in: BICS (1994), 53–65 (61).

Sicily as has been suggested in other research, but that Porphyry lived in Sicily.[70] Earlier research has tried to find an explanation for the mention of Sicily in Eusebius' work without noticing the rhetorical intentions of the author.

It seems that there is something similar which is presented by the term *paganus*. Porphyry is described as being from the backwoods, not from a centre of philosophy and theology or from one of the great cities of the Empire. Thus, Porphyry is here connected with the fourth and fifth century stereotypes of pagans in general.

Possible Anonymous Porphyry

This is the subject of its own chapter because there are powerful adversaries, especially in the Latin texts of Lactantius and Arnobius, which did not mention the names of their quoted opponents. Still, I would shortly think, it is possible that Porphyry and his circle are in the background of at least some of these descriptions. In fact, many scholars have thought that this would be the case: Porphyry and Neoplatonist opponents of the Christians are depicted in *Adversus nationes* and *Divinae institutiones*. Arnobius' *viri novi* (2.15) can be connected with Neoplatonists and their arguments against the Christians.[71]

Lactantius' philosophers and the two opponents of the Christians in *Divinae institutiones* 5.2, who worked in Imperial Nicomedia, have also been discussed by scholars as connected to Porphyry. Some scholars have thought that this is the case; that Porphyry is one of the opponents depicted in DI. Lactantius depicted that the man whom he called "the high priest of philosophy" was addicted to vices and lived in avarice and lust. His philosopher friend was against truth (i.e. Christianity) being either for arrogance or harshness. It is important to note that Lactantius also mentions the philosopher's teaching of abstinence, which corresponds very well with Porphyry's writings.

However, Barnes has suggested that of the opponents of the Christians who were in Nicomedia in the time of Diocletian one would be Sossianus Hierocles, and another who cannot be identified from the depiction *Divinae institutiones*.[72] Barnes has stated that Lactantius' depiction of the philosopher who lived a luxurious life coheres badly with

---

[70] Eus., h.e. 6.19,2.
[71] M.B. Simmons, *Arnobius of Sicca. Religious Conflict and Competition in the Age of Diocletian*, Oxford 1995, 216–218.
[72] T.D. Barnes, *Sossianus Hierocles and the Antecedents of the 'Great Persecution'*, in: HSCP 80 (1976), 239–252 (242).

the vegetarian and ascetic Porphyry and that is why he thought it to be "highly improbable" that the philosopher would be Porphyry.[73] Also, Harnack did not include fragments of Lactantius in his collection of the *Contra Christianos*.[74] Here I disagree with Barnes because of what I have presented above regarding the rhetoric of blame and general image of Porphyry, which we have seen to be an enemy image. Thus, Lactantius' depiction of the philosopher suits Porphyry well, and even his teachings of abstinence which Lactantius mentions explicitly. The negative personal features in this image can be explained by enmity and its psychological effect on seeing the other and by the conventional ways of rhetorical ἦθος against opponents. This does not confirm that the philosopher was certainly Porphyry (perhaps he was some other Neoplatonic), but it shows the possibility of that. What and how Lactantius' depiction tells of this anonymous philosopher it seems probable that it is Porphyry if the other is Sossianus Hierocles as Barnes has argued.

If we examine these depictions of anonymous opponents of Christians from the viewpoint of rhetoric, it can be seen why philosophers are not named. It is always a choice whether one should give the opponents their own voice or let them die away. Partly there is the same phenomenon as in those polemical texts where fragments of Porphyry's texts are cited without presenting the complete original context where the citation belonged and thus created conflicts which are only paradoxes. The rhetoric of silence is used when authors did not want to give their opponents free commercials which perhaps would lead to interest in the opponent and his views. Thus, the silence of Porphyry in some cases, like in *Divinae institutiones* does not prove that Porphyry would not have been described and his polemic answered indirectly.[75]

---

[73] Barnes, 1994, 59; also in T.D. Barnes, *Porphyry Against the Christians. Date and the Attribution of Fragments*, in: JThS 24 (1973), 424–442 (438): "The philosopher whom Lactantius satirizes has several traits which can hardly be reconciled with the known facts about Porphyry. First, and perhaps the easiest to disallow, his moral character and style of life."

[74] A. von Harnack, *Porphyrius' "Gegen die Christen", 15 Bücher. Zeugnisse, Fragmente und Referate*, Berlin 1916, 8. Harnack left out Lactantius because he thought that Lactantius' fragments of Porphyry belonged to the other work of Porphyry. This has perhaps led to the omission in research of certain important aspects of Porphyry's *Contra Christianos*. Especially this can be the case in Porphyry's citation of oracles and oracles' roles and generally religion's role in Porphyry's critic toward Christianity. It seems that von Harnack rationalized and modernised Porphyry's critic toward a modern understanding of the Bible.

[75] See e.g. Barnes, 1973, 439, where Barnes argues that Lactantius' fails to mention Porphyry indicates that *Contra Christianos* has been written in the beginning of the fourth century.

Conclusion

Christian apologetics gave the mental impression of Porphyry as an untrustworthy man. As it seems it was in the enemy image where Porphyry was depicted to be *acerrimus inimicus*, the bitterest enemy of the Christians. Thus, generally the interpretation of Porphyry and his writings and acts are negative. Porphyry is seen to present "false claims" and blasphemes Christians and their faith. The most severe criticism of Porphyry is when he is depicted as criminal, impious and an advocate of daemons, in a word representative of evilness. From elsewhere we can read that he is like an animal, monkey or gentile dog, stupid and ignorant. There are two sides to the enemy image: at the same time Porphyry is ridiculous and frightening. Thus, his image seems to be paradoxical. This is a general feature in enemy images and from this point of view it is not surprising phenomena.

There are also other possibilities to see Porphyry outside polemical literature where Porphyry has had remarkable effects on Christian philosophy and exegesis and thus the attitude toward Porphyry has been changed to positive or neutral. In a private letter, Augustine also wrote of the high level of philosophy of the Plotinus' school in Rome and in some another places called Porphyry the most intelligent of philosophers. But in the context of apology I have shown this meant generally negative descriptions of Porphyry because of the unavoidable situation of polemics. There are some exceptions: there are cases when Christian authors used Porphyry's statements as proof against pagans or directed irony toward Porphyry.

Apologetics with its enemy image has probably affected the policy of decision making. We can see from the *Codex Justinianus* repeated prejudices of Christian polemic against Porphyry and his followers. It seems that it also based its legislation against "Porphyrians" on the enemy image, not on the real facts or evidence of crime whatever it could have been.

The enemy image has also affected the interpretation of *Contra Christianos* which has been seen only as a hostile attack against Christians. This has been part of the enemy image and probably led to the selective methods in which Christian authors have tried to prove the enmity and false claims of Porphyry toward them. The psychology of enmity affected Christians' evaluation of how they saw Porphyry's motives and actions. This means that Christians have perhaps created an image of the work where it is presented in an unbalanced and simplified form where hostile elements toward Christians have been emphasized. This has also led to, it seems, a misunderstanding of Eusebius' writing (h.e. 6.19,2) of Porphyry's stay in Sicily and dating of the *Contra Christianos*. Eusebius' anecdote and rhetoric of Porphyry in Sicily has been understood in modern research as proof that *Contra Christianos* was written in Sicily, but this is not what Eusebius really wrote. Instead, he tried to mock Porphyry as coming from the backwoods of intellectual life in late antique Greco-Roman society. Another point is that we can interpret one of the two philosophers in Lactantius (DI 5.2) to be Porphyry. It has been argued that it is highly improbable for the personal and moral characters of this philosopher in comparison of what we know about Porphyry's own teachings. But when we examine that negative depiction of the man of avarice and lusts in the context of the rhetoric of blame and the enemy image we can see that it suits the general depiction of Porphyry in Christian apologetics well. Thus, it is possible that he is Porphyry.

The Reception of Greek Christian Apologetics in Theodoretus' *Graecarum affectionum curatio*

Jörg Ulrich

This final contribution to the workshop on "Changes and Continuities in Christian Apologetics" will deal with the question of how the arguments, ideas, and literary material from earlier apologetic texts were received in the later. This means that we enter the field of "reception".[1] A closer look at the issue of "reception" may help us to say more about continuity and discontinuity in the genre of apologetics and in apologetic thinking.[2] An obvious example for such an attempt is the apologetic work of Theodoretus of Cyrus.[3] Theodoret is rightly regarded as one of the most important apologists of the fifth century, at least in the East. I intend to analyse his apologetic technique (which implies the use he makes of his sources), and I will ask why he argues the way he does under the specific circumstances of his time and of his apologetic situation. Finally, I will say something about changes and continuities in Christian apologetics in general.

---

[1] Recent discussion on the subject can be found in D. Brakke / A.-C. Jacobsen / J. Ulrich (eds.), *Beyond Reception. Mutual Influences between Antique Religion, Judaism, and Early Christianity*, ECCA 1, Frankfurt 2006.
[2] Recent discussion on apologetics in general can be found in A. Wlosok / F. Paschoud (eds.), *L'apologétique chrétienne gréco-latine à l' époque prénicénienne*, EnAC 51, Genève 2004; J.W. Hargis, *Against the Christians. The Rise of Early Anti-Christian Polemic*, New York ²2001; M. Edwards / M. Goodman / S. Price / C. Rowland (eds.), *Apologetics in the Roman Empire. Pagans, Jews and Christians*, Oxford 1999; R. Haehling (ed.), *Rom und das himmlische Jerusalem. Die frühen Christen zwischen Anpassung und Ablehnung*, Darmstadt 2000.
[3] I. Pásztori-Kupán, *Theodoret of Cyrus*, London 2006; S.-P. Bergjan, Theodoret von Cyrus *(Kyrrhos)*, in: ⁴RGG 8 (2005), 243f.; P. Bruns, Theodoret von Cyrus, in: ³LACL (2002), 683-685; T. Urbainczyk, *Theodoret of Cyrrhus. The Bishop and the Holy Man*, Ann Arbor 2002; J.-N. Guinot, Theodoret von Kyrrhos, in: TRE 33 (2002), 250-254; id., Foi et raison dans la démarche apologétique d'Eusèbe et de Théodoret, in: B. Pouderon / J. Doré (eds.), *Les Apologistes chrétiens et la culture greque*, Paris 1998, 383-402; Y. Azéma, Théodoret de Cyr, in: DSp 15 (1991), 418-435; P. Canivet, *Histoire d'une enterprise apologétique au V͎ siècle*, Paris 1958; the careful study of J. Schulte, *Theodoret von Cyrus als Apologet*, Wien 1904, is more than a hundred years old, but still important.

Descending to Theodoretus, I will restrict myself to his major apologetic text *Graecarum affectionum curatio* [CPG 6210].⁴ Theodoret has written other apologetic texts, of which some have survived (*De providentia orationes x* [CPG 6211]) and others have not (*Ad quaesita magorum* [CPG 6213]). The latter text probably was a literary response to a persecution of Christians in the Persian neighbourhood of Theodoretus' bishop town Cyros. But, as I said, I will restrict myself to the *Curatio* here.

The *Curatio* probably dates from the twenties of the fifth century.⁵ The text follows the tradition of what I elsewhere have called *apologetic summae*.⁶ Evident examples of these *apologetic summae* are the great and somewhat terrifying apologetic double work of Eusebius of Caesarea, *Praeparatio* and *Demonstratio evangelica*,⁷ moreover *Contra gentes / De incarnatione* of Athanasius,⁸ and finally, and in the West, Augustine's *De civitate Dei*.⁹ A forerunner of these *apologetic summae* may be seen in the *Stromateis* of Clement of Alexandria. All these texts aim at proving the dignity, the age, the philosophical quality, the high ethical standard, and, all in all, the truth of Christianity by permanent comparison to pagan philosophy and pagan cults – and sometimes to Jewish theology and cult, as it is the case in Euse-

---

⁴ P. Canivet (ed.), *Théodoret, Thérapeutique des maladies helléniques*, SC 57, Paris ²2001 (critical text and French translation); C.B. Müller, *Theodoret. Die Behandlung der Griechischen Krankheit*, Santiago de Compostela 2006 (German translation); a full modern translation into English does not yet exist; Pásztori-Kupán, 2006, 86-108, gives an English translation of the preface and the first book.

⁵ There are different proposals in scholarly debate, for the discussion see L. Köster, *Zur Datierung von Theodorets Hellēnikōn therapeutikē pathēmatōn*, in: ZKTh 30 (1906), 349-356; Canivet, ²2001, 28-31 and Pásztori-Kupán, 2006, 85f. I regard it most likely that the *Curatio* was written before the Council of Ephesus (431), because it does not mention the christological controversy anywhere in which Theodoretus became deeply involved (Bruns, ³2002, 683; Urbainczyk, 2002, 23-28). There is an allusion in the *Expositio rectae fidei* to his books written "against Jews and Greeks" which might refer to the *Curatio* – this could be an argument for the time before 431, too. However, I do not find it convincing to date the *Curatio* to the time even before Theodoret's consecration as a bishop in Cyrus (423), as Pásztori-Kupán, 2006, 6. 86, does: The work breathes some obvious experience in intellectual controversy.

⁶ J. Ulrich, *Wie verteidigte Euseb das Christentum? Eine Übersicht über die apologetischen Schriften und die apologetische Methode Eusebs von Caesarea*, in: A.-C. Jacobsen / J. Ulrich (eds.), *Three Greek Apologists. Origen, Eusebius, and Athanasius. Drei griechische Apologeten. Origenes, Eusebius und Athanasius*, ECCA 3, Frankfurt 2007, 49-74 (56).

⁷ J. Ulrich, *Euseb von Caesarea und die Juden. Studien zur Rolle der Juden in der Theologie des Eusebius von Caesarea*, PTS 49, Berlin 1999, 49-74.

⁸ U. Heil, *Athanasius als Apologet des Christentums. Einleitungsfragen zum Doppelwerk Contra gentes / De incarnatione*, in: Jacobsen / Ulrich (eds.), 2007, 159-187.

⁹ C. Tornau, *Zwischen Rhetorik und Philosophie. Augustins Argumentationstechnik in De Civitate Dei und ihr bildungsgeschichtlicher Hintergrund*, UALG 82, Berlin 2006.

bius' *Demonstratio*. The great time of these *apologetic summae* in history is the time after the great persecutions (after 311). The Christian church and the Christian authors claim universal validity of Christianity truth by presenting a universal arsenal of texts and arguments – and they do that at a time when Christianity is substantially supported by the authorities of the Roman Empire. *Apologetic summae* mirror on the literary level what contemporaneously goes on in politics.

By the time of Theodoretus this processes had come to a relative end. The history of the fourth century had developed in the way we all know: people had to face what some would call the victory of Christianity and what others would describe as one of the most deplorable accidents in history ever. By the time of Theodoretus Christianity *had become* the leading and most influential religious-philosophical system in the Roman Empire and in its society.[10] This was doubtlessly the case in the East, and it was also true for the more complicated situation in the West where the Migration Period had just begun. One could assume that there was no more actual reason to write *apologetic summae* any more,[11] simply because there were not too many left who needed to become persuaded. Most of the people, including many of the upper-class intellectuals, were Christians already or were on their way to become some. But nevertheless, in the twenties of the fifth century Theodoret wrote another "classical" *apologetic summa*. This work, the *Cure for Greek Maladies*, is in many respects similar to Eusebius' *Praeparatio*, apart from the fact that it is some 110 years younger than it.

In recent scholarship on Theodoret, the *Curatio* turns out to be one of his more neglected works.[12] In fact it does seem somewhat anachronistic. It has been said that it lacks originality,[13] which in fact it does, and the *Curatio* takes so many elements from the *Praeparatio* that there is little idea why it was written at all. Can we tell why Theodoret wrote it

---

[10] Theodoret was fully aware of that: Thdt., affect. 9.28f. – There was a vivid debate in the fifth century about the legitimicy of the expansion of Christianity, see Y. Papadogiannakis, *'Therapeia' and 'politeia'. The Apologetics of Theodoret of Cyrrhus Against the Greeks*, PhD thesis, Princeton 2004, 46-89.
[11] In this respect Aug., civ., must be regarded as an exception, because it responds to a concrete historical event, namely the sack of Rome in the year of 410. Augustine intends to refute pagan criticism which claimed that the Christian God had failed to protect the Roman empire and the city of Rome.
[12] Urbainczyk, 2002, mentions it only casually; Pásztori-Kupán, 2006, pays a little more attention to it.
[13] Discussion in Canivet, 1958, 31-46. Canivet rightly claims that the originality of the work lies in its particular plan and configuration.

and why he composed it the way he did? Do we know anything about the opponents he was writing against? Can we, by reading the *Curatio*, say a little more about Christian-pagan controversies in the first half of the fifth century? Luckily, Theodoret himself says a few things about these questions. In the introduction he says that "in his own experience" it happened that the "adepts of Greek fairy-tales" – as he calls them – mocked the Christian faith.[14] This hints towards concrete pagan criticism of Christianity that Theodoret thought he should deal with. Several times in the *Curatio* Theodoret says that his opponents were not very many any more,[15] but even if there were only a few, one should not forsake them or neglect their being destroyed by the torment.[16] He wants to heal these few people from their affliction and save them. He wants them to have a part in the ray of (Christian) truth.[17] The "classical" aim of defence in apologetic argument is still alive,[18] and Theodoret wants to protect those Christians who feel irritated by the arguments of their pagan opponents,[19] but the major idea is to make the "rest" of the pagan people become Christians. That sounds like finishing a task that had been pursued for a very long time already.

The opponents mentioned by Theodoret obviously had some knowledge about Greek philosophy,[20] they had obviously no or little political influence (at least Theodoret does not complain anywhere that they had

---

[14] Thdt., affect., praef. 1: "I have often come across convinced adepts of Greek mythology who mock our faith under the pretext that we do not say anything else to those whom we instruct in divine things, but merely command them to believe." (Translation Pásztori-Kupán, 2006, 86).

[15] Thdt., affect. 9.28; 12.95.

[16] For example Thdt., affect. 1.6: "Since even if there are very few enslaved to an affliction, like some dense sediment which cannot pass through the holes of the filter because of its thickness, nevertheless, one should not forsake them or neglect their being destroyed by the torment." (Translation Pásztori-Kupán, 2006, 89).

[17] Thdt., affect. 12.98.

[18] Thdt., affect., praef. 2: "As for me, I shall explain to them what is necessary to dissolve their accusations." (Translation Pásztori-Kupán, 2006, 86).

[19] Thdt., affect., praef. 2: "Nevertheless, I thought that it would be unholy and impious to disregard their victims, i.e. the simple people" (Translation Pásztori-Kupán, 2006, 86).

[20] Thdt., affect. 1.9: "Before everything else, let us heal the affliction of conceit. It is evident that some who are acquainted with the writings of poets and orators or even have tasted Plato's eloquence, despise the dive oracles as totally lacking the ornaments of fine style, and disdaine being taught by fishermen the truth concerning the One Who Is." (Translation Pásztori-Kupán, 2006, 90). Also affect. 1.11: "And this conceit can be found among people who have not even reached the summit of Greek philosophy, but, so to speak, have lightly tasted a few morsels with their lips and have begged from here and there some pretty ideas." (Translation Pásztori-Kupán, 2006, 90).

some), and they held views against Christianity that came from a long tradition of pagan criticism against the Christian religion.[21] They used and drew upon Porphyr and his *kata Christianon logoi*,[22] a text that was well-known and widely used in anti-Christian literature of the fourth and fifth century. They also used and rested upon Julian Apostata and his work *Against the Christians* from the middle of the fourth century.[23] 50 or even 70 years after *Contra Galilaeos*, this work still evoked refutations from the Christian side: Cyrill of Alexandria, in the preface of his *Contra Iulianum*[24] says that these books of Julian were read in his time (*Contra Iulianum* was written around 435),[25] and that was why he wrote an apology against them. Other Christian refutations against Julian by that time were written by Philippus of Side[26] and others. Theodoret's *Curatio*, however, is not to be understood as a direct refutation of *Contra Galilaeos*, at least there are no allusions to it. But nevertheless there was still a certain intellectual milieu in places like Alexandria, Antioch, and in Syria, where people appreciated and still used the arguments of Porphyr and Julian against Christianity. There were pagan intellectuals, historians, philosophers, teachers, who still fought their battle against Christianity, sometimes even successfully, at least by irritating the more simple people in the Christian community.[27] That is the reason why Theodoretus puts up a set of Christian counter-arguments – he wants to heal these people and he wants to avoid that Christians who were already cured from the "Greek sicknesses" become ill again. His aim is exactly the same as it was in Eusebius' apologetic effort more than a hundred years ago.[28] If this is correct, we have a good explanation for the phenomenon that we find only very few new ideas in Theodoretus' *Curatio* and that his text is more a large collection of florilegia. I will come back to that issue later.

---

[21] For this tradition see J.W. Hargis, *Against the Christians. The Rise of Early Anti-Christian Polemic*, New York ²2001.
[22] R.J. Hoffmann, *Porphyry's Against the Christians. The Literary Remains*, Amherst 1994; P.F. Beatrice, *Porphyrius*, in: TRE 27 (1997), 54-59 (56); B. Croke, *The Era of Porphyry's Anti-Christian Polemic*, in: JRH 13 (1984), 1-14; A. Meredith, *Porphyry and Julian against the Christians*, in: ANRW II 23,2 (1980), 1119-1149.
[23] E. Masaracchia (ed.), *Julian. Contra Galilaeos*, Testi e commenti 9, Rom 1990; P. Athanassiadi, *Julian. An Intellectual Biography*, London 1992.
[24] P. Burguière / P. Évieux (eds.), *Cyrill d'Alexandrie, Contre Julien I*, SC 322, Paris 1985.
[25] G. Münch-Labacher, *Cyrill von Alexandrien*, in: ³LACL (2002), 174-178 (176).
[26] Socr., h.e. 7.27.
[27] Thdt., affect., praef. 2 (see footnote 19).
[28] Eus., p.e. 1.1,11-13.

In the preface of his work, Theodoret mentions three major points of pagan criticism. What his opponents actually aimed at the following issues:

a. trusting in God ("faith") is the only theological/philosophical "idea" in Christianity; Christianity prefers "faith" to "knowledge".[29]
b. the apostles were unlearned, uneloquent, and ignorant, and they were Barbarians.[30]
c. the Christians worship martyrs and seek help from their martyrs, which is ridiculous.[31]

Moreover, Theodoret says, they have brought up a number of other things that he will deal with, too.[32] The aim is to falsify all these accusations. But Theodoretus' programme of "healing the Greek maladies" is not meant as a general denegation of the Greek intellectual tradition. Theodoret gives a second title to his work. It is called "knowledge of evangelical truth from (in Greek: ἐξ) Greek philosophy".[33] Istvan Pásztori-Kupán has proposed to translate "knowledge of evangelical truth {apart} from Greek philosophy",[34] but that seems to mislead us a bit. Theodoret wants to prove the truth of Christianity *from* Greek pagan philosophical sources. The Greek tradition itself, if understood rightly, can become a source for the knowledge of Christian truth. Theodoretus' subtitle exactly reminds of what Eusebius had done in his *Praeparatio evangelica* some 110 years before,[35] namely to prove the truth of Christianity for non-Christian Greek people *from* the sources of Greek philosophy. Theodoret follows that plan quite closely. Often he underlines his argument by quoting distinguished philosophers such as Plato.[36] Occasionally he proves the Christian truth from the Greek

---

[29] Thdt., affect., praef. 1 (see footnote 14).
[30] Thdt., affect., praef. 1: "They accuse the apostles of ignorance, labelling them barbarians, because they do not have the subtlety of eloquence." (Translation Pásztori-Kupán, 2006, 86).
[31] Thdt., affect., praef. 1: "They say that the cult of martyrs is ridiculous, considering it completely absurd for the living to seek assistance from the dead." (Translation Pásztori-Kupán, 2006, 86).
[32] Thdt., affect., praef. 1: "They have added some other similar objections which this book will present." (Translation Pásztori-Kupán, 2006, 86).
[33] Thdt., affect., praef. 16.
[34] See Pásztori-Kupán, 2006, 88 no. 8.
[35] Eus., p.e. 1.5.
[36] In Thdt., affect. 6.42-48 he underlines his theory of providence by Plato. In Thdt., affect. 7.36-42 he proves his polemic against sacrifices by Porphyr. In Thdt., affect. 8.42-47 he underlines the legitimacy of martyr cult by refering to Plato. In Thdt., affect. 11.17-27 he refers again to Plato when he unfolds his idea of the last judgement.

philosophy in comparison with the bible. Actually in some of the twelve books of the *Curatio* he argues exclusively from pagan sources, and in others such as 2, 5, 9, 10, 11, 12 from a comparison between pagan sources and biblical ones. These comparisons also enable him to tell the difference between "good" pagan philosophy and "bad" pagan philosophy.[37]

Now to the content of the main part of the *Curatio*! The following table of content may show what these twelve chapters actually deal with and how Theodoret organizes his text. We may compare that to the three major points Theodoret had announced to deal with in his praefatio:

1. On the faith – [that clearly is a response to accusation a) from the preface]

2. On the first principle

3. On angels and demons

4. On the matter (Greek: ὑλη) and the world

5. On human nature

6. On godly providence

7. On the "sense" [=uselessness] of the sacrifices

8. On martyrs and on the worship of martyrs – [that clearly is a response to accusation c) from the preface]

9. On Greek and Christian laws – [in this chapter the accusation b) from the preface plays a certain role, though not the only one]

10. On true and false predictions

11. On virtues (theoretically)

12. On virtues (practically)

Theodoret works with a concept of antithesis. He wants to gain "knowledge of evangelical truth from Greek philosophy" and to use "both the testimonies of Plato and of other philosophers".[38] The Greek philosophical tradition, especially the platonic one, serves as a proof

---

[37] For example, the general idea of the last judgement in Plato is good (Thdt., affect. 11.17-24), but some particular aspects in Plato's conception are wrong (Thdt., affect. 11.33).

[38] Thdt., affect., praef. 3: "I have divided my treatise into twelve discourses and given a plain character to my style, because I assume that this is useful for teaching. Besides, using both the testimonies of Plato and other philosophers, my style should not completely diverge from, but possess some likeness to theirs." (Translation Pásztori-Kupán, 2006, 87).

for the Christian truth. But Theodoret does not only think in a model of continuity. He clearly rejects those parts of the pagan tradition that do not resemble the Christian doctrines and faith. Theodoret is interested in both the continuity between parts of pagan philosophy and Christian doctrine and life, and also in the discontinuity between the poor aspects of pagan philosophy and the bright Christian truth.[39]

The *Curatio* claims to be the work of a learned man.[40] If you want to prove that you are learned, you should show yourself familiar with important thinkers and what they have said. That is exactly what Theodoret does. He quotes 105 different pagan philosophers, historians, poets and other eminent writers. We have about 340 quotes of these authors.[41] Sometimes Theodoret mentions the title of the work where the particular quote can be found. Theodoretus wants to give the impression that he knows all these writers from his own reading and that he knows all their texts himself. Sometimes he says: "I don't want to quote everything here"...[42] presupposing that he knows the whole text and would be able to quote it (in this case Plato, Phaedon). He wants to outmatch his opponents, who have only lightly tasted a few morsels with their lips[43] and have received only very little of the full truth.

However, if we take a closer look at the quotes in Theodoret, we find that little of that is true.[44] As has been often observed in scholarship,[45] Theodoret takes the vast majority of his quotes from Christian texts which had quoted these pagan sources before. Theodoret's "real"

---

[39] Thdt., affect., praef. 9: "The account of God and of those made by God has to be followed by this chapter, which refutes the atheism of Diagoras, the blasphemy of Epicurus, the small-minded thoughts of Aristotle concerning providence, and which commends the doctrines about providence of Plato, of Plotinus and of all who are of the same mind as these." (Translation Pásztori-Kupán, 2006, 87).

[40] This can be gathered from the huge amount of quotes in the text that deliberately raises the impression of learnedness and of a great sovereignity in dealing with the sources.

[41] Cf. the Index des citations scripturaires and the Index des citations d'auteurs anciens in Canivet, ²2001, 447-450 and 451-466.

[42] Thdt., affect. 11.12; 11.36.

[43] Thdt., affect. 1.11 (see footnote 20).

[44] Schulte, 1904, 52, sums up: "In dem Maße, wie er es offenbar beansprucht, kann jedoch Theodoret als Kenner der griechischen Philosophie nicht anerkannt werden. Steht es doch fest, daß das scheinbar aus heidnischen Schriftstellern gesammelte Material zum weitaus größten Teile aus christlichen Autoren stammt." This verdict may be right as far as the literary level is concerned, but it ignores that, as I will show below, in Theodoretus' time it was absolutely common to use anthologies instead of primary sources. Therefore it is a little anachronistic to value the use of anthologies as lack of knowledge of Greek philosophy.

[45] Cf. Canivet, ²2001, 57f.; Schulte, 1904, 53-61.

sources are Clement of Alexandria, *Stromateis*, and Eusebius of Caesarea, *Praeparatio evangelica*.[46] We have 175 quotes from the p.e. and we have about 80 quotes from the Stromateis, most of them quoting pagan authorities. Theodoretus' quotes from Platon and others often appear even in the same order as they do in Clement and in Eusebius.[47] Theodoret never gives the source of his quote when this information is missing in Clement and Eusebius. Occasionally he takes some free paraphrases of Platon by Clement and Eusebius as an original platonic quote.[48] And when Clement and Eusebius have an error in their quote of any pagan authority, Theodoret normally will have the same error as well – which does not mean that he did not happen to add a number of "own" errors to the ones he copied from Clement and Eusebius.[49] There are a few exceptions to that general observation:[50] in some titles of pagan texts quoted by Eusebius Theodoret quotes that title and adds a subtitle that is not found in Eusebius; and sometimes he attributes authors to quotes who are not mentioned by Eusebius in that particular quote. One could assume these and other examples indicate at least a little knowledge of the original texts;[51] but some scholars say that Theodoret possibly worked with improved editions of Clement's and Eusebius' apologies – improved editions (probably with notes in the margin) that we today do not have any more.[52] There have been attempts to prove that Theodoret used more and other Christian sources for his pagan quotes than the two we have mentioned (e.g. Justin, Theophil, Origen, Gregory of Nazianz or Pseudo-Justin's *Cohortatio ad Graecos*), but all these attempts have not exceeded the level of learned speculation.[53] However, there is a third source that Theodoret used for his 340 quotes from 105 authors, which is easy to identify: it is a pagan source, the work of a Peripatetic named Aëtius who lived in the second century C.E. Aëtius had produced a compilation of important sentences of doctrine by famous philosophers (*De placitis*); Theodoret used that compilation for his *Curatio* extensively.[54] He mentions that

---
[46] K. Roos, *De Theodoreto Clementis et Eusebii compilatore*, Diss. Halle 1883.
[47] Cf. Schulte, 1904, 57f.
[48] Cf. Schulte, 1904, 56f.
[49] Cf. Schulte, 1904, 86-91.
[50] Cf. Schulte, 1904, 58f.
[51] For the question of pagan primary sources of the Curatio see Schulte, 1904, 76-85.
[52] Cf. Schulte, 1904, 59f.
[53] Cf. Schulte, 1904, 60-67.
[54] See M. Mansfield / D.T. Runia, *Aëtiana. The Method and Intellectual Context of a Doxographer I*, Leiden 1997, for Theodoretus' use of Aëtius see especially 272-290.

there were compilations of sentences of famous pagan philosophers written by other pagan authors such as Plutarch (*Placita philosophorum*) and Porphyrius (*Historia philosophiae*);[55] but we do not know for certain that he actually used these compilations in the *Curatio*.

What we have seen, based on the thorough study of Schulte and on the careful introduction of Canivet, is enough to prove that Theodoret takes his quotes of pagan philosophers from Christian apologists, and, to a smaller extent, from pagan compilators. This does not necessarily mean that he had no independent knowledge of pagan literature at all,[56] but it confirms the often-noticed impression of a certain lack of independency in arranging his argument and thought.

What we have found does not automatically mean that Theodoret was not as learned as he wanted to appear. In late antiquity, particularly in the fifth century, it was not unusual at all to take information and quotes from secondary sources. The time of Theodoretus is the great era of anthologies.[57] These compilations of quotes and texts were used and worked with, in inner-Christian controversies such as the christological one as well as in discussion between members of different religions and philosophical schools. Nobody would have considered it an academic failing to use these anthologies instead of primary sources. The idea *we* always have in mind that you have to go back to primary sources, *ad fontes*, is an idea of late medieval humanism. It would be anachronistic to transfer this idea back to the fifth century and take it as a criterion for the quality of intellectual discourses. Christians and pagans (and others) produced and used these compilations of quotes, and they both used compilations made by both sides. The reproach of a certain lack of freshness and originality can not be based on the observation that Theodoret takes his material from secondary sources. In his times every coeval would do that in the same manner.

---

[55] Thdt., affect. 2.95.

[56] In the *Curatio*, just for example, we find quotes from Hesiod that cannot be identified in any other extant work apart from Theodoret; so the quotes either are primary ones or we do not have Theodoretus' secondary source anymore.

[57] The literary genre of ἀνθολογία comes from the greek tradition and was established for educational pruposes. It presents collections of quotes from one or divers texts of one or divers authors. The term *florilegium* does not appear any earlier than in modern times. For *florilegia* see T. Hainthaler, *Florilegium*, in: ⁴RGG 3 (2000), 164f.; E. Mühlenberg / F. Brunhölzl, *Florilegien*, in: TRE 11 (1983), 215-221 (cf. also all the important research by M. Richard listed in this article [218]); H. Chadwick, *Florilegium*, in: RAC 7 (1969), 1131-1160; A.S.F. Gow, *The Greek Anthology. Sources and Ascriptions*, London 1958.

Now that we have discovered that Theodoret uses authors like Aëtius, Clement and Eusebius as sources for his "classical" quotations, the question comes up: is also the *arrangement* of arguments in the *Curatio* the same as it is in the *Stromateis* and in the *Praeparatio*? The answer to that is: yes and no. On the one hand, we can say that Theodoret follows Eusebius not only in quotes, but also in the arrangement of thought in those chapters where he deals with the traditional subjects of apologetics. If we turn back to the list of titles of the twelve chapters, we can see that there are subjects of apologetics that had become somehow "classical" by the time. Such subjects are the question of the first principle, the question of the material world (cosmogony), or the topic of human nature, and also the question of sacrifices (standard subject of Christian anti-pagan polemic), and the topic of laws and of the lawgiver. In a number of passages of these chapters, Theodoret simply follows Eusebius (and sometimes Clement) even in the arrangement of argument. He almost repeats what Eusebius had said 110 years ago. I mention only a few examples. In *Curatio* 2.8-22, Theodoret wants to prove that the philosophers of the old times held different views on the question of the first principle and contradicted each other, and that is why they should not be taken seriously.[58] This Christian criticism of pagan philosophical views is old, we find it in the second century already,[59] but it is striking how Theodoret in *Curatio* 2.8-22 fully repeats the argument and proof texts in the way they are arranged in Eusebius' *Praeparatio evangelica*, even in the same order: 2.8-22 = p.e. 1.8,17; 14.4,4f.8f.10-12.[60] In cur. 3.34-41 he gives examples about how the poets of old erroneously regarded men as goddesses, and he follows Eusebius in quotes and in the arrangement of quotes: cur. 3.34-41 = p.e. 2.7,1f.4-7. In *Curatio* 4.37-43, Theodoret deals with Platon's view of the origin of the cosmos, and he repeats the quotes from Platon in exactly the same order as in Eusebius' *Praeparatio evangelica* 11.29,3f.; 11.30,2; 11.31; 11.32,2f.6.; 11.34,1f. In

---

[58] The argument is also found in Thdt., affect. 1.49; 4.4; 4.31f.; 4.50; 5.10-32; 5.44-47.
[59] Just., 1. apol. 7.3; 44.10; 2. apol. 10.3; 13.3. Siehe auch Tat., orat. 25.1f.; 25.3f.; 26.5; 35.2; Athenag., leg. 7.2; Thphl. Ant., Autol. 2.8; 3.3; 3.7; Diogn. 8.2; Tert., apol. 47.5-8; Hermias, irris. 19. – For the early fourth century see especially Lactantius and Eusebius: Lact., inst. 1.1,8; 3.4,3-14; 3.7,7-10; 3.15,2; 3.28,19f.; 7.7,7-10; Eus., p.e. 1.7,16; 14.1,2; 14.13,9; 15.1,6; 15.62,15f.; for Augustine, see Aug., civ. 18.41.
[60] There are other examples for the same theory in Theodoret: Thdt., affect. 3.8; 5.18; 5.48f.: some of the pagan philosophical theories contradict each other, and that proves that they are all wrong. Conversely, the biblical tradition is fully congruent and without any contradiction (affect. 5.49).

the fifth chapter about human nature, Theodoret talks about Socrates' view of the question (5.39-43), and he repeats p.e. 11.27,5f.8.13f.16f. It is not necessary to add further examples. It is easy to see: there were fixed lines of argument for traditional subjects of apologetics, and therefore Theodoret did not find it necessary to establish a new line of argument for an old issue. He simply made use of what was at hand in the apologetic tradition before him.

On the other hand, and that is the reason for my yes-and-no-answer, there are certain aspects where we can grasp Theodoretus' own contribution to Christian apologetics a little better. Two things have to be mentioned here. The first is that Theodoret deals with some subjects that are, compared to the times of Eusebius, rather new. The most evident one of these examples is the Christian worship of martyrs. This worship of martyrs was attacked as ridiculous by the pagan opposition.[61] This topic of course had played no role at all in Clement or in Eusebius.[62] The subject was comparatively new in the pagan-christian controversy around 430. By that time, Christian worship of martyrs here and then had adapted forms that seemed strange to foreign observers (and to some Christians as well).[63] Consequentially, accusations of ridiculousness and intellectual naivety were raised: Theodoret had to deal with that, and he had to do that without being able to use examples of argumentation from the Christian apologetic tradition.

In the eighth chapter of the *Curatio* Theodoret makes desperate efforts to defend the Christian worship of martyrs. His endeavour shows how important the cult of the martyrs was in fifth century Christianity. This refers not only to the cult of martyrs, but also to the worship of relics: Cur. 8.11 he confirms that a small and negligible relic has the same power as the whole and undivided martyr. He refers to small bones or bone fragments here.[64] Theodoret argues that the pagans are not in

---

[61] Thdt., affect., praef. 1: "They say that the cult of martyrs is ridiculous, considering it completely absurd for the living to seek assistance from the dead." (Translation Pásztori-Kupán, 2006, 86).

[62] Eusebius of course talks about the martyrs of Palestine, but nowhere does he say anything about criticism of the fact that they were worshipped.

[63] Augustin is a good example for theological criticism of some deformation of the Chrisian martyr cult, though he does not criticize it generally. Cf. F. van der Meer, *Augustin der Seelsorger*, Köln 1958, 489-544.

[64] We can hardly overestimate the importance of those relics for antique and medieval Christain piety, if we only think of the archeological results of uncounted early church excavations.

the position to scoff at these cults. They should know that cults like that played a role in their own pagan tradition, too.[65] And these pagan traditions of martyr cults are a lot worse than the Christian, because the pagans used to adore wicked men who were wrongly regarded as Gods. As a proof, Theodoret comes up with stories from Homer's *Ilias*, and he refers to dubious people who were worshipped like Gods such as Achilleus and Chiron[66] and many others. These passages in the *Curatio* are not taken from any particular Christian apologetic witness known to us. They may come from Theodoret's own knowledge of Homer's *Ilias* which of course was a well-known text by that time anyway. Theodoret also quotes Thukydides who confirmed that the warriors from the Peleponnesian war were worshipped by their relatives.[67] Again we cannot toll if he gained that example from his own reading or from a source that we don't know any more. Theodoret mentions that in Greek tradition some people without reason have proclaimed themselves as gods and have erected temples for themselves, and he refers to some of the pagan emperors here – how much more useful is the worship of the true religious heroes, the Christian martyrs.[68] The group of Christian martyrs consists of brave women and men, and God has already set them in the place of the old pagan Gods: instead of Pandia, Diasia and Dionysia and other pagan feasts, people now celebrate a meal for Peter and Paul, Thomas, Sergios, Marcellus, Leontius and Antony, Maurica, and the other martyrs – they have replaced the alleged gods of the former religions.[69] Theodoret closes: "Since you can see now how useful the celebration of martyrs actually is, avoid the error of the demons! The martyrs may serve you as brightly shining stars and may show you your way to God, that you in eternity will be counted among the choirs."[70] Admittedly, his whole line of argument is not particularly sensational – but it is a fine example for a Christian apology of the worship of the Christian martyrs.

There are two more instances for comparatively new accusations against the Christians, where Theodoret could not draw upon older apologetic tradition in his argumentation. They only play a marginal role in the *Curatio*, but nevertheless should be mentioned here: in cur.

---

[65] Thdt., affect. 8.12; 8.15; 8.17.
[66] Thdt., affect. 8.21f.
[67] Thdt., affect. 8.32.
[68] Thdt., affect. 8.62.
[69] Thdt., affect. 8.69.
[70] Thdt., affect. 8.70.

12.33 we hear about the accusation that some Christians do not live up to the ethical standards of Christianity. Theodoret solves that problem by confirming that these people only pretend to be Christians but are not. The pagan critics should distinguish these wrong Christians from the vast majority of true Christians.[71] Even more important is another accusation that refers to the protection and undue preference of the Christian religion by the Roman emperors. It is obvious that this accusation could not play any role in pre-Constantinian time. Now in the fifth century it does. The pagan opponents claim that the rise of Christianity was only due to the pro-Christian politics of the emperors in the last hundred years.[72] Theodoret could not base himself on former Christian apologetics at that point, and created his own answer: the rise of Christianity, he says, happened long before the era of Christian emperors, even in times of persecution;[73] and in all the other nations in the world people have become Christians without regard to the power of the Roman emperors.[74] Again, these arguments of Theodoretus are not particularly complex, but they show us some traces of his approach to the task of Christian apology.

Besides the fact that he occasionally has to deal with relatively "new" pagan accusations, there is a second aspect where we can grasp Theodoretus' own contribution to the history of Christian apologetics. Although Theodoretus often just copies quotes and arguments from the older Christian apologetic tradition, he has quite an own approach to the apologetic task: he is far more positive and far more systematic in a strict theological sense. Of course he still deals with pagan objections. But he does not primarily concentrate on the opposition's arguments. He primarily concentrates on a systematic theological arrangement of a positive Christian theology, dogmatics as well as, in chapters 11 and 12, ethics. Of course it is not exactly new that apologists do not fix themselves to pagan objections when they arrange the argument of their apologetic texts. Justin didn't do that and

---

[71] Thdt., affect. 12.33. – Theodoret's solution resembles Justin's statements in Just., 1. apol. 7.1-5; 16.8; 8.14.

[72] Thdt., affect. 9.30f. – Theodoret and other Christian contemporaries are sensitive to criticisms of the spread of Christianity due to imperial patronage. Cf. Y. Papadogiannakis, *Defining Orthodoxy in Pseudo-Justin's "Quaestiones et responsiones ad orthodoxos"*, in: E. Iricinschi / H. Zellentin (eds.), *Heresy and Identity in Late Antiquity*, Text and Studies in Ancient Judaism 119, Tübingen 2008, 115-127 (120); id., 2004, 46-67. 68-89.

[73] Thdt., affect. 9.31.

[74] Thdt., affect. 9.34. Theodoret refers to Persia here. In Thdt., affect. 9.35f. he alludes the Massagets and the Tibarenians (who were mentioned in Eus., p.e. 1.4,7).

many others didn't either.⁷⁵ The positive presentation of "Christianity, what it is",⁷⁶ has always played an important role even in second and third century apologetics, and then especially in Eusebius' *Praeparatio evangelica* from the beginning of the fourth. But, and that seems to be a new aspect of Christian apologetics in Theodoretus, in the *Curatio* we have come to a point where the positive systematic arrangement of Christian theology clearly is the major task and effort. In his major apologetic work *Greacarum affectionum curatio*, Theodoret primarily produces a reasoned systematic theology in twelve chapters or *loci*, which are arranged in quite a logical way, the first one dealing with the subject of faith, two to six with knowledge, seven to eleven with human striving to do something, and finally, twelve, with the topic of practical ethics. He presents twelve discourses on subjects of theology. Occasionally he gives cross-references, retrospections, summaries and back links to underline how thoroughly everything is built up.⁷⁷ What we encounter here is nothing but a rather self-contained map of systematic theology. Theodoret himself says that this is the arrangement *he* has chosen for the *Curatio*.⁷⁸ Apologetics as a defence of Christianity and refutation of pagan criticism has now fully changed into a positive exposure of theology including the dissociation from and the integration of pagan tradition. Even if the reason for the production of the *Curatio* has to be seen in the pagan criticism of Christianity, the result of this effort could be called an example for the genre of "apologetic systematic theologies". It is true that the *Curatio* is an *apologetic summa* such as Eusebius' *Praeparatio*. We have seen how closely it depends on the latter. But when we compare the two texts we realize that the *Curatio* is more systematic, and that more follows an inner-Christian logic as far as the arrangement of theological topics is concerned. The *Curatio* is one of the first examples of arranging theology in well-ordered theological topics here. The whole material is arranged in clear and strictly ordered sequences – and that seems to be the new thing about Christian apologetics in Theodoret's *Curatio*. The text establishes a kind of medium genre between an *apologetic summa* and a "systematic theology".

---

⁷⁵ Two important exceptions to my point of view are Origen, *Contra Celsum* and Eusebius of Caesarea, *Adversus Hieroclem*, because these two apologies were written as direct refutations of particular anti-Christian polemical texts.
⁷⁶ Eus., p.e. 1.1,1. Cf. Ulrich, 1999, 29-48.
⁷⁷ Thdt., affect. 4.4; 12.95.
⁷⁸ Thdt., affect. 1.127f.

How must these observations be interpreted? Considering the proceedings and the progress of the whole workshop and trying to sum up things with particular consideration of our question of *Continuity and Discontinuity in Christian Apologetics*, I mention four particular points here:

1. The time between 420 and 440 obviously was a time where the old intellectuals battles between Christianity and paganism still had to be fought – or were fought again and again. The old material used in these battles of the old was considered good enough to be used again. There are only a few new subjects, and there are only a few additions to the old material. Standard criticism and defence strategies of the old were repeated and well administered. It is true that texts like the *Curatio* do not taste of originality. But originality was obviously not needed in the first half of the fifth century. For Theodoret and his contemporaries it was good enough for to rely on reliable sources such as Clement of Alexandria and Eusebius of Caesarea. It seemed to be sufficient to rely on their work and to repeat the content of their writings. There was a well-established infrastructure of Christian reasoning against pagan criticism, and Theodoret made a brisk use of that. That clearly is a point for continuity between apologetics in the fourth and those in the fifth century. On the other hand, we must realize that this continuous process is about to come to an end in Theodoret: what he did with the clear intention to save the rest of the pagans and to avoid any possible doubts among his fellow-Christians, was not necessary any more some 50 years later, when nobody, neither in the East nor in the West, would have come across the idea of writing a *Graecarum affectionum curatio*.

2. One general question remains the same in all the apologetic texts between the second and the fifth century: the problem of the Christian view of the relation between Christianity and pagan philosophy. Different Christian apologists of course gave different answers to that. For Theodoret, I see a clear continuity between his efforts in the fifth century and, for example, Justin Martyrs in the second. Both want to beat pagan Platonism by its own weapons. Both want to overcome pagan philosophy by enlisting philosophical terms and arguments – and at the same time they are of course Platonists themselves. It is my impression that in Justin and Theodoret and others, this phenom-

enon is not at all a matter of "tactics", neither it is anything consciously planned nor it is an intellectual effort of transformation (for example of Christianity into a Christian-Platonic philosophy). Both, Theodoret and Justin, and many other apologists as well, are platonizing Christians, simply because they were raised within the learning and intellectual environment of their time. They were in the position to establish their cultural identity together with their Christian faith. They regarded the Christian Logos as the only full and only reasonable revelation of godly wisdom and truth. At this point, there seems to be an aspect of continuity within Christian apologetics as well.

3. There are some intentions in the production of apologetic texts that remain the same over the decades and centuries, although the weights seem to shift by the time. But the aim of defence against accusation remains. The protreptic or even missionary aspects remain. The aspect of producing a help for argumentation, a kind of handout for reasoning, remains. And at the same time, we observe a turn from apologetic controversy towards a positive systematic theology, in which objections from others still play a role, but not a major one any more. Christian theology is on its way to present itself far more independently. The arrangement of Christian thought seems to be more and more primarily influenced by Christian-philosophical thought – and not by critical questions. This is not exactly new in Theodoret: Eusebius had written in his *Praeparatio* that he wanted to show Christianity, how it really is. In Theodoret this process has come one step further: though the *Curatio* is motivated by pagan criticism, his general line of argument primarily aims at a positive explication of theology and more looks like a map of Christian doctrine, including a considerable number of intelligent footnotes that deal with pagan opponents.

4. Compared to Justin, Theodoretus is a lot closer to the aim of complete victory of Christianity, and, as I pointed out above, this fact can well be observed in the *Curatio*. It may be good points for the discontinuity in early Christian apologetics that Justin has to deal with the problem of persecution and Theodoret has not, and that Justin has to face a minority situation which Theodoretus does not know any more. But beyond these evident facts that may suggest discontinuity, the continuity in fact is surprisingly strong. Christian apologists, over the centuries from second to fifth, made use of the same literary material (the material that their pagan opponents

used as well). They all profited from the same educational system in Roman society that enabled them to think philosophically and to work with the texts of the pagan tradition. And, what to my mind is most important, they established an impressing continuity of Christian self-understanding in the one particular point that they all, from Justin to Theodoret, are fully convinced that only the Christians do have the complete knowledge of the complete Logos. This makes them feel committed to persuade all the others, Jews and pagans, no matter how many of them were left and no matter how the political circumstances were. To my view this is the most important aspect of continuity in the history of early Christian apologetics from the second century to the fifth.

Early Christianity in the Context of Antiquity

Edited by David Brakke, Anders-Christian Jacobsen
and Jörg Ulrich

Vol. 1   David Brakke / Anders-Christian Jacobsen / Jörg Ulrich (eds.): Beyond *Reception*. Mutual Influences between Antique Religion, Judaism, and Early Christianity. 2006.

Vol. 2   Jakob Engberg: *Impulsore Chresto*. Opposition to Christianity in the Roman Empire c. 50-250 AD. 2007.

Vol. 3   Anders-Christian Jacobsen / Jörg Ulrich (eds./Hrsg.): Three Greek Apologists. Drei griechische Apologeten. Origen, Eusebius, and Athanasius. Origenes, Eusebius und Athanasius. 2007.

Vol. 4   Anders-Christian Jacobsen / Jörg Ulrich / David Brakke (eds.): Critique and Apologetics. Jews, Christians and Pagans in Antiquity. 2009.

Vol. 5   Jörg Ulrich / Anders-Christian Jacobsen / Maijastina Kahlos (eds.): Continuity and Discontinuity in Early Christian Apologetics. 2009.

www.peterlang.de

www.ingramcontent.com/pod-product-compliance
Ingram Content Group UK Ltd.
Pitfield, Milton Keynes, MK11 3LW, UK
UKHW021252180426
11946UKWH00004B/96

Светлана Бойм

·

Ребята, нас обманули!
(Жизнь в рассказах)

Составители сборника Муза и Юрий Гольдберг

Редактор Эльвира Фагель

Academic Studies Press
Библиороссика
Бостон / Санкт-Петербург
2024

УДК 82-3
ББК 84
       Б77

Перевод с английского Натальи Стругач и Александра Стругача

Серийное оформление и оформление обложки Ивана Граве

Бойм, Светлана.
Б77   Ребята, нас обманули! (Жизнь в рассказах) / Светлана Бойм ; [пер. с англ. Н. и А. Стругач]. — СПб.: Academic Studies Press / Библиороссика, 2024. — 162 с.

ISBN 979-8-887199-08-5 (Academic Studies Press)
ISBN 978-5-907767-98-0 (Библиороссика)

Эта книга известного антрополога и теоретика культуры Светланы Бойм (1959–2015), профессора Гарвардского университета и автора ряда научных монографий, вышедших на многих языках, включая русский, представляет собой сборник автобиографических рассказов, переведенных с английского, и позволяет русскоязычному читателю ознакомится с жизнью и личностью автора. В сборник также включены воспоминания переводчика рассказов — Наталии Стругач, подруги Светланы со школьных лет, и рассказ, посвященный памяти Светланы и написанный другой ее подругой, Ольгой Симоновой-Партан. Это не мемуары в строгом смысле слова, а именно художественное произведение. Ленинградское детство и ранняя юность в позднем СССР, эмиграция и невозможность возвращения — все эти темы оказываются настолько важными и острыми, что требуют решений и подходов не только академических. Все части сборника написаны легко читаемым языком и пронизаны теплым и грустным юмором.

УДК 82-3
ББК 84

© Светлана Бойм, текст, 2006
© Н. Стругач, А. Стругач, перевод с английского, 2024
© Academic Studies Press, 2024
© Оформление и макет.
   ООО «Библиороссика», 2024

ISBN 979-8-887199-08-5
ISBN 978-5-907767-98-0

Светлане Бойм (Свете Гольдберг)

Так элегически, забыв дела семейные...
Так поэтически воспев наш тихий быт,
Ты мне напомнила, что мишками на Севере
В далеком детстве мы хотели быть...
И плыть на льдине... иль в Крыму заманчивом
Купаться в море и с русалками грустить
О кораблях, далеких и обманчивых,
Как жизнь сама, как горизонта нить!..

Александра Смит (Саша Нефедова)[1]

23.05.04

---

[1] Александра Смит (Нефедова) — преподаватель Эдинбургского университета (Великобритания), специалист по русской литературе, культурологии и сравнительному литературоведению. Александра подружилась со Светланой Бойм (Гольдберг), когда обеим было примерно 12–13 лет. Они вместе занимались в клубе «Дерзание» при Дворце пионеров в Ленинграде (ныне — Санкт-Петербург). Светлана сначала увлеклась поэзией, потом перешла в секцию прозы, а потом обе девочки занимались в секции критики. После окончания школы их дружба продолжалась до самого отъезда Светланы в США. После многолетнего перерыва они снова встретились в США на конференции в конце 1990-х годов и продолжили свой творческий диалог, часто встречаясь и в США, и в Великобритании, а также постоянно переписываясь друг с другом.

Светлана Бойм, 2012 год

Муза и Юрий Гольдберг

От составителей

Светлана Бойм, профессор кафедр славянских языков и литератур и сравнительного литературоведения Гарвардского университета, — наша дочь. Она рано ушла из жизни, слишком рано, в 56 лет. Она оставила после себя семь научных монографий и около 60 статей, два романа и сборник рассказов, пьесу о Фанни Каплан, два документальных короткометражных фильма и несколько десятков медиаарт-работ, выставки которых проводились во многих штатах нашей страны и городах мира. Она писала на английском, ее работы переведены на семь языков мира.

Когда ей было одиннадцать лет, она нам сказала, что хотела бы быть преподавателем в университете; мы посмеялись, но много позже нашли в ее школьных дневниках девятого класса запись, что это ее мечта — стать профессором хорошего университета, что она понимает, каких трудов это будет стоить, и она готова это сделать.

Светлана родилась в Советском Союзе в еврейской семье, со всеми вытекающими отсюда последствиями. В 1981 году, после третьего курса педагогического института, она эмигрировала в Соединенные Штаты, где самостоятельно, без всякой помощи, добилась своей мечты. Мы просидели в «отказе», а когда приехали в Америку, она уже защищала докторскую.

Рассказы, включенные в сборник, переведены на русский язык лучшей подругой Светланы со школьных лет Натальей Стругач и ее сыном Александром Стругачом. Кстати, Александр прекрасно перевел на русский язык две научные книги Светланы «Будущее ностальгии» и «Другая свобода», которые были изданы в Москве в 2019 и 2021 годах.

Все эти рассказы были напечатаны в русскоязычных журналах Европы.

Рассказы полностью автобиографичны и расположены не в хронологическом порядке их написания, а в хронологическом порядке действия, которое в них описывается: детство, школа, эмиграция и т. д.

В одном из своих опубликованных интервью Светлана сказала: «Наши тексты — это наше бессмертие». Мы хотели бы, чтобы этот сборник внес свой вклад в бессмертие Светланы Бойм. Она заслужила это.

Ольга Симонова-Партан

Предисловие

Данный сборник предоставляет русскоязычному читателю возможность ознакомиться с литературным творчеством Светланы Бойм (1959–2015), безвременно ушедшего профессора славянского и сравнительного литературоведения Гарвардского университета (США). Рассказы и эссе, включенные в сборник родителями Светланы Бойм, Музой и Юрием Гольдберг, были написаны по-английски и переведены на русский язык Натальей и Александром Стругач.

Перед читателем открывается биографическая канва жизни, странствий, научных и творческих открытий удивительной и многогранной личности. В художественных произведениях Светланы Бойм часто слышится голос культуролога и философа, в то время как в ее научный дискурс неизменно вторгаются артистичность и остроумие художника-творца. Светлана пишет: «Вопросы человеческого страдания, перемещения, мирового чуда, человеческого общения не представлялись мне сугубо академическими. Моя исследовательская работа помогла мне осмыслить собственный иммигрантский опыт и разделить его с другими. Во всяком случае, связь между жизнью и исследованиями казалась слишком постоянной». Бойм были свойственны креативность, страсть к новым интеллектуальным открытиям и желание постоянного переосмысления самой себя. В спектр ее писательской деятельности входили научные культурологические и литературоведческие работы, эссе, автобиографическая проза, киносценарии, пьесы и художественные произведения, такие как роман «Ninochka» (2003), отрывок из которого включен в этот сборник.

Благодаря усилиям и энергии родителей Бойм, ее коллег и друзей несколько произведений уже доступны русскоязычному читателю. Среди них стоит особенно отметить три книги: «Общие места. Мифология повседневной жизни» (2022), вышедшую в издательстве «Новое литературное обозрение» (НЛО) в авторском переводе Бойм, а также «Будущее ностальгии» и «Другая свобода. Альтернативная история одной идеи», изданные в НЛО в 2019 и 2021 годах.

Начиная с самых ранних публикаций Светлана Бойм демонстрировала завидное владение культурологическими теориями и терминами, искусно переплетая их с некоей перформативностью стиля. Ей всегда удавалось превращать научные исследования в увлекательное повествование. Яркая и самобытная авторская индивидуальность манит читателя за собой, а ее наблюдательность, юмор и воображение постоянно переплетены с критической оценкой происходящего. Эмоциональные личные воспоминания о советском детстве и юности незамедлительно подвергаются оценке зрелого западного ученого.

Первая книга С. Бойм «Death in Quotation Marks. Cultural Myths of the Modern Poet» (1991) [«Смерть в кавычках. Культурные мифы о поэте модернизма»] посвящена произведениям таких поэтов-модернистов, как Артюр Рембо, Стефан Малларме, Осип Мандельштам, Владимир Маяковский и Марина Цветаева, что отражает интерес автора к теме литературных фактов и художественных вымыслов, а также к жизни и смерти автора.

Во второй книге — «Common Places: Mythologies of Everyday Life in Russia» (1994) [«Общие места. Мифология повседневности в России»] анализируются культурные клише советской жизни и повседневный китч. Критическое и биографическое «я» оживляет и обогащает научные тексты, а личные воспоминания Светланы о ее жизни в ленинградской коммунальной квартире с кухней, переполненной соседями, и вечно занятым туалетом способствует воссозданию мифологии ушедшей советской жизни.

Третья, монография «The Future of Nostalgia» (2001) [«Будущее ностальгии»], приобрела популярность за пределами академической среды и была переведена на несколько иностранных языков. В ней Светлана Бойм рассматривает такие темы, как ностальгия, изгнание, свойства памяти, и картографирует географию и историографию тоски по ушедшему.

В своей четвертой книге под названием «Another Freedom: The Alternative History of an Idea» (2012) [«Другая свобода. Альтернативная история одной идеи»] С. Бойм наделяет новым значением саму концепцию свободы, концентрируясь на понятиях личной и общественной свободы. Как и в других работах, она подвергает сомнению авторитетные общепринятые мнения и оценки, а ее остроумие облегчает читателю процесс усвоения сложных теоретических и философских концепций.

К сожалению, последний проект, под названием «The Off-Modern», так и остался незавершенным и был опубликован уже после смерти Светланы, в 2017 году.

В последние годы Светлана Бойм разрабатывала теоретическую концепцию Off-Modern, создавая новые термины и методологию для изучения различных политических, культурных, литературных и визуальных явлений современности.

Издание работ Светланы Бойм в качестве теоретика-культуролога и медиахудожника представляет собой коллекцию остроумных критических зарисовок и богато иллюстрировано фотографиями ее работ.

Мы надеемся, что читатель, уже знакомый с научными трудами Светланы Бойм, откроет для себя новые грани ее таланта, а тот, кто впервые соприкоснется с ее творческим наследием, заинтересуется ее научными трудами, уже переведенными на русский язык.

Светлана Бойм и Наталия Стругач, 2007 год

Наталья Стругач

О Светлане Бойм

(вступление переводчика)

Есть люди, одаренные особым талантом вдохновлять нас на творчество, на созидание. Встретить человека из этой высокой касты — большая удача, стать его другом — счастье. Светлана Бойм — профессор Гарварда, культуролог, славист, писатель, фотохудожник — была из разряда Вдохновляющих. Она подруга моего детства и юности. После общения с ней у меня возникало такое чувство, словно меня подпитали живительной энергией, легче думалось и дышалось.

Я всю свою жизнь прожила в Петербурге, в Петроградском районе, очень близко от той школы, где мы со Светой учились.

Как можно всю жизнь прожить в одном районе? Ходить по одним и тем же дорогам. Каждый год наблюдать, как появляются листья на старых деревьях, как расцветает знакомый с детства куст сирени. Все окружавшие тебя разъехались, разбежались, растворились в пространстве, а ты все ходишь по тем же каменным плитам, мимо тех же зданий и сквериков. Вот здесь ты случайно встретилась с Тем, на той скамеечке легко и навсегда рассталась с Этим. Вот по этой дороге ты всегда ходила в школу, потом водила по ней детей. И оставаясь постоянным хранителем места, волоча за собой шлейф времени, ты постепенно начинаешь понимать, что ушедшие и покинувшие тебя, те, с кем ты рассталась, казалось бы, навсегда, идут рядом с тобой, полупрозрачные в утреннем тумане, сидят на старых скамейках. Пока ты здесь, они с тобой.

Вот сад на Каменноостровском проспекте, сейчас это сад Низами, а в моем детстве — Рентгеновский садик. Здесь на скамейке под кустом сирени ждет меня моя любимая подруга Светлана. Ее уже нет среди живых, но и среди мертвых мне представить ее трудно. Похоже, до конца моих дней она останется со мной. Моя школьная подруга.

Сентябрь, пятый класс, на урок английского приходит новенькая девочка: очень худая, ручки-ножки — спички, темноволосая и черноглазая, рот большой, как у щелкунчика, а зубы белые. Мой антипод: я светлокожая, голубоглазая толстушка. Зовут меня Наташа Кычанова, друзья называют меня Кыча. Так называла меня Света, под этим именем я появляюсь в ее рассказах.

Итак, в классе появилась новенькая девочка. Первый урок английского языка. Ведет его моя любимая учительница, красавица Яна Ефимовна. Чем-то она Свете не понравилась. В конце урока кривит новенькая свой рот, сверкает черными глазами и говорит: «Я в этой группе не останусь, я к другой учительнице пойду, она лучшая, я узнала». Ничего себе заявление! Она выяснила, какой учитель лучше, это в одиннадцать-то лет. В общем, стала она ходить на английский к другому учителю, но по остальным предметам мы с ней в одном классе учились. Подружились уже после Нового года: шли вместе домой, остановились на перекрестке, у почты: ей направо, а мне налево, стали разговаривать и простояли целый час на морозе.

Так получилось, что мы в это время полностью замкнулись друг на друге: читали одни и те же книги, особенно любили Александра Дюма, даже играли в роман «Три мушкетера». У Светки была роль Миледи, я исполняла все остальные. Миледи была главная, я это главенство охотно признала. После уроков мы прятались в школьном туалете. Миледи гордо отворачивалась к окну, а я, изображая Атоса, указывала на три белых унитаза и говорила: «Вам здесь не нравится? Этот замок мой!» Потом туалет превращался в монастырь, где скрывалась госпожа Бонасье. Миледи подносила мне отравленное вино, я падала замертво на кафельный пол. На голове у меня был черный свитер, изображавший покрывало монашки. Играли мы, не замечая ничего вокруг. Не замечая и того, что бывшие мои подружки обиделись, что я совсем перестала с ними общаться. Из мести одна из них даже испортила мех на воротнике моего зимнего пальто. По этому поводу было расширенное классное собрание, где нас со Светкой обвинили в отрыве от коллектива. Не помню, чем это все закончилось, но для меня было большим открытием то, что не всем нравятся наши невинные забавы. До этого момента я пребывала в уверенности, что все в классе относятся ко мне хорошо.

Мы продолжили свои вдохновенные игры, а весной сами стали сочинять романы в стиле «плаща и шпаги». Писали их в школьных тетрадках. Сначала Светка, потом я. У Светки в ящиках письменного стола и портфеле царил полнейший беспорядок. Ее тетрадка с романом очень быстро стала рваной. Она этим гордилась: «Это словно мою книгу прочитали многие». Моя же тетрадка была отвратительно новая, поэтому я измяла ее сама, еще и супом залила. Мы давали друг другу читать свои произведения. Потом стали давать другим девочкам из нашего класса. С этого момента обиды на нас и ревность закончились. Творчество помирило нас.

Светка умела представлять самые простые вещи загадочными. До того как я первый раз побывала у нее дома, она мне рассказала про волшебную красную лампу на туалете, рыбацкую сеть на окне ее квартиры и тайный проход в ее доме. Лампа оказалась самой обычной, сеть — занавеской, правда, довольно оригинальной, а тайный ход — проходной парадной, которых полно в нашем Петроградском районе. После школы мы часто шли к ней играть. Родители ее приходили домой поздно. Светке оставляли бульон и отварную курицу, которыми она со мной делилась. Ела она медленно и как бы нехотя. Больше болтала, чем ела.

Весной мы играли в Рентгеновском садике на Кировском, ныне снова Каменноостровском проспекте. Садик соседствовал с институтом Рентгена и кафедрой радиологии. Позднее я узнала, что в 50-е годы лаборанты выливали радиоактивные отходы прямо в землю, возле садика. Потом пришлось снимать пятьдесят сантиметров грунта, чтобы в садике могли гулять люди. Может, какие-то очаги и остались. Не из детства ли наша ранняя онкология?

Светка очень любила розыгрыши и мистификации. Для этого был создан тайный союз «Черных мимоз», куда входили только мы двое. У нас был герб: круглая голова, сейчас так рисуют эмодзи-смайлики, и две скрещенные ветки мимозы. Был устав, мы вели хроники тайных наших действий. А действия были в духе Миледи: подбрасывали записки подругам, создавали ложные записные книжки, кого-то выслеживали... Вреда наша деятельность никому не приносила. Это была интересная игра, которая занимала практически все свободное время. Хроники велись в ироническом стиле, картинки рисовали сами. Мы писали по очереди в одной толстой тетради. Когда Светка уехала в Америку, все эти документы остались у меня, потому что никакие рукописи вывозить не разрешалось. Когда я серьезно заболела, то отдала все бумаги Светке, она хотела написать о нашем детстве рассказ, кое-что уже начала, но не успела закончить. Фальшивые записные книжки нужны были для создания имиджа популярных девочек. В этих книжках были телефоны выдуманных мальчиков. У нас в классе был немного странный парень: он крал портфели понравившихся ему девочек, просматривал их содержимое и прятал так, что девочка искала его часа два после уроков. На этого Марка и была рассчитана фальшивая записная книжка: выкрадет и поймет, с кем имеет дело! В восьмом классе Марк уехал в Америку. Непонятно зачем перед этим он вступил в комсомол. Поэтому было устроено показательное комсомольское собрание, на котором звучали обличительные речи. Мы со Светкой комсомолками тогда не были, не торопились пополнить ряды борцов за коммунизм, поэтому подслушивали под дверью. Светка очень волновалась, а когда Марк вышел из класса морально уничтоженный, она пожала ему руку. Это был красивый жест. Юные обличители окружили только что униженного ими человека и просили не забывать их в далекой Америке, присылать джинсы и пластинки. Говорят, теперь этот Марк — раввин в США.

Светка очень рано стала взрослеть и к четырнадцати годам превратилась в красивую девушку. Она встречалась с мальчиками. Это были романтические прогулки и поцелуи, не более того. Я оставалась еще ребенком: рассказы о мальчиках казались мне нереальной сказкой. Светка решила подтянуть меня до своего уровня. Она встречалась с неким Михаилом, у которого был родственник, наш одногодка. Устроили двойное свидание, пошли в Таврический сад, долго гуляли, замерзли, ели пышки и пили кофе с молоком в каком-то кафе. Потом мальчик, с которым Светка меня знакомила, назначил мне свидание у метро «Горьковская». Я сначала согласилась, потом на меня напал жуткий страх: что я буду говорить, вдруг встречу маму, которая гуляла возле метро с моим маленьким братом. Я на свидание не пошла, а послала Светку, она приехала на «Горьковскую» и сказала несчастному мальчику, что свидание не состоится. В дальнейшем, до самого своего отъезда, она пыталась меня с кем-то свести, более или менее успешно. В 1979 году Света вышла замуж за московского архитектора, который собирался уезжать из России в США. Она ушла из института, уехала к мужу в Москву. Мы стали реже видеться...

Остался у меня рассказ, написанный по-русски перед самым ее отъездом в эмиграцию. Он несовершенен, писала его девушка двадцати одного года, а не профессор Гарварда. Думаю, публиковать его она, уже зрелая писательница, не собиралась. И все-таки, после долгих раздумий и согласования с родителями Светы, я решилась его напечатать. Во-первых, сейчас, когда Светланы нет с нами, каждый ее текст интересен; во-вторых, в этом рассказе предстает перед нами гнетущая атмосфера советской Москвы, тяжелый дух несвободы и страха. Кроме того, с точки зрения психологии этот рассказ интересен как пример, описывающий внутренний мир молодой девушки, которая собирается уехать навсегда, а тогда именно так и эмигрировали — «навсегда и насовсем». Она отрицает все, что ее окружает, при этом находится в состоянии подавленности, почти депрессии: ощущает себя лишней, отторгнутой толпой, городом, страной, чувствующей на себе недоброжелательные, оценивающие взгляды. Она уже «не здесь и еще не там». И только семья поддерживает ее и дает силы. И нет никакого противоречия между способностью вдохновлять других и ощущением внутреннего дискомфорта, подавленности и одиночества. Как такое возможно? У талантливых людей это часто бывает.

Когда Света уехала в Америку, наши пути разошлись. В конвертах тех писем, которые получили ее родители, всегда была страничка для меня. «Дорогая Кыча, в некоторых отношениях я стала американкой: ем овощи и пью молоко, улыбаюсь, но зато не бегаю по утрам...» «Подружилась с одной женщиной, она похожа на тебя, с ней можно говорить обо всем». Потом были открытки, написанные торопливо в кафе или в самолете. «У нас были очень интересные встречи с русскими художниками в Америке (Кабаков, Комар и Меламид). Собираю материал о русском мифе Америки. Если есть какие-то идеи, сообщи!» «Нашла в Калифорнии заросли желтых мимоз, вспомнила, как продавали маленькие букеты на станции метро "Горьковская". Здесь их такое изобилие, что никто не знает, как они называются, просто "желтые цветы". Такие живые, разнообразные моменты, из которых складывается жизнь». Несколько раз она приезжала в Россию, мы встречались. Через десять-пятнадцать минут неловкости начинали общаться как раньше. Почти как раньше, ведь люди меняются, меняется мир вокруг нас. Несколько раз мы обсуждали проект издания совместных воспоминаний. Написать об одном и том же, нами пережитом, но каждой из нас по-своему, и издать под одной глянцевой обложкой с двумя японками. Изящные японки со старинных гравюр, напечатанных на открытках, которые получал мой отец по почте от своих японских коллег. В открытках были вкладыши из тончайшей рисовой бумаги, на них писали текст. Вкладыш я вынимала, а открытки часто дарила Свете. Она это помнила и ценила.

Позже, уже из Америки, она писала мне только на японских открытках. Я их сохранила. В одной из открыток, с нежными бабочками на развороте, она пишет о нашем проекте. Даже название Светка придумала: «Записки из двух углов». К сожалению, приступила она к этому проекту слишком поздно. «Космос в женском туалете» — это один из последних ее рассказов. Она прислала мне его за месяц до своей кончины. Я прочитала текст, но, к сожалению, не очень вдумчиво, не успела кое-что у нее уточнить, с чем-то поспорить. Сейчас спросить уже не у кого, да и спорить не хочется. В тексте есть неточности, непроверенные факты — Света писала очень больная, после операции и химиотерапии.

В 90-е годы, когда Светлана приезжала в Россию, мы встречались в нашем любимом Рентгеновском садике, сидели на старой скамейке, гуляли по улицам Петроградской стороны, болтали за столиками в новых, только что открывшихся кафе, ели, как раньше, одно пирожное на двоих. Света, как в детстве, больше говорила, чем ела. Один раз я была у нее в гостях в Америке. Это была уже, конечно, не полноценная дружба, слишком разные были наши жизни, но Светина болезнь нас снова сблизила. Я поняла, что могу ее поддержать, я снова была ей нужна. Мы часто разговаривали в Сети. Лучше Светы у меня друзей не было. Мы вместе с ней проживали детство, подростковые открытия, вместе начали писать тексты. Для нее это стало профессией, для меня — игрой. Светлана любила мистификации, нестандартные решения, поиск новых путей. Так проявлялся ее многогранный талант. В школьные годы она хотела быть писательницей, профессором в хорошем университете... Или певицей в кабаре, или художницей. В молодости она написала пьесу о Фанни Каплан, ее поставили в студенческом театре в Гарварде. Потом — детективный роман «Ниночка», который был издан в 2003 году в Нью-Йорке; после сорока лет она увлеклась художественной фотографией, компьютерной графикой, ей удалось организовать несколько выставок. Во всех ее научных трудах, написанных на стыке философии, психологии и литературоведения, присутствуют художественно оформленные эпизоды из личной жизни, похожие на дневниковые записи.

Почему я решила перевести несколько страниц из романа? Потому, что описанные в этих главах события имеют вполне реальную основу. Мне знакомы и герои, и обстоятельства... Эта небольшая часть книги как маленький рассказ, в нем — живая Светлана, ее мысли и чувства. Светлана уехала из Ленинграда в Америку в 1980 году, а навестила впервые Россию в начале 90-х. Понятно, что уже совсем другую страну. Воспоминания молодости, романтическая встреча со своим учителем, вкус прошлого и реалии настоящего, — все это в маленьком отрывке из большого романа, который, может быть, когда-то будет целиком переведен на русский язык. Роман «Ниночка» переведен на турецкий известным переводчиком Владимира Набокова Е. Явузом.

Роман «Ниночка» Светлана написала на английским языке в начале 2000-х. Она подарила мне его в 2007 году с кратким посвящением: «Ностальгически от автора». Эта красиво изданная книга больше десяти лет стояла у меня в шкафу непрочитанной. Пролистанной, просмотренной, но до конца не прочитанной. Почему?

Потому что трудно читать роман, написанный твоей близкой подругой. Сразу ясно, «что откуда происходит», видно, как та или иная мысль, уже нами проговоренная и не раз обсужденная, вдруг появляется в тексте, а прототипы многих героев и обстоятельства их жизни тебе знакомы. Все это мешает восприятию и тому самому пресловутому «остранению», которое должно быть не только у автора, но и у читателя. Короче, нельзя сотворить чудо там, где тебя хорошо знают.

И все-таки о романе. Действие его происходит в Париже в конце 1930-х, во Франции и в России в 90-х годах XX века. В Париже убивают русскую девушку, эмигрантку, через много лет это убийство пытается расследовать другая девушка, филолог, уехавшая из СССР в конце 70-х годов. Следствие приводит героиню в Ленинград, город ее детства. Это повод, конечно, поговорить о прошлом и настоящем России, о молодости, ностальгии и любви. Название романа взято из фильма «Ниночка» с Гретой Гарбо в главной роли. Этот фильм смотрит молодая эмигрантка накануне своей смерти. В СССР фильм мало известен, он был запрещен потому, что там сатирически показаны партийные и советские чиновники.

Потом Света написала по-английски несколько рассказов о себе, о нашем детстве. Они изданы в 2022 году книгой «Originals of Nostalgia».

Когда Светы не стало, я захотела их перевести на русский язык, чтобы еще немного побыть в ее поле, ведь текст — это то, что остается нам от умершего, часть его бессмертной души.

1. Ребята, нас обманули!

(перевод Натальи Стругач)

Опубликовано в журнале «Семь искусств», № 148, февраль 2020 года

Однажды я была смелой маленькой Красной Шапочкой. Мне было уже четыре с половиной года, у меня была кроваво-красная бархатная шапочка и корзинка, полная не очень свежих сладостей, завернутых в блестящую фольгу. «Мы были наряжены и готовы идти, — начинает рассказ моя мама. — Ты взяла с собой плюшевого жирафа и совсем не боялась волка. Ты боялась только докторов, которые делают уколы. Поэтому я сказала тебе, что мы идем на представление, а не в больницу. Беспокоиться тебе было не о чем». Маленькая Красная Шапочка отправлялась в Дом культуры на новогодний праздник, на «елку». И если она будет сидеть более или менее тихо и наслаждаться представлением, она получит особый подарок — шоколад «Птичье молоко», названный в честь того, что не существует. Поначалу маленькая Красная Шапочка делала все, о чем просила ее мама, и сидела относительно тихо. Занавес поднялся, и на сцене оказался Доктор в огромных очках и длинном белом халате. Его звали доктор Айболит. «Ай, будет больно!» «Помнишь доктора Айболита? Известного героя детских сказок? Он еще пел песенку, которая всем нравилась: "Это очень хорошо, что пока нам плохо!"» У доктора Айболита был огромный, размером с человека, шприц. В тот момент, когда ты увидела шприц, ты вскочила с места и побежала прямо на сцену.

«Ребята, нас обманули! — закричала ты, — это не представление, это больница!»

И тут начался ад кромешный. Дети стали плакать и побежали от своих родителей за тобой. «Это правда, это правда!» — крикнул один малыш. «Маленькая Красная Шапочка очень смелая, она всегда говорит правду». «Ты же знаешь, что я в этой организации только год работала, — говорит мама, — там находились все мои сотрудники, и мне было стыдно за тебя. Ты сорвала весь праздник». Рассказ мамы о похождениях маленькой Красной Шапочки всегда греет мне душу.

«Нет, не "очень хорошо" то, что мы делаем плохо, доктор. Эй, это больно и может стать еще хуже! И почему у тебя такие большие очки? И такая острая игла? Эй, ребята, валим с этого нудного спектакля, заберем "Птичье молоко" без разрешения и побежим на улицу играть в шпионов».

Я прервала сказку потому, что и правда в нее верила. Не так, как верят взрослые. Они используют сказки, чтобы заставить нас сделать что-нибудь неприятное в так называемой реальной жизни: «Потом Иван-дурак пошел в темный лес и остановился на перекрестке. Нет, он не должен был убить дракона, у него была более сложная задача: "пойти туда, не знаю куда, найти то, не знаю что"».

«И в этот момент ты очень широко открывала рот, — со смехом говорит моя мама, — так, что мы могли в него что-нибудь впихнуть». Еда была невкусной: какой-нибудь салат из баклажанов или рыбий жир. Моя мама пережила голод, поэтому она очень беспокоилась, что я плохо ела. Но это не оправдание. По отношению к сказке этот трюк был нечестным. Сказки были созданы не для того, чтобы обманывать или успокаивать непослушных детей. В других странах они были прекрасны сами по себе, они не были жалким притворством мира взрослых. Для нас они имели особый смысл, и мы соблюдали их законы лучше, чем правила взрослой жизни. Во время праздника в Доме культуры я не чувствовала себя зрителем на спектакле, я была маленькой Красной Шапочкой — во плоти и крови. Что с того, что я не была кудрявой блондинкой с пустыми голубыми глазами, как та самая хорошая-прехорошая девочка на картинке в моей книжке «Сказки братьев Гримм». «Почему твои глаза такие большие и черные, маленькая

Красная Шапочка? — обычно дразнили меня дети в садике. — Почему они такие темные и грязные? Тебе надо вымыть их хорошим мылом». Я не плакала, чтобы доставить им удовольствие и промыть глаза слезами. Я была черноглазой Красной Шапочкой, которая выглядит по-другому, персонажем вне сюжета, но полным сил.

Рассказчик в русских сказках всегда оправдывался: «Я там был, мед-пиво пил, по усам текло, а в рот не попало». Короче, одну-две вещи он мог и не переварить. А если рассказчик — женщина определенного возраста, с едва видимыми усиками, весь ее рот мог быть испачкан непереваренными остатками сказочного пира.

Мамины истории перетекают в воспоминания моего детства, но что-то остается недосказанным и непереваренным. Лесная дорога, которую выбрала Красная Шапочка, до сих пор овладевает моими мечтами. Она огибает озеро с мутной водой и ведет в узкий коридор коммунальной квартиры, затем вниз темным проходом к неизвестной станции. Она переходит плавно из сказки в сказку, не прерываясь нигде. И мелькает обрывок красной ткани по краю кадра, и есть узкий лаз.

Я надеюсь споткнуться, чтобы найти ключ на сцену, где и испугают, и удивят, и наградят шоколадом «Птичье молоко». Как у Ивана-дурака, у меня есть задание: пойти на страшный перекресток, покинутый драконами и ангелами, и найти дорогу «туда, не знаю куда, и найти то, не знаю что». И я уже в пути. И я обещаю, что не буду пользоваться указателями или спасать златокудрую принцессу. Я обязательно загляну куда-нибудь еще.

Итак, почему маленькая Красная Шапочка так много значила в нашем детстве? История «девочка встречает волка» так же стара, как сюжет «девочка встречает мальчика». В средневековых сказках французских и итальянских крестьян маленькая девочка встречает в лесу оборотня и выдает ему все свои секреты. Он быстро съедает бабушку, одевается в ее одежду, просит девочку прилечь вместе с ним и приканчивает ее на десерт. Ученые много говорят о каннибализме, кровавых ритуалах, солнечных и лунных циклах и менструации. Одно ясно: история эта жестокая. Она не спасает от жестокости и не требует возмездия. Жестокость не спрятана за кулисами, она здесь, на первом плане.

Еще не был создан современный культ детства, и маленьких крестьянских детей растили на страшных сказках без всякой пощады. В XVII веке французский писатель и придворный Шарль Перро создал для двора Людовика XIV более литературную версию этой истории: девочка получает модную красную шапочку, и волк становится галантным. Он оказывается менее брутальным, но не менее опасным, Дон Жуаном, соблазнителем. Возраст героини ограничивается рамками «раннего пубертата»; французская Красная Шапочка — это формирующаяся Лолита.

В известных сборниках сказок немецких авторов братьев Гримм есть много версий этой истории, всегда с белокурой целомудренной героиней.

В более поздних версиях маленькая девочка и ее бабушка перехитрили волка, потому что они уже прочитали сказку, они заманили зверя в дом при помощи запаха домашней колбасы и бесстрашно его поймали.

Братья Гримм были любимы русскими и советскими детьми, но после революции появилась и очень сильная местная литературная традиция. Детская литература в Советском Союзе стала спасительной нишей для многих писателей-экспериментаторов и тех художников, которые не могли публиковать свои работы. Итак, не зная этого, мы выросли на «эзоповых» историях инакомыслящих, но также на литературе, написанной с большим чувством юмора и игры. Корней Чуковский, поэт и друг многих великих поэтов от Хлебникова до Мандельштама, был автором сказки в стихах о докторе Айболите, добром докторе, который получил послание от обезьянки Чичи с просьбой отправиться на берег реки Лимпопо в Африку лечить ее больных сестер и братьев. В 1966 году появился хорошо известный фильм «Айболит-66», где были использованы поднимающиеся экраны, мимы, живые актеры и мультипликация, он был на переднем крае кинематографического эксперимента. Доктор Айболит не был суперменом, он просто очень любил животных, верил в доброту первого встречного и в медицинскую науку.

В хрущевскую эпоху десталинизации и оттепели история страха и соблазна обрела новый сюжетный поворот в экспериментальном мультфильме «Петя и Красная Шапочка» (1958). Советский смелый и озорной пионер Петя опаздывает в кино, мультфильм «Красная Шапочка» уже начался. Петя решает пробраться в кинотеатр через дырку в заборе и внезапно оказывается в самом фильме.

Петя читал сказку, он хочет предупредить иностранку, златокудрую Красную Шапочку, чтобы она была осторожной. Настоящий его противник не волк, а мультипликационный рассказчик.

В самом начале Петя встречает две ожившие звуковые колонки, комментаторов, которые «ведут» историю. «Кто они такие?» — спрашивает Петя у местного говорящего зайчика. «Они — комментаторы (дикторы по-русски, что звучит почти как "диктаторы"), они говорят то, что и так всем известно». Эти дикторы-диктаторы пытаются выгнать Петю из мультика, ведь он не проходил проверку. Он появился «без цензуры»! Петя так серьезно обижает одного из дикторов, что тот демонстративно сам себя выключает. Итак, в то время как маленькая Красная Шапочка остается дамой в беде, она находит нового помощника. Советский пионер 1960-х годов не хочет быть супергероем, он хочет быть автором новой истории.

Разумеется, в фильме нет жестокости. Он добрый и смешной. Когда советские эмигранты перед перестройкой приезжали в США, они были шокированы жестокостью американской массовой культуры. Дети из американских предместий часто видели больше жестокости на экранах, чем в реальной жизни, и они стали к ней нечувствительны. И напротив, советские дети были свидетелями физического насилия, алкоголизма, запугивания, но все это редко появлялось в кино или на телевидении. Насилие в советских массмедиа чаще оставалось за кадром, о нем редко говорили и вспоминали.

Волк в мультфильме «Петя и Красная Шапочка» существует не для того, чтобы пугать, а для того, чтобы над ним смеяться. Он просто серый волк, живущий по соседству. Образ врага в 1960-е дискредитируют и высмеивают. Вся культура страха сталинской эпохи поставлена под вопрос. Новая славная эпоха 1960-х направлена вперед, прошлое по большей части за кадром. И все равно маленькие дети одержимы таинственными сказками.

Давайте вернемся в Ленинград, в Дом культуры, в мое бодрое советское детство 1960-х. Был такой лозунг: «За детство счастливое наше спасибо, родная страна!» Мы почти не читали старые сказки: нас учили рисовать цветными карандашами ракеты и спутники нашего будущего. Нам говорили, что, когда мы вырастем, мы будем жить при коммунизме или хотя бы в космосе на Марсе, красной планете. Меланхоличная Луна была предназначена буржуазной Америке. «C`est si bon», «Это очень хорошо», — была в то время известная французская песенка, ее пел Ив Монтан в черной водолазке. Он приехал в СССР в конце 50-х и вернулся во Францию разочарованным. Но это уже не важно, его стихи прекрасно рифмовались с советским лозунгом: «Жить стало лучше, жить стало веселее».

Короткий переходный период между Сталиным и Брежневым был назван оттепелью. Кто-то надеялся, что наступит Ленинградская весна, почти как Пражская, но вместо этого подтаявший лед в советских лужах вновь замерз во время брежневского застоя.

Но это случилось позднее. В начале 1960-х годов мои родители были молоды и полны надежд. Им было чуть больше двадцати, они хотели наверстать все, что пропустили во время военного детства. Великая Отечественная война закончилась, Сталин умер, наступила политическая оттепель, появились мини-юбки и высокие прически; новые поэтические состязания, проходившие на стадионах, итальянские фильмы, где были красавицы с кошачьими глазами и дух свободы, надолго охватывавший зрителей.

Любовь витала в воздухе вместе с лирическими напевами, по-новому чувственными, и с нечаянными нотами меланхолии танго 1930-х. «Пожалуйста, прибавь к этому, что в нашей коммунальной ванной не было душа, не было туалетной бумаги, не было частной жизни, — говорит моя мама, — в повседневной жизни нас постоянно унижали. Всегда советуйся со мной, когда будешь писать об этом». Отлично, буду.

Почти сразу после моего рождения мама с папой наконец получили комнату с высоким потолком в коммунальной квартире, где жила еще одна семья, — абсолютно чужие и чуждые нам люди.

Наши окна выходили в темный ленинградский двор-колодец, но мама купила в Эстонии очень модные шторы, которые выглядели как рыбацкая сеть, на них можно было повесить пойманных морских гадов и морские звезды. Когда я смотрела через эти шторы на темные окна и разрушенные балконы на другой стороне дома, мир казался мне скорее волшебным, чем депрессивным. Наша комната была ярко освещена лампой с красным абажуром, сделанным то ли в Югославии, то ли в Чехословакии; она была похожа на дружелюбный НЛО или подарок из далекого космоса.

Когда мой папа мыл посуду на коммунальной кухне, он обычно пел бодрую песню: «Мы рождены, чтоб сказку сделать былью». Эта песня называлась «Марш авиаторов»[2]. Ее создатели — два еврея, но она использовалась как нацистской, так и сталинской пропагандой. Советская версия звучала так:

> Мы рождены, чтоб сказку сделать былью,
> Преодолеть пространство и простор,
> Нам разум дал стальные руки-крылья,
> А вместо сердца — пламенный мотор.

Если мы внимательно присмотримся к словам этой песни, то поймем, что бодрые гуманоиды-авиаторы не так уж безопасны для полета. Пламенное сердце, конечно, необходимо для революционного энтузиазма, но в сердце самого аэроплана огонь крайне нежелателен. Смешанные метафоры небезопасны.

Как случилось, что миллионы советских людей пели эту песню с 1930-х годов и никто так и не обратил внимания на этот внутренний саботаж? Именно потому, что напевали ее миллионы.

Предполагалось, что эта советская сказка будет декламироваться вдохновленной марширующей толпой, а не читаться с листа. Честно говоря, когда мой папа пел эту песню в одиноче-

---

[2] Мой отец, востоковед Кычанов Евгений Иванович, ровесник Светланиного, когда укачивал меня, маленькую, тоже часто пел эту песню. — *Прим. пер.*

стве на коммунальной кухне, он был счастлив, что сталинские времена, когда она была написана, прошли и он теперь может смеяться вместе с песней. Последнее, чего мы хотели, — это чтобы сказка стала былью.

Пускай сказка останется сказкой, иначе пламенный мотор в чьем-то сердце определенно взорвется и коллективный организм перестанет правильно работать. Моя мама никогда не пела таких песен. Она не верила ни в какие сказки и мечтала привить мне чувство реальности. Ей было всего шесть лет, когда гитлеровские войска вторглись на территорию Советского Союза, ей пришлось эвакуироваться в Сибирь со своей мамой и братом. Слишком много она об этом не рассказывала, но я узнала все подробности ее военного детства, когда заполняла два года назад документы для получения пособия от немецкого правительства. Она отнеслась к этому документу так, как будто это был дневник, которого она никогда не вела. Я включаю сюда некоторые ее воспоминания, которые не подошли для официальных бумаг. Так как Ленинград находился в осаде нацистских войск, семьи с детьми должны были отправиться в эвакуацию. Моя шестилетняя мама и ее девятилетний брат были разлучены с матерью и под постоянными бомбежками в битком набитом вагоне поехали в Ярославль, но немецкие войска уже приближались и к этому городу, так что они спасались на переполненном кричащими людьми пароходе в Саратов, где наконец воссоединились со своей матерью и кузенами и отправились дальше — в Сибирь. Моя мама была младшей, еще была ее старшая двоюродная сестра, избалованная голубоглазая Марочка, и мамин старший брат, который периодически дразнил ее. Они жили в окружении сибирских лесов, где совсем не сказочные волки пели по ночам свои ужасные воющие колыбельные. «Снегом заносило подоконник, а иногда и пол нашей комнаты, — рассказывает мама, — руки мои до сих пор хранят следы обморожения». Местные жители далеко не всегда хорошо относились к евреям, эвакуированным из Ленинграда. Когда мама шла в школу, местные мальчишки вслед ей кричали дразнилку: «Жид, жид, жид по веревочке бежит». Однажды маминой маме, бабушке Розе, пришлось оставить детей одних дома, чтобы пойти через тайгу в соседний город. Ей нужно было продать бо́льшую часть своих вещей, чтобы купить им еду. Пока ее не было, а дети были одни, местный мужик остановился возле их дома. Он сказал им, что Роза заблудилась в лесу, у нее нет с собой пищи, она голодает. Попросил детишек дать ему еду, чтобы отнести ей. Мама и ее брат Миша отдали ему все запасы продуктов, которые были в доме. Бабушка Роза вернулась в пустой дом.

Она не встречала этого мужика в лесу, а он скрылся со всеми их запасами на зиму. Это было новое воплощение Красной Шапочки, созданное без костюмов и декораций для темной сибирской ночи. Мужик не был волком, он не съел маленьких детей, он просто обрек их на голод.

«Я не помню, чтобы я улыбалась где-то до одиннадцати лет. Когда кончилась война, я снова начала улыбаться и смеяться», — написала моя мама в своей анкете. Я редактировала ее текст с истинным западным прагматизмом, чтобы убедиться, что она вписала нужную информацию в нужную графу. «Ты что, правда хочешь сказать, что ты не смеялась до одиннадцати лет? Ты же знаешь, что их интересуют конкретные факты, ты должна точно указать, в каких ты была городах, как вы спасались на поезде и пароходе под немецкими бомбежками, как ты жила с обморожениями, полученными в Сибири, как все это травмировало тебя». — «Почему ты всегда пытаешься все приукрасить?» — спрашивает моя мама. «Просто пиши все как было».

Моя мама больше всего радовалась, когда видела что-то красивое или новое в реальности, а не в книгах. Книги оставались для нее лишь наивным обманом. Ребята, не дайте себя обмануть, жизнь страшнее, чем сказки. Плаванье было ее радостью. На поверхности воды она чувствовала себя свободной, уплывая от берега в сторону горизонта, где она может спастись от темного леса ее жизни и от нас. Именно мама научила меня плавать. Мы до сих пор плаваем вместе, но я не такая смелая. Обычно я не заплываю далеко от берега, я всегда должна быть уверена, что смогу достать ногами дно. Она и сейчас плавает гораздо лучше меня. Я выхожу на берег и читаю в тени, поглядывая, как мама плавает вдалеке, в самом центре озера. «Жизнь — не литература», — говорит мне мама с легким упреком. Само собой, ведь я — профессор литературы, и это каким-то образом влияет на мою жизнь.

Для моего отца различие между жизнью, книгами или фильмами не было настолько существенным. В этом он — настоящий человек 60-х годов. Должно быть правильное настроение, нужная интонация и разделенный опыт. Во время войны ему было десять лет: его отец в период блокады остался в Ленинграде, а его мать — моя бабушка — была арестована и провела шесть лет в ГУЛАГе. Подростком, во время войны, он рос, веря, что есть «мы» и «они», настоящие друзья и реальные враги, и важно отделять одних от других. Возможно, не найдя в своей жизни такой четкой границы, отец, играя со взрослыми сверстниками, любил организовывать выдуманные сообщества, клубы, государства в государстве. Сначала он организовал «Клуб заядлых болельщиков "Зенита"» — «КЗБЗ», посвященный ленинградской футбольной команде, которая потерпела поражение именно в тот день, когда я родилась. Потом папа создал дело всей своей жизни, киноклуб «Кино и ты», во Дворце культуры Ленсовета на площади Льва Толстого, возле нашего дома. Этот клуб предназначался в большей степени не для того, чтобы смотреть фильмы, которые не шли на большом экране в официальных советских кинотеатрах, — фильмы были преимущественно лишь предлогом поговорить о жизни, — а с целью создать сообщество настоящих друзей, членов киноклуба. Клуб моего отца был чем-то вроде маленького сказочного королевства 1960-х годов: с детскими законами, с чуть большей свободой слова. Там много говорили: не действовали, а мечтали. Киноклуб был моей детской площадкой. Меня приводили туда с ранних лет. Когда я была маленькой, папа время от времени читал мне сказки и гладил меня по голове, как будто я была маленьким сказочным животным. Он даже звал меня «зверь» и говорил, чтобы я не боялась.

С пяти лет родители стали оставлять меня дома одну. Далеко они не уходили, всего лишь во Дворец культуры, играть в свои взрослые игры в папин киноклуб — на другой стороне площади. За фильмами итальянского неореализма, черно-белыми, с манящими открытыми концовками, шли польские экзистенциальные драмы и французские комедии, после фильмов было обсуждение. Так как некоторые фильмы были не предназначены для пятилетних детей, меня оставляли одну в нашей комнате в коммунальной квартире с пьяными соседями. В США, конечно, немыслимо оставлять детей одних, но во времена моего детства, в Советском Союзе, это было нормой. Удивительно, но о том периоде, когда меня оставляли дома одну, у меня остались хорошие воспоминания.

Каким-то образом я создавала свое собственное пространство, где весело проводила время, ощущая свободу с проблесками страха. Мама говорила, что тогда я была послушной девочкой. Родители ставили будильник на 9:30, в это время я должна была лечь в постель и ждать, когда они вернутся домой. Иногда они заставали меня спящей в одежде и даже в фартуке, потому что я была такой исполнительной, что старалась лечь вовремя. Родители, вас обманули. Конечно, я не слушалась. Я играла столько, сколько хотела, и как только я слышала их шаги на лестнице, я прыгала в кровать и притворялась спящей, прямо как волк в бабушкиной одежде.

Моя бабушка Соня не одобряла то, что родители оставляют меня одну в коммунальной квартире. Она обычно звонила мне по телефону и спрашивала: «Светочка, ты посмотрела под кровать? Встань на колени и посмотри. Может быть, там прячется злой вор? Ты проверила дверь черного хода? Накинут ли большой крюк, закрыта ли дверь на цепочку? Ты проверила за рыбацкой сетью в темном углу?» К счастью, у нас было всего полторы комнаты, там было мало места, где бы мог спрятаться злой вор. Моя бабушка выжила в ГУЛАГе. У нее были ночные кошмары, как будто ее снова арестовывают. Непроизвольно я унаследовала некоторые из них. Помимо поиска злых воров под кроватью я находила чем заняться в перерывах, пока мои дорогие родители развлекались. Книги составляли мне компанию. Я обнаружила, что с ними интересней, чем с моим любимым плюшевым жирафом или с гэдээровской резиновой куклой Нелли с блестящими светлыми волосами и стеклянными глазами. Однажды я открутила кукле голову, чтобы посмотреть, что там внутри. Там ничего не было, кроме пустоты в розовой резине. Книги пахли гораздо лучше: смесью советской типографской краски и непредсказуемых приключений.

Однажды, когда мне было пять с половиной лет, мои родители вернулись из киноклуба и попали в новую сказку. Они увидели, что вместо чтения книги, которую они мне оставили, я начала писать свою. Моими героями были по большей части овощи красного цвета: Синьора Морковка и Синьор Помидор (мое почтение Джанни Родари, итальянскому писателю-коммунисту). Что они друг с другом делали, я не помню. Была еще одна реалистичная история, показывающая маленькую девочку, которая пошла играть в парк на детскую горку, сделанную в форме спутника. Девочки не летают в космос, а только скатываются по скользкой дорожке. (Я, как всегда, приукрашиваю. Мои ранние истории начинались и заканчивались тем, что я узнавала из медиаресурсов, а персонажи не были прописаны.)

На обложках моих первых книжек я не ставила своего имени, хотя уже знала, как оно произносится. Вместо этого я писала печатными буквами «СКАЗКИ БРАТЬЕВ ГРИММ». Я считала, что это единственная книга, в которую можно вкладываться как в книгу жизни. Сборник избранных сказок со скользкими путями и кривыми дорожками, запуганными Гретелями и мудрыми Василисами. Так маленькая Красная Шапочка стала маленькой сестрой Гримм.

Эта сестра-писатель была замечательной нянькой. Писательство спасало меня от злобных воров и пьяного соседа, писающего в коридоре. Мне не хотелось иметь слишком много игрушек, которые обычно быстро устаревали и надоедали. У меня не было планшета, послушного кончикам пальцев, который бы испортил меня мгновенным ответом, — мое почтение программистам и изобретателям. Виртуальная Реальность Воображения (ВРВ) — это было единственное доступное мне советское программное приложение, плюс покупка цветных карандашей.

Литература стала моим лучшим воображаемым другом. Не какой-то особый литературный герой, а литература как таковая, открывающая проход в иной мир, созданный письменной речью и картинками, альтернативное пространство вне пространства и время вне времени.

Моей любимой страницей всегда была та, что в конце книги, — простой чистый лист. Я могла там что-то нарисовать или попрактиковаться в каллиграфии. Литература была для меня самой лучшей игрой, в которую я могла играть в одиночестве или же с созданиями любого вида, живыми или мертвыми, реальными или фантастическими, от Темного леса маленькой Красной Шапочки до реки Лимпопо из «Доктора Айболита».

Литература помогала переживать лучшие любовные истории. Не могла же я влюбляться в маленьких потных прыщавых мальчиков из 6-го «В» класса. Вместо этого я придумала воображаемого принца, очарованного мной, даже писала сама себе секретные послания, якобы от него, которые я демонстративно оставляла на виду у реальных мальчиков из 6-го «В».

У него было сказочное иностранное имя Дмитрий Бруни, помесь Карамазова с д'Артаньяном.

В шестом классе я участвовала в олимпиаде по литературе. Мы должны были написать сочинение на тему «Мой любимый герой». Рекомендуемый список предпочтений включал молодого Ленина, мечтающего о большевистской партии, Павлика Морозова из 1930-х годов, который донес на своего отца во имя Родины, и Васька Трубачева, который тоже совершил нечто исключительно положительное. Мой выбор мушкетера д'Артаньяна стоил мне диплома. Я получила похвальную грамоту и тихий выговор за выбор иностранного героя.

Был ли д'Артаньян с его тонкими черными усиками учтивым волком в мушкетерском наряде? Даже мой папа начал беспокоиться по поводу моей страсти к д'Артаньяну и, подбадриваемый моей мамой, решил поговорить со мной, чтобы отвратить меня от этого смуглого привлекательного и рискового господина, который в любом случае оставался для меня эмоционально и психологически недоступным. «Ты знала, что д'Артаньян никогда не чистил зубы? — спросил папа тоном заговорщика. — Наверняка от него воняло. Видела ли ты хоть одно упоминание в книге о том, что он чистит зубы?»

Он был прав. В книге об этом ничего не сообщалось. Я была потрясена. Запах кислого дыхания д'Артаньяна преследовал меня ночью. Эта история полностью разрушила мою веру в высокого смуглого и очаровательного мужчину из Прошлого. Помню, что, когда я приехала в Америку, нас при прохождении адаптационной программы для иммигрантов в первую очередь обучали регулярно чистить зубы, пользоваться дезодорантом и контрацептивами. Молва о плохих зубах советских людей дошла до Запада. Мы должны были подогнать нашу гигиену ротовой полости под стандарты Нового Света. После тридцати лет жизни в Америке я могу подтвердить, что у местных дыхание более свежее, чем у тех, кто прибыл из Старого Света, но я все еще скучаю по моему благородному смелому герою и другу мушкетеру. Не потеряли ли вы зубную нить?

Однажды я повстречала д'Артаньяна в Ленинграде. Это произошло в полупустом троллейбусе № 1, на котором я обычно ездила домой из школы. Мне было десять или одиннадцать лет. Он стоял за моим сиденьем и наклонялся надо мной, когда троллейбус проезжал по ухабам. Моему д'Артаньяну было слегка за двадцать, он был брюнетом с добрыми черными глазами. Он был похож на члена папиного киноклуба, а еще больше на одного из героев второсортных итальянских фильмов, которые они в этом клубе показывали. Я читала диалоги в учебнике английского. Он пытался заговорить со мной, но я не отвечала. Меня учили не разговаривать с незнакомцами. Когда он увидел, что я читаю английские диалоги, то спросил меня по-английски: «What is your name?» — «My name is Sveta», — ответила я как прилежная ученица. Так у нас завязалась светская беседа, уже по-русски. А потом он спросил, куда я еду и где живу. Я была не в диком лесу, а в общественном транспорте, у меня не было с собой тыквенного пирога для моей бабушки, я лишь возвращалась домой в пустую квартиру, в темный проходной двор. Он вышел из троллейбуса вместе со мной. Какое-то время мы шли молча. Он спросил: «Можно я пойду с тобой и помогу тебе сделать уроки?» — «Нет, спасибо. Мама не разрешает мне разговаривать с незнакомыми». Я задержалась на троллейбусной остановке, потому что я уже знала, что хороший шпион должен заметать следы и запутывать дороги. Незнакомец не настаивал. Он выглядел грустным, у него были темные печальные глаза. «Пока», — сказал он и медленно пошел в сторону здания Первого медицинского института, который находится совсем близко. Не знаю, была ли это случайная доброта или случайная педофилия. Испугалась я уже потом.

«Почему ты вообще стала с ним разговаривать? — спросила мама. — Разве я не говорила тебе, что нельзя разговаривать с чужими?» — «Но он был похож на кого-то из киноклуба», — сказала я. Существует два подхода к страху. Американский: не надо бояться ничего, кроме самого страха. Встречай страх лицом к лицу, как два ковбоя в честной схватке; пара сломанных ребер, и за тебя выпьют в таверне.

В России не говорят о страхе. Не выбегают на сцену с криком: «Волк!» Здесь поворачиваются к страху спиной, опрометчиво или осторожно, в зависимости от ситуации. В своей автобиографической повести «Египетская марка» поэт Осип Мандельштам написал то, что противоречит обеим традициям. «С ним (страхом) мне не страшно». Пойми причину страха, отдались от него, структурируй его. Представь, что страх — это кибитка кочевника, и протащи его через свою историю. «Страх берет меня за руку и ведет, — пишет Мандельштам в конце своего повествования. — Какое наслаждение для повествователя от третьего лица перейти к первому!»

Литература была одновременно как источником страха, так и спасением от него. С одной стороны, она отвлекала нас от реальности, с другой — открывала альтернативный путь в жизни. В отличие от идеологии, она учила нас воспринимать подтекст и двойной смысл, исследовать мир возможностей и неожиданностей, пересекать границы других времен и пространств, что, несомненно, нас обогащало.

Подростком я уже не играла одна. Моим боевым товарищем в юные годы была моя лучшая подруга Наташа — Кыча. Мы были как два мушкетера: один за всех и все за одного.

Некоторые наши игры превращались в тайные ритуалы для воображаемого сообщества. Одна из таких игр называлась «секреты». «Секретами» становился разный невыброшенный мусор, блестящая фольга от съеденных шоколадок, кусочки цветного стекла и осколки фарфора с позолоченными краями и голубыми цветочками. Игра состояла в том, чтобы зарыть сокровища, добытые из мусора, где-нибудь в общественном месте, возле ограды парка или под кустом. Секреты прятались для того, чтобы показывать их избранным. В основе близости лежит не всеобщая доступность, а интимность, она основана не на том, чтобы делиться тайной со всеми, а на том, чтобы понимать друг друга с полуслова.

Посещение секретного рокового места было ритуалом дружбы. Все детские игры были в той или иной степени играми в прятки, играми в сокрытие и открытие. Они позволяли детям открывать неведомые территории, которые существовали в другом масштабе и оставались невидимыми для взрослых.

Наша дружба была одновременно и реальной, и литературной. Когда нам было по тринадцать лет, мы гуляли по проходным дворам и говорили о наших грустных и застойных временах, об эре брежневской стагнации. В школе мы слишком много читали Лермонтова и думали, что «золотой век» Пушкина (или наши 1960-е годы) давно миновал, вместе с тем остался в прошлом и Серебряный век, а мы живем в каком-то неописуемом сером веке. Мы учили наизусть стихотворение Лермонтова: «И скучно и грустно, и некому руку подать в минуту душевной невзгоды... <...> И жизнь, как посмотришь с холодным вниманьем вокруг, — такая пустая и глупая шутка». Мы отожествляли себя с «Героем нашего времени», таинственным Дон Жуаном по фамилии Печорин, чьи глаза не смеялись, когда он смеялся. Он бесцельно ездил вдоль берега Крыма в послевоенные годы, играя в фатальные игры с сербом-картежником или соблазняя без особого удовольствия красавицу черкешенку Бэлу.

Даже наше баловство было литературным. Обычно мы разыгрывали по телефону незнакомых людей. Например, мы находили в телефонной книге человека по фамилии Достоевский, звонили ему и вежливо спрашивали: «Это Достоевский?» — «Да. Говорит Достоевский», — отвечал мужской голос. «Идиот!» —

кричали мы в ответ. Играя так, мы попались в свою же ловушку, когда позвонили гражданке Лермонтовой и попытались спросить ее, не скучно ли ей, не грустно ли и «некому руку подать»? Оказалось, что так и есть, и она не отпустила нас без длинного поэтического разговора, который мы уже отчаялись закончить.

Все наши книги были о мужской дружбе, но в реальной жизни мы подростками дружили только с девочками. У нас была своеобразная маленькая банда бывших Красных Шапочек, держащих оборону против чужаков.

Когда я училась в пятом классе, наш классный руководитель выставил меня перед всеми для проработки. Что-то вроде минисудилища. Меня обвиняли в организации тайных обществ, направленных против других учеников, и написании скандальных «романов» об этом.

Обвинения не были полностью ложными. Кыча и я организовали тайное «Общество Черных Мимоз». Мы посылали анонимные записки лидеру другой компании девочек, красавице и отличнице Кате П., которая сейчас благополучно живет в Канаде. На самом деле я думаю, что мы все хорошо друг к другу относились, а это была лишь увлекательная игра, как в «Трех мушкетерах». Наши секретные записки были сочинены в духе классической литературы. «Фемида подкуплена. Да поможет вам Фортуна! Черные Мимозы».

В России обычно мальчики дарили девочкам мимозы на Международный женский день. Это были полусухие бледно-желтые цветы с нежным запахом. Наши мимозы были по-готически черными, а записки мы писали молоком, прямо как молодой Ленин в тюремной камере. Это самое интересное, что мы узнали из длинной истории ленинского периода: как Ленин сделал чернильницу из хлебного мякиша, налил туда молоко и стал писать секретные послания о том, что «мы, настоящие революционеры, пойдем другим путем». Нужно подержать бумагу над пламенем и увидеть, как дрожащие буквы возникают прямо перед глазами. Похоже на открытие древних иероглифов.

Кроме присутствия тревожного факта, что Фемида, богиня правосудия, оказалась подкупленной, наше послание не было слишком жестоким. За проработкой стояла вовсе не Катя, ей как раз нравилось то внимание, которое мы ей оказываем. Она и сама была хорошим игроком. Во время судилища я должна была стоять лицом ко всему классу и выслушивать обвинения в заговоре с невозмутимым лицом и немигающими глазами, думая о храбром д'Артаньяне.

Только Кыча свидетельствовала в мою защиту. Мои родители тоже были на моей стороне, они понимали, что все это несерьезно, и расценивали это как дисциплинарные меры авторитарного руководителя. После судилища мы побежали в наш штаб, расположенный в женском туалете, где мы могли спокойно поплакать и утешить друг друга.

Когда я поехала в пионерский лагерь (Кыча осталась в Ленинграде), могло так случиться, что там я сыграла бы в свою последнюю игру. Как в старинных сказках, был там темный лес с выступающими корнями деревьев, и ярко-красные грибы с белыми пятнами на шляпках, и прекрасное озеро с мутной водой, и пересоленные пирожки с капустой в столовой. Этот лагерь был подведомствен заводу, где работал папа. У завода был свой небольшой Дом культуры, где устраивали праздники и шествия. В лагере мы продолжали носить красные галстуки, мой, правда, был с рваными концами.

Мне не нравилось вставать утром, за две минуты по-армейски застилать кровать и торопиться, чтобы маршировать с другими сонными пионерами-переростками: «Раз, два, три, пионеры мы. <...> Пионеры, к борьбе за дело Коммунистический партии будьте готовы!» Ответ, салют: «Всегда готовы!»

Мои родители знали, что я уже переросла пионерские салюты, но лагерь был в таком сказочно красивом месте, и в любом случае меня больше некуда было отправить тем летом.

В первый день в лагере я встретила девочку моего возраста, дочь инженера с папиного завода, по имени Алла. Она была высокая, красивая, атлетически сложенная, с широкими плечами профессиональной пловчихи. Ее жирные светлые волосы были собраны в аккуратный хвост. У нас возникло мгновенное притяжение и активная дружба. Мы вместе гуляли, плавали, говорили о книгах и мальчиках, больше о первом, чем о последнем. Вначале мы были очарованы друг другом, нашим сходством и различием. Но Алла была прирожденным лидером, а я всегда принадлежала к партии оппозиции. Мы начали отдаляться друг от друга. У нее был свой фан-клуб девочек из нашего отряда, и они подолгу обсуждали всё, от цен на косметику на черном рынке до спорта и контрацептивов. У них были свои игры в секреты, в которых я не участвовала. Алла была заводилой, и только я не поддавалась ее властным чарам. Я помню болтовню девчонок, не очень чистые пионерские галстуки, висящие на спинках узких коек, меня саму, спрятавшуюся в своей кровати, повернувшуюся спиной ко всем, спасающуюся в Шервудском лесу моей английской книги. На уроках английского мы всегда читали о народных героях — от Робин Гуда до «Сердитых молодых людей»[3]. На уроках фонетики мы садились перед зеркалом и учились некоему мифическому британскому английскому XIX века, который требовал от нас широко открывать рот, показывать зубы и делать жуткую усмешку Чеширского кота. Робин Гуд и компания его разношерстных друзей, которые грабили богачей, нравились мне больше, чем пионерки — подружки Аллы с голубыми тенями, пользующиеся общим дезодорантом. Я была ни за них, ни против них, я просто была в стороне, неприсоединившаяся. Алла не могла терпеть такое дерзкое неподчинение.

Она стала называть меня жидовкой и позволяла себе антисемитские высказывания. Я не реагировала, так как это никак не влияло на наши отношения. Одна девочка из Аллиного окружения даже подошла ко мне и ласково сказала, что на самом деле я не похожа на еврейку. Она думала, что со мной всё в порядке. Эта борьба была не на почве предрассудков, это была борьба за доминирование. Алла стала явно агрессивной, а я была намеренно вызывающей. Между тем мы вместе маршировали, клялись в пионерской дружбе и участвовали в соревнованиях по плаванью, так как мы обе были хорошими пловчихами.

---

[3] Сердитые молодые люди (*англ.* Angry young men) — критическое движение в английской культуре 1950-х годов.

Однажды наш пионервожатый, парень примерно 20 лет, весьма благовоспитанный, с длинными усами, по которым текло много пива и всяких небылиц, выбрал меня и Аллу для особого похода к лесному озеру. Он использовал это для того, чтобы встретиться со своей девушкой, культорганизатором из другого отряда. Аллу и меня оставили одних плавать в лесном озере без надзора взрослых. Я помню это озеро в форме луны с плакучими ивами по берегам. Вода в нем была жутко спокойная и мутная. Я медленно плыла, ощущая пальцами темно-зеленые водоросли. Вдруг моя голова оказалась под водой, и я ничего больше не видела. Кто-то давил мне на голову, держа меня, обессиленную, под водой, несколько секунд, минуту, вечность. Я старалась вырваться и всплыть на поверхность, но чья-то рука крепко меня держала, а под ногами не было дна, не за что было ухватиться. Я задыхалась. Была ли это только игра? Утопить и спасти? Я не знаю, как это назвать. Я не помню, как я выбралась на берег, как-то отшутилась, побежала в сельпо возле лагеря и позвонила папе. Я попросила его забрать меня из лагеря. Он сказал, что не может. Он понимал, что это было жестоко, но такова была жизнь в этой стране, я должна была научиться выживать.

Он обещал как можно быстрее перевести меня в другой отряд. Я его не виню, потому что я полностью не рассказала ему, что произошло. Я не могла даже высказать это, а он не смог бы понять. Он ни о чем меня не спрашивал. Возможно, он боялся, что самые страшные его предположения окажутся правдой.

Мне хотелось, чтобы кто-то еще оказался свидетелем того, что случилось на озере. Возможно, дровосек из деревни или добрая Баба-яга, бредущая домой в свою избушку на курьих ножках, Царевна Лягушка или говорящая утка, которая могла бы сделать хороший подводный снимок. Возможно, у них была другая версия концовки этой истории: атлетически сложенная девочка, целующая в мокрую щеку спасенную подругу, вожатый, ныряющий под воду, чтобы спасти меня, сопротивляющуюся и плывущую бодрыми пионерскими гребками к берегу. Но говорящая утка уже съедена. Пионервожатый обнимался со своей девушкой. Мои мама и бабушка были далеко, в каком-то Доме культуры. Моим врагом была красивая спортивная блондинка, похожая на персонажей с картин соцреализма. Подросшая маленькая Красная Шапочка, которую все любили, положила конец моим детским играм.

Более важно то, что я могла не узнать своего Принца. Это был не учтивый волк, не пионер Петя или д'Артаньян, а доктор Айболит с большой иглой. Нужно было бежать к нему, а не от него. Почему такого типа доктора во всей мировой литературе, как правило, асексуальны? От Флобера до Чехова они предстают перед нами как воспитанные рогоносцы. Доктор Айболит отвел бы меня в более добрый мир нарисованных озер и поющих обезьян, где на самом деле происходят маленькие добрые дела и до сих пор осталось место для художественной игры и внезапной доброты. Сейчас, когда я смотрю фильм «Айболит-66», созданный как для детей, так и для взрослых, я понимаю, что там нет ни одного женского персонажа, с которым я могла бы себя отождествить. Даже поющая обезьянка Чичи, подружка доктора, была задорной блондинкой. Мама снова рассказывает мне историю о моем протесте в Доме культуры. Она говорит о том, как она сильно устала, когда шила мне прекрасный костюм с помощью тети Жени, которая была отличной портнихой, как я в конце концов поставила ее в неловкое положение безо всякой на то причины. Доктор Айболит просто собирался спеть песенку о том, как на самом деле хорошо, что пока нам плохо, или о том, как мы все будем счастливы, хотим мы этого или нет.

— Ребята, нас обманули! — кричала ты, и все дети побежали за тобой.

— Хотела бы я сделать это снова, — сказала я, — просто бежать оттуда и кричать. Я тогда была очень смелая.

— Ты была очень испугана, — сказала мама.

2. Космос в женском туалете

(перевод Натальи Стругач)

Опубликовано в журнале «Неприкосновенный запас», № 2 (124) 2019 года

Одна из первых вещей, которую я научилась рисовать в детском саду, — космическая ракета. У меня плохо получались объекты из реальной жизни, такие как кошки, собаки, люди и дома. Но ракета была чем-то особенным. Используя все доступные мне карандаши — от красного до золотого, — я рисовала сказочный корабль с ярким пламенем, вырывающимся из хвоста, и с гордой надписью «СССР» на боку. Зависшие между небом и землей, мои красочные ракеты вдохновенно бросали вызов силам гравитации. Другие дети тоже любили ракеты. Наши городские детские площадки были заполнены маленькими ракетами; мы скатывались вниз по их горкам-жерлам и карабкались вверх раз за разом, по пути завязывая «дружбу навек», до тех пор пока обеспокоенные родители не прерывали наши игры своими мелкими взрослыми заботами о еде, простудах и безопасности.

Мое поколение, рожденное в эпоху советского космического триумфа, должно было смотреть на мир словно из открытого космоса. Слово «спутник» означает «компаньон» или даже «вторая половина» («спутник жизни»). Поистине, спутник, впервые запущенный в 1957 году, был одним из наших первых попутчиков и первой игрушкой. Мы не мечтали стать врачами или юристами, мы хотели быть космонавтами (или на худой конец геологами).

Мы стремились ввысь, а не на Запад. Разумеется, полет на Луну казался более вероятным, чем поездка в Америку. «Хочешь миллион?» — спрашивал солист. «Нет», — отвечал хор советских детей. «Хочешь на Луну?» — «Да!»

Путешествие в космос должно было стать радостной эмиграцией ввысь. Сейчас это может стоить миллион (долларов), а тогда это было бесплатно. Каждая сказка, которую нам читали в раннем детстве, рассказывала о далеком путешествии в Неизвестную страну или в космос. Когда герой русской сказки Иван-дурак оказывался на распутье и ему велели: «пойди туда, не знаю куда», «найди то, не знаю что», мы подозревали, что он отправился в космос, как Гагарин.

Для американцев «открытый космос» значит что-то близкое к Земле, новый фронтир[1], не то чтобы Дикий Запад, но дикое небо. Советское представление о космосе происходит от греческого слова, означающего «ордер», «орнамент», «гармонию», и подразумевает гармонизированный хаос, где торжествует человеческое или божественное начало. Слово «космос» связывает советские космические технологии с мистическими теориями конца XIX века, с русским космизмом, который был частью как истории технологий, так и магических практик, основанных одновременно на харизме и расчетах, на премодернистском мифе и современной науке. В освоении космоса наука шла рука об руку с научной фантастикой, а идеология сливалась с поэзией.

В 1950–1960-е годы советские достижения в исследовании космоса напрямую связывались с наступлением коммунизма: «Нынешнее поколение советских людей будет жить при коммунизме», — провозглашала новая программа Коммунистической партии, принятая 30 октября 1961 года. Всего за три месяца до этого, 12 апреля, первый человек полетел в космос. Юрий Гагарин (1934–1968), образцовый советский человек будущего, стал известен во всем мире благодаря своей широкой улыбке, светящейся в ореоле космического шлема.

---

[1] Фронтир — от *англ.* frontier («граница»), в истории США — зона освоения Дикого Запада.

Когда Гагарин совершил свой полет, Советский Союз был готов объявить себя победителем в холодной войне. Его триумф в космосе обещал победу над пространством и временем, гарантировал светлое будущее и преодоление всех земных трудностей.

В мире нашего детства не было понятия смерти. Герои войны совершали подвиги, но это было нечто другое. Я помню, как я спрашивала, что случилось с первым животным, отправленным в космос, — собакой с простым именем Лайка. Нам никогда не говорили, что Лайка не вернулась, более того, не должна была вернуться. Тяжело писать об этом, но Лайка погибла. Космонавт Юрий Гагарин тоже оказался смертным. В 1968 году он трагически погиб во время обычного тренировочного полета, не связанного с его успешным космическим путешествием.

За выдающимся космическим достижением последовала обычная земная халатность. Позднее в честь полета Гагарина была написана песня:

> Опустела без тебя Земля.
> Как мне несколько часов прожить?
> <...>
> Только пусто на Земле одной
> Без тебя, а ты,
> Ты летишь, и тебе
> Дарят звезды
> Свою нежность.

Между тем эта космическая романтика не пережила наших юношеских лет. Она начала умирать еще в конце 1960-х, но в 1970-е мы уже стали предпочитать желтую подводную лодку из известного альбома The Beatles другой ракете, которая, казалось, летает только на первой полосе газеты «Правда». Как и сам космонавт, мечта о космосе оказалась смертной.

К тому времени, как мы стали подростками, многочисленные слухи о человеческих жертвах и гибели животных в ходе советских космических исследовательских программ были покрыты завесой тайны. Как будто исследование черных дыр во Вселенной было направлено на то, чтобы скрыть черные пятна советской истории.

С некоторым трепетом я осознаю́, что мы были поколением, которое должно было жить в эпоху коммунизма и путешествовать на Луну. Мы не выполнили своей миссии. Вместо этого мы были обречены столкнуться лицом к лицу с руинами утопии. В итоге мы открыли для себя, что жизнь конечна, и двинулись на Запад, а не ввысь.

Мой папа стал коммунистом как раз после полета Гагарина в космос. По его собственному признанию, решение вступить в партию было единственным способом сохранить для меня место в заводском детском саду; в противном случае я была бы предоставлена сама себе или заботам приходящих нянь.

В отсутствие религиозных праздников наш год ритмически вращался вокруг праздников революционных, которые тоже были сезонными и слегка подмигивали своим религиозным предшественникам. Главным из них был светский Новый год (1 января, всесоюзный праздник); неудивительно, что сейчас это трехнедельные каникулы, которые включают католическое и православное Рождество, а также Новый год по старому и новому календарю. Те же, кто отмечает Хануку и Крейзи Квэтца, теперь помалкивают и празднуют то, что приходится на соответствующие даты. Затем были два коротких праздника, зимний и весенний: День Советской армии 23 Февраля, Международный женский день 8 Марта. Затем — День советской космонавтики 12 апреля. Главные революционные праздники, 1 Мая и 7 Ноября, отмечались народными демонстрациями и военным парадом. Детьми нас тащили на демонстрации с обещанием веселья и большого количества добровольно-принудительных ритуалов. Однажды мой папа вызвался носить огромный транспарант с раннего утра до позднего вечера. За эту службу партии он мог взять отгул; кроме того, ему разрешили стоять на огромной самодвижущейся платформе, везущей героические декорации.

Есть такая цветная фотография, где я стою рядом с частично освещенной космической картой. На мне шапка из искусственного меха, которая выглядит как шлем космонавта, мне около

10 лет. Я выгляжу очень серьезной, как всегда, с густыми, как у Брежнева, бровями, тогда еще не выщипанными. В руках у меня цветные, совсем не космические шарики, и я выгляжу так, как будто мечтаю быть унесенной с этой демонстрации как можно скорее, но все-таки не раньше, чем мы все вместе споем легко запоминающуюся (известную) песню. Должно быть, «Марш авиаторов»:

> Мы рождены, чтоб сказку сделать былью,
> Преодолеть пространство и простор,
> Нам разум дал стальные руки-крылья,
> А вместо сердца — пламенный мотор.

Странный пламенный мотор в первом куплете ставил под угрозу полет советского Икара. Дети, не пытайтесь воспроизводить это в домашних условиях. Ничего не поджигайте. А если уж подожгли, не пытайтесь вылетать наружу, хотя бы фигурально. Помните, что лучшие летательные аппараты были только мечтой.

Итак, что мы должны были производить с безграничной энергией космической мечты, направленной в неправильное русло? Что стало с космическим драйвом в стране «научного атеизма», где начисто отсутствовало религиозное образование?

Разочарованные в идеологии, которая поглотила все, даже застенчивую улыбку Гагарина, мы искали окольные пути к Абсолюту. Мои подпольные поиски контактов с космосом проделали путь от разочарования к удивлению. Когда я училась в старших классах ленинградской школы, в моде было устраивать спиритические сеансы, такие как в литературных салонах XIX века; вместе с этим появился интерес к оккультизму и космосу (с маленькой буквы «к»). Мы с Кычей решили организовать такой спиритический сеанс в ее отдельной квартире, когда никого из членов ее семьи не было дома. Поставили блюдца на мокрый стол вокруг букв, и я могу поклясться, что тарелочки слегка подрагивали. Но как понять этот неуловимый влажный сдвиг? Сможем ли мы повторить это, когда придут друзья? Когда стремишься достичь успеха в вопросах спиритических и космических, то обычно ожидаешь провала. Кыча не хотела полагаться на волю случая. Она предложила: если ду́хи будут не в настроении разговаривать, я смогу промычать что-нибудь в пустой стакан. Я сама могу быть духом, например, Лермонтова. Выбор за мной.

Все девочки собрались в мрачном и мистическом настроении. Что-то тревожное ощущалось в помещении. Вызывали поэтов и космонавтов. Дух Юрия Гагарина, судя по всему, был в ярости. Стрелка двинулась в сторону буквы «В», но тут же остановилась. Поэты тоже не спешили откликаться на наши воззвания. Тогда Кыча подала знак, и я начала выть в пустой стакан: «Я дуууу-у-у-х Лермонтова!.. И скучно и грустно! — и некому руку подать в минуту душевной невзгоды...» Вечер удался, а я так и не вышла из стенного шкафа. Но в результате я на время утратила веру в космические связи. Разве можно разговаривать с космосом через пустой стакан? От этого мне стало грустно; в опыте соприкосновения с космосом хитрец перехитрил самого себя.

В том же году у нас был совсем другой опыт постижения космоса, не связанный ни с олицетворением, ни с какими-либо образами. В старших классах у нас была необычная учительница, которая гордилась тем, что она окончила университет. Ее специальностью была марксистско-ленинская критика истории западной мысли. Наша история имела ясный сюжет и голливудский счастливый конец. Только в конце юноша не встречал свою девушку или что-то в этом роде, но все жили счастливо в лучезарном будущем.

После тернового пути был свет в конце тоннеля: научный социализм и коммунизм, бесклассовое общество, от каждого по способностям — каждому по потребностям, научный атеизм, рай на Земле, победа над Западом, полеты в космос и обратно — почти такие же доступные, как путешествие в Крым.

Мы уже знали фабулу, так что нас больше всего интересовало именно то, что подвергалось критике. Мы ловили каждое слово учительницы, надеясь получить доступ к запретному знанию. В то время в роли антигероя выступал очаровательный, таинственный и политически некорректный «субъективный идеализм». Эксцентричный философ XVII века Джордж Бёркли допускал, что мир, возможно, нематериален, и ставил под сомнение существование как обыденных объектов, так и абстрактных понятий. Реален ли этот стол или стул рядом с нами, или это лишь игра света и тени? Может быть, они существуют только у нас в головах? Ключевым словом здесь являлось «восприятие». Мы не знаем ничего за пределами нашего чувственного опыта. Восхитительно, не правда ли? Нет значительных слов: Школа, Родина, Доска, Коммунизм, Капитализм. Нет высокого прыщавого парня, который проигнорировал твой взгляд, все это — лишь восприятие!

Я не могла себя сдерживать! Я утратила ощущение границ своего тела. Я закрывала и открывала глаза, щипала себя, возбужденно пытаясь войти в прямой контакт со своим чувственным опытом. Я должна была написать тайную записку Кыче. Сразу после уроков мы побежали в уединенное место в проклятой школе, где, возможно, были сломаны подслушивающие устройства. Здесь в тишине и покое мы могли все обдумать. Нет, мы не сидели на унитазах — у кабинок не было дверей. Мы сидели на подоконнике — на границе между внутренним и внешним миром. По счастью, большинство девочек бегали по коридору, флиртуя с мальчиками и пренебрегая естественными нуждами. Мы немедленно решили создать Клуб субъективных идеалистов — «Привет, Джордж Бёркли!»

Мы были абсолютно счастливы, что Бёркли восстал против ньютоновской определенности. Эй, яблоко действительно упало тебе на голову или все это уже было в твоей голове? Может быть, это лишь маленький червь английской мигрени, выползающий из самого центра плода в неясных сумерках?

«Постой, — спросила Кыча, — а мы, мы-то существуем?» «Да, да», — подумала я. Должны же мы существовать — в женском туалете, хотя бы в этот холодный полдень. Если бы мы не существовали, то кто бы спросил, существуем ли мы?

Я мало что помню о ритуалах Клуба субъективных идеалистов. Возможно, их и вовсе не было. Наш мир был остранен. Виктор Шкловский уже придумал свою концепцию остранения, но мы еще ничего об этом не знали, и Бёркли был для нас первым шагом в этом направлении. Мы отклонились от главного сюжета. Джордж Бёркли ввел нас в философию окольным путем умопомрачительного имматериализма — театра теней реального и нереального. И не могло быть никаких обобщений: сколько схем ни рисуй на доске, она тает под мелком, как весенняя земля, полная червей и сорняков.

Стоит март, до советских праздников еще далеко: ни первомайской демонстрации, ни плакатов с неоновыми профилями покойных космонавтов, ни огромных Ленина и Брежнева. Имматериализм побеждает. Мы выходим из школы прямо под грязный ленинградский мокрый снег, чтобы подвергнуть сомнению нашу унылую подростковую жизнь и ловить отблески солнца (их еще называют «солнечные зайчики») сетями нашего воображения. Мы не будем долго держать их в плену, просто поиграем и отпустим. Эта философия света и ощущения, названная «субъективным идеализмом», была доро́гой освобождения. Для меня это было игрой света, а не тотальным освещением; художественным озарением, а не дидактическим толкованием. Позже это, возможно, привело извилистым путем к серьезному искусству и философии, повлиявшей на теории света в авангарде и даже на идеи Альберта Эйнштейна.

Кстати, я узнала, что Бёркли совершил короткое путешествие в Новую Англию и надеялся построить здания палладианской архитектуры на Род-Айленде. Он был добродушным и космополитичным чудаком, едва ли ожидавшим, что нечто подобное может произойти в ленинградской уборной. Но существовал ли он сам в действительности?

Эта таинственная вспышка света открыла щель во вселенную, через которую мы вступали в контакт с другими родственными мирами, существовавшими в прошлом.

Годом позже произошла самая важная для меня встреча с космосом. Это случилось во время урока физики. Обычно я слушала нашу глуповатую, но добродушную учительницу вполуха. Мне нравилась теория, но не удавались опыты. Это был обычный урок, как любой другой. Стояла промозглая ленинградская оттепель.

«Доброе утро, ребята, — сказала она. — Сегодняшняя тема: "Вселенная"». Потом физичка начала читать скучным, невыразительным голосом, как она это делала всегда: «Пункт первый: Вселенная вечна и бесконечна».

Вселенная вечна и бесконечна.

Я буквально слышала, как кровь течет по моему телу. Я больше не слушала. Вселенная вечна и бесконечна. Я оказалась за пределами времени и пространства.

Шепчущий, зачаровывающий, многообещающий, таинственный, неописуемый консонанс — «чисссле сконечччн вселленнаннан».

Это было стихотворение, но больше, чем стихотворение, — «всссссбщчччч», — рождение стиха из духа первозданного *мерцания*.

«Чичичи — ннннa... нечннннннннаа... вс» — космический поцелуй, дыхание и затем мелодичный аккорд — «На! На!» Вселенная жужжала в моей голове, и, пока я закрывала глаза, я могла объять космос.

Как правило, я не помню, что происходит до и после какого-либо важного события. Этот момент в кабинете физики длился и длился, звучащий, складывающийся, мерцающий. Кого заботит сюжет? Не было «до» и «после», не было вопроса «как», так или эдак. Даже блестящий журналист-расследователь не смог бы добиться от меня ответа на вопрос, что я делала, выйдя из класса; быть может, я толкалась с другими детьми, разыскивая свое зимнее пальто, брошенное в общую кучу, ища свои ненавистные рейтузы и бордовую шапку с помпоном? Потом я, возможно, шла домой по Кировскому проспекту, мимо пустого магазина под вывеской «Обувь», в котором продавались туфли на среднем каблуке, с аккуратными бантиками, которые могла бы носить первая женщина-космонавт Валентина Терешкова двадцать лет назад. Я бежала мимо закрытого кинотеатра «Арс» с афишей старого итальянского фильма, раскачивающейся на ветру, и смело шла секретным ходом по проходным дворам, который знали только уличные дети. Я могу развесить окружающий пейзаж, подобно театральному режиссеру-любителю, с его лоскутами из ленинградского андеграундного искусства 1970-х, незаконченные абстрактные картины в технике «серое на сером», сюрреалистические клювы на головах обнаженных девушек (художник умер по неизвестной причине на заре перестройки). Или, если угодно, я позаимствую старинную свечу у сэра Джорджа Бёркли и придам сцене своеобразную классическую глубину в зале достойного палладианского стиля, просторном и светлом, именно таком, каким его воображал Бёркли теперь совсем недалеко от меня, в Ньюпорте, Род-Айленд.

Вселенная вечна и бесконечна. В этом было что-то воодушевляющее и невыразимое. Подростковый пафос. Это осталось со мной потому, что не имело названия. Это ни во что не вписывалось, ничем не ограничивалось. Быть может, не слова, а мои фотографии отражают это чудо и мерцание света.

Мой личный Космос таился где-то внутри меня. Я избегала громких слов, опасаясь затмить волшебство официальным героизмом. Меж тем, пока мы росли, герои космоса вымирали, а история советского космоса превращалась в трагическую притчу. Освоение космоса началось как философское и научное стремление выйти в открытый космос и бросить вызов земной гравитации; завершилось же оно советской мегаиндустрией, которая воплотила мечты в реальность, ненароком положив конец всем коллективным грезам.

Советская ракета испытала метаморфозы размера и мощности. Сначала она была воображаемым объектом и научной фантастикой, маленькой моделью ракеты, изобретенной Циолковским и спроектированной Королевым. Эта модель проложила путь к созданию настоящей космической технологии. Ракета стала огромным кораблем, направляющимся в светлое будущее.

Предполагалось, что он покорит космос и сделает Советский Союз самой мощной страной в мире. Миф о космосе закончился вместе с распадом Советского Союза, а возможно, и раньше. Это была последняя утопия, в которой наука, идеология и воображение работали совместно в попытке вырваться из обыденного бытия человека.

Советская космическая программа больше не является моделью будущего — она сувенир из прошлого. К концу XX века космос превратился из футуристической утопии в пространство ностальгических воспоминаний.

Покорение космоса изменило наше представление о Земле; полет в космос сделал возможным концепцию «глобальной деревни». Действие нынешней фантастики разворачивается не в заоблачных далях, а в виртуальных измерениях интернета. Это место, едва ли являющееся пространством чуда, величественности, бессмертия и безмерности, несмотря ни на что поддерживает веру в технический прогресс и новую иллюзию бесконечности. Она основана на больших массивах данных, а не на больших мечтах.

Что касается советской сказки, то она закончилась так же таинственно, как началась. Ивана-дурака, советского Икара, опалило вовсе не Солнце, а вполне земные обстоятельства. Мы до сих пор не уверены, пошел ли он «туда, не знаю куда» и нашел «то, не знаю что» или заблудился. В конце космической сказки — обломки руин и сувениры, совершенно земная археология, а вовсе не космология.

* * *

Вдали от советских ракет Космос, обнаруженный в женском туалете, до сих пор играет со мной в прятки.

Недавно мне поставили диагноз, который заставил меня со всей остротой осознать мою смертность. Через неделю после этого на выставке в бостонском Музее науки я впервые увидела туманность Бабочка. Это была фотография размером в человеческий рост, сделанная телескопом «Хаббл». В кадр попал «газ погибающей звезды, несущейся в космосе со скоростью более 600 000 миль в час». Только несовершенному человеческому глазу он кажется изящной и эфемерной бабочкой, но в космосе больше некому восхищаться бабочками. Вселенная вечна и бесконечна… Я улыбаюсь себе-подростку, и мы играем в «колыбель для кошки» цветными струнами Вселенной. Я знаю, я знаю, дорогой сэр Джордж, что бабочка, возможно, не существует и это лишь мерцание камеры. А я? Я тоже едва ли существую. «Нет, нет, наоборот, — блуждает вокруг голос с мягким ирландским акцентом, словно усиленный пустым стаканом приблизительно трехсотлетней давности. — Эта колыбель для кошки полностью в твоем распоряжении, и бабочка реальна. Реальна, потому что имматериальна. Ты можешь мне доверять, девочка. Такая прекрасная робкая бабочка».

3. Отторжение

(публикация Натальи Стругач)

Опубликовано в журнале «Семь искусств», № 114, октябрь 2019 года

> Мне на плечи кидается век-волкодав,
> Но не волк я по крови своей...
> О. Мандельштам

I

Москва, час пик, трамвайная остановка. Темный осенний ветер, погода промозглая и щемящая. Из-за поворота медленно вылезает трамвай. Толпа начинает волноваться, огромная масса, состоящая из серых и темно-коричневых плащей, пальто, сумок, приходит в движение, устремляется к узкой полуоткрытой двери.

Толстая женщина в мохеровом берете и в коротком драповом пальто, похожая на завуча школы, отталкивает молодого человека с торчащим галстуком и красными глазами: «Вечно молодежь лезет впереди всех».

Подвыпивший пятидесятилетний мужичок наступает на ноги девушке в черном кожаном пальто: «А ну-ка, дамочка!» — и отметает ее в сторону.

Двое солидных мужчин средних лет с портфелями — «Как всегда, полно» — толкают его и устремляются вперед. Кто-то, слегка расступаясь, пропускает старушку, сморщенную и сгорбленную, с набитой авоськой в руках. Она тоже изо всех сил карабкается выше, выше, выше.

Меж тем скорость проталкивания всё увеличивается. Уже лезут трое, пятеро, шестеро одновременно. Теперь это не зависит от индивидуальной воли каждого, действует особая сила, воля толпы, совокупность ускорений, толчков, ударов локтей. Еще совсем чуть-чуть: «Эй там, проходите в вагон», «Не давите на меня», «Уберите ваш зонтик». Небольшое усилие, и приговор вынесен: дверь трамвая со скрипом закрывается. Последней втиснули девушку в сползшей вязаной шапке, с выбившимися из-под нее темными волосами.

Это я. Я влезла в трамвай. Пробираюсь глубже в вагон, забиваюсь в угол у кассы. Трамвай принимает меня в свой коллектив, и я сразу же вступаю в определенную систему взаимоотношений со счастливыми его членами.

Я стою у кассы, и, естественно, мне отводится почетная роль: опускать деньги и отрывать билеты. Это особый ритуал: «Будьте любезны...», «Передайте, пожалуйста...», «Будьте добры, два билета...» (удивительная вежливость! Минуту назад мы толкали друг друга локтями). «У меня только 10 копеек... Два билета... Спасибо, сдачи не надо».

Я улыбаюсь. Я тоже вежлива. Но только я не плачу. Кому платить? За что? Правда, на всякий случай сжимаю в кармане заветные три копейки, чтоб успеть, если что. Стоящие рядом со мной люди словно читают мои мысли: смотрят подозрительно, недружелюбно. Это пугает меня, и я проталкиваюсь подальше от кассы, пробираюсь к холодной железной ручке сиденья.

У членов трамвая свои права и обязанности и, конечно, свои вольности. Здесь, как в Гайд-парке, позволено говорить о многом. Теснота придает близость: все разговоры слышны, доступны и ни к чему не обязывают.

Сначала говорят о том, чего нет. Две женщины с набитыми сумками:

— Здрасьте. Ну, вы достали?

— Вы знаете, после вас еще два часа стояла, передо мной кончилось.

— Не везет. Надо к восьми утра в универсам ехать.

— Вчера за сыром стояла. Чтоб сыра не было! А раньше ветчина, буженина.

— Не говорите! У меня сестра из Тулы приехала. Масла по 200 г на человека выдают!

— Весь мир кормим. А тут еще Олимпиада!

— Ну, с Олимпиадой наши молодцы! Я попала на закрытие. Красота! Так все организовано отлично!

— Мы у соседей по цветному смотрели. Наши всем рот заткнули!

С другой стороны оживленно беседуют полный мужчина в лисьей шапке и женщина лет сорока с правильными чертами лица — о том, что есть:

Она: Просто люди стали жить хорошо: у всех квартиры, ковры, цветные телевизоры. Все сыты.

Он скептически: Денег у людей много. Никто на зарплату не живет. Возьмите продавцов, официантов, да и других...

— Не говорите, это единицы.

Полный мужичок смело вступает в разговор:

— Воруют все кругом! Не ясно, что ли?! Воруют!

Пьяный человек, как средневековый шут, может говорить то, что думает. Его простят, он все равно безвреден.

Я молчу, улыбаюсь, смотрю по сторонам. Трамвайные беседы всегда прерываются неожиданно и на самом интересном месте. Здесь любят разнообразие. Вот уже через минуту все внимание и энтузиазм переключаются на молодую девушку, которая кому-то не уступила место. Возгласы негодования, шиканье, осуждение. Я пробираюсь к выходу, меня подталкивают со всех сторон, словно прощаясь, ударяют локтем в бок, в спину, в живот.

Остановка. Люди, как горошины из банки, вылетают из трамвая. Минуту назад мы все составляли его содержимое, это как-то объединяло нас. Еще минута, и мы расползаемся в одиночку по темным, мокрым улицам. Я мысленно продолжаю разговор!

— Да, нет мяса. Да, воруют. Да, ковры, но...

Но я не могу позволить себе трамвайной искренности, я в особом положении.

Ускоряю шаг. Мне страшно идти одной по темной улице. С обеих сторон выстроились огромные белые прямоугольники домов. Я прохожу мимо них, как сквозь строй солдат. Они сверлят меня своими симметричными четырехугольными глазами окон. В окнах свет. Сотни стандартных маленьких квартирок-клетушек, в которых самые разные люди смотрят по телевизору (цветному или черно-белому) один и тот же художественный фильм. А на голубом экране храбрые чекисты, преодолев все трудности, раскрывают опасный заговор вредителей и врагов народа.

Я живу в старом доме. Прохожу через узкий двор-колодец, поднимаюсь к себе на четвертый этаж. Радио оглушает меня. «Вся эта пропагандистская трескотня о том, что военной разрядке мешают некие нарушения Советским Союзом Заключительного акта Общеевропейского совеща...» Я делаю потише. Ничего, это бабушка включила так громко: после новостей будут передавать погоду, а она даже не знает, сколько сегодня градусов.

Все уже дома. Мама в коридоре говорит по телефону.

— Да, приходите обязательно. Аллочка только что вернулась.

— В институте? Все нормально. Сдает зачеты.

— Да, через год кончает.

— Спасибо, передам.

Это, конечно, обо мне. Только я уже давно не учусь в институте и ничего не сдаю. Мне пришлось уйти, когда мы с мужем подавали документы на выезд, но мама не хочет говорить об этом и постоянно сочиняет истории о моих экзаменах и курсовых работах.

У нас дома все телефонные разговоры слышны. Каждый, проходя по коридору, считает своим долгом что-то прокомментировать и вставить. Папа, включая пластинку «Диксон: "Тексты и диалоги"», высовывается из-за двери и говорит на русско-английском языке: «When you finish your talk?»

Мне грустно, ничего делать не хочется, я кричу из своей комнаты: «When do you finish your talk?»

Захожу к папе.

— Yes? — спрашивает он.
— Папочка, do you finish, это вопрос!
— Ну, do you finish, какая разница! Ты с нами совсем не занимаешься.
— Буду, буду, — говорю я. (Мой муж уехал на два дня, и я обещала провести их с родителями.) Беру учебник Бонк, первую часть. Папа читает рассказ о трогательной встрече *Mr. Smith*'а и *comrade Petrov*. «*Mr. Smith is a great friend of the Soviet Union, comrade Petrov would like to show him Lenin's Mausoleum on the Red Square*». Мистер Смит «*is very happy*», мистеру Смиту очень нравится Москва с ее просторными площадями и новыми кварталами. Особенно восхищает его *Gorky street*, которая «*after the Great October Socialist Revolution*» превратилась из узкой улочки в центральную магистраль города.

Я начинаю задавать вопросы к тексту:
— Who is mister Smith?
— He is an Englishman. He is a friend of our country.
— Who is comrade Petrov?
— He is a КГБ agent.

Мы с папой дружно смеемся. На смех появляется мама. Она тоже говорит по-английски и не хочет ничего упустить. «Майн дохтер speak English only with father». (Мама в школе учила немецкий и любит иногда блеснуть знанием обоих языков.) Раньше моим родителям английский казался кошмаром: непонятно, зачем нужно ломать язык, просовывать его куда-то между зубов, произносить нелепые звуки; почему нельзя говорить просто, как по-русски?

Теперь они привыкли, глупых вопросов не задают. Английский для них — это игра со своими правилами и ограничениями, игра довольно грустная, потому что приходится сложные мысли укладывать в простые короткие предложения, но в то же время игра занятная, напоминающая детский конструктор.

«Урок», как всегда, длится недолго. Папа хочет преподнести нам сюрприз и как бы случайно включает магнитофон. Раздается пощелкивание, шуршание, треск старой заигранной пленки.

3. Отторжение

И вдруг откуда-то из прошлого, из отдельных бесформенных звуков рождаются гитарные аккорды и пронзительная, ужасно знакомая интонация Окуджавы.

> Ах, какие удивительные ночи,
> Только мама моя в грусти и тревоге.
> Что же ты гуляешь, мой сыночек, одинокий, одинокий?
> Из конца в конец апреля путь держу я.
> Стали звезды и крупнее, и добрее...
> — Мама, мама, это я дежурю,
> Я — дежурный по апрелю!

Лет на 20 постарела эта песня, а все по-прежнему грустит тайно о чем-то непонятном и теперь уже совсем несбыточном.

Комната плывет у меня перед глазами, и меняются декорации. Я вижу старые аляповатые обои, тяжелые шторы и крошечный телевизор в углу. За стенкой, как всегда, храпит полупьяный сосед. Мы живем все в одной комнате: я, папа и мама. В углу за шторой стоят моя кроватка и маленький столик, вокруг разбросаны цветные карандаши и раскрытые книжки. У родителей — гости. Они танцуют, смеются, звучит Окуджава, а может, Высоцкий:

> Ну что ей до меня, она была в Париже,
> С ней сам Марсель Марсо о чем-то говорил...

Папа с мамой молодые, веселые.

60-е годы... Все потрясения позади, кажется, еще чуть-чуть, и все будет совсем хорошо. Открылась выставка импрессионистов, появились книги о современной живописи. Мама с папой купили огромную «Обнаженную» Дега и повесили ее над кроватью. Бабушка ахнула от ужаса, войдя в комнату (а ведь Дега ее современник). А когда маленькую Аллочку спросили: «Кто твой любимый художник?», она не задумываясь ответила: «Иван Гог!»

Все ходят на вечера Вознесенского, Ахмадулиной, Евтушенко, зачитываются Аксеновым и Хемингуэем. Папа с мамой продали старую мебель, оставив только три табуретки. На окна повесили что-то наподобие рыболовной сети, «чтобы было больше света».

По радио обещают через двадцать лет коммунизм. Но вот начинает что-то трескаться, ломаться. Я помню, мы отдыхали в Крыму, и родители каждый вечер собирались с друзьями, слушали «Голос Америки» и что-то оживленно обсуждали. Неспокойно в Чехословакии. Чем это кончится, каких ждать перемен?

Я сформировалась в 70-е годы. О сталинском времени мы знали понаслышке, а отголоски 60-х до нас еще дошли. В старших классах мы с упоением слушали *Beatles, Jesus Christ* и мечтали о потертых джинсах.

Не прошло и пяти лет, как мы купили новые, фирменные *blue jeans*, заплатив за них кругленькую сумму, примерно равную одной месячной зарплате советского инженера. К современной музыке отношение стало более критическим. Диско и «Бони Эм» вызывают у нас улыбку. Я еще застала последних хиппи, но они были совсем разочарованные и потрепанные. И прямо на глазах превращались либо в фарцовщиков, либо в обычных инженеров и отцов семейства. Мы еще в школе были скептиками и подсмеивались над красивыми фразами из учебников истории и литературы, но уже в то время умели повторять их, когда надо, отчеканивая с пафосом каждое слово. Делали мы это формально, энтузиазма в нас не было ни на грош, и люди старшего поколения это видели.

Все течет, все изменяется. В нашей комнате (теперь она только родительская), переклеили обои, убрали портьеру. Место «Обнаженной» Дега занял какой-то пейзаж в позолоченной старинной раме. На пианино появились французские вазы, подарок бабушки к свадьбе родителей. Почти 25 лет они провалялись на антресолях, а теперь мама каждый день вытирает с них пыль и обсуждает со всеми, XVIII они века или XIX. Хорошо, что мои родители не потеряли чувства времени. Еще пять лет назад папа не пошел провожать своего друга, уезжающего в Израиль, а теперь он хорошо понимает меня. Но все-таки симпатии остаются прежними, и сегодня звучат те же Окуджава и Высоцкий, но Высоцкий новый, с французской пластинки:

> Протопи ты мне баньку по-белому, —
> Я от белого свету отвык, —
> Угорю я — и мне, угорелому,
> Пар горячий развяжет язык.

Два месяца назад Высоцкий умер от инфаркта. Аксенов уехал в Америку, а Окуджава пишет изысканные исторические романы:

> В склянке темного стекла
> из-под импортного пива
> роза красная цвела
> гордо и неторопливо...
> Каждый пишет, как он слышит,
> каждый слышит, как он дышит,
> как он дышит, так и пишет,
> не стараясь угодить...

У родителей появился страх. Маму уже вызывали в первый отдел[1]. Когда человек учит английский и часто жалуется на сердце, это не к добру. Некоторые на работе с ней на всякий случай перестали здороваться, другие смотрят недружелюбно (а может быть, маме это просто кажется?). Старая подруга все понимает и сочувствует, но предпочитает звонить нам из автомата, «как бы чего не вышло». Круг знакомых сужается.

Дзын, дзын, дзын. Телефон прерывает мои рассуждения, звонит долго, нудно, требовательно. Наконец мама подходит. Я в последнее время разлюбила говорить по телефону. Очень однообразно. Все мои разговоры можно разделить на два типа.

Первый:
— Привет.
— Привет.
— Как дела?
— Никак.
— Учишься еще?

---

[1] Режимно-секретное подразделение в спецслужбах советских стран, осуществлявшее контроль за секретным делопроизводством, обеспечение режима.

— Учусь.
— Сдаешь?
— Сдаю.
— Нормально?
— Нормально.
Второй:
— Привет.
— Привет.
— Как дела?
— Никак.
— Ждете?
— Ждем.
— Сколько месяцев?
— У нас 17 (18, 19, 20...).
— Ходили в ОВИР? Ничего?
— Ничего.

На этот раз звонит моя подруга Нина. Она любит все загадочное.
— Привет.
— Привет.
— У меня такая новость!
— Ну?
— Мы сегодня с родителями ходили в больницу. К двоюродному брату не пускают.
— Что такое? Кто в больнице?! (Это уже что-то новое, и я теряюсь.)
— Ты не понимаешь?
— Не понимаю.
— Ну ладно, перезвоню потом.

Я сижу некоторое время в раздумье, пытаюсь расшифровать мистический смысл Нинкиных слов. Вскоре у меня выстраивается несложная логическая цепочка: Нинка боится говорить прямо, значит, речь идет о подаче документов. Больница — ОВИР, все остальное понятно, не берут документы по вызову от двоюродного брата. Новая хитрость, новая ловушка, еще один завиток бесконечного лабиринта, из которого так тяжело выйти. Я знаю, что на днях мы встретимся с Нинкой и еще с кем-нибудь, будем долго обсуждать, что нам делать, и наверняка придем к заключению, что что-то делать надо, надо ходить на приемы, писать письма, действовать любым способом. В результате мы даже напишем одно из таких многочисленных писем в никуда, и, как всегда, нас не удостоят ответом.

А время идет, и сроки ожидания все увеличиваются. Мы по-прежнему впутаны в сложнейшую паутину взаимоотношений и компромиссов, лицемерия и страха. Только наши карты открыты. Огромная, таинственная машина может в любой момент прийти в движение и решить нашу судьбу. Какой-то человек с коротко остриженными волосами и военной выправкой зайдет в нужный кабинет и достанет с нужной полки наше дело. Откроет, напишет что-то одним росчерком пера. Что будет руководить им? Его личные стремления или же воля огромной машины, где пересеклись тысячи компромиссов, тысячи планов и обстоятельств? Мы наивно пытаемся разгадать их. Кто будет американским президентом? Что решат в Мадриде? Глушат ли «Голос»? Какая ситуация в Польше? Кто поедет из далекого Тегерана в далекий Багдад? Эти и множество других обстоятельств должны сложиться в заветную комбинацию, которая и приведет машину в движение. Мы никогда не узнаем, что было той каплей, которая переполнила чашу.

На кухне по-прежнему работает радио: «Вашингтонские ястребы давно уже пытаются втянуть союзников США в недостойную затею: нарушить сложившееся равновесие сил в надежде обрести военное превосходство над Советским Союзом. Что касается СССР, как повторил в эти ноябрьские дни Леонид Ильич Брежнев, то он выступает за сохранение разрядки, за ее углубление, за мирное, равноправное сотрудничество государств...»

Очередная вечерняя беседа очередного политического комментатора. Это тоже частичка нашей жизни, наш аккомпанемент. Под него мы ужинаем, разговариваем, думаем. Больше всего у нас с радио общается бабушка. Она с ним воюет, ругается, вступает в спор. А иногда может сидеть часами у приемника и слушать какую-нибудь симфонию Бетховена или концерт Чайковского. Если выйти на кухню в 12 часов ночи, когда родители уже спят, то можно увидеть такую картину: бабушка, нагнувшись над кухонным столом, дергает за антенну приемника, крутит все кнопки сразу, что-то приговаривая себе под нос, словно колдует. Это она пытается поймать свою любимую «Программу для полуночников». В приемнике — шум, треск и едва-едва различимые отдельные фразы с характерной нерусской интонацией. Но бабушка и этому рада, теперь она может по-настоящему, вдоволь наговориться. Бабушка ругает все, начиная с мировой политики и кончая современной модой и современной музыкой. Я сама часто подсмеиваюсь над ней, хотя, наверное, зря.

Бабушка — человек самого многострадального поколения, поколения начала века. Ее старшие братья когда-то посещали вольно-философские общества и ходили на премьеры Шаляпина. Бабушкину первую детскую любовь расстреляли в восемнадцать лет за принадлежность к партии кадетов. Это было в 1919-м. Бабушка университет так и не окончила, но всю жизнь проработала в школе. В 1937-м забрали в тюрьму ее мужа, и обстоятельства разлучили их навсегда. Потом была война, эвакуация, голод.

В 1949-м забрали бабушку. Папа с сестрой воспитывались одни. А в 1953-м, через несколько дней после смерти Сталина, бабушка получила в лагере письмо от сына: «Мамочка, боже мой, кого мы потеряли! Я чуть не поехал на похороны, но...»

Вскоре бабушку выпустили, реабилитировали, жизнь постепенно нормализовалась. Но в бабушкином сердце до сих пор живет гнетущее чувство недоверия и страха. Оно не проходит с годами, бабушка не верит в возможность выхода, боится даже разговоров об отъезде. Да, она помнит, как еще в 1914-м старший брат собирался уезжать в Америку.

Тогда ехало много евреев. Это было будничным, нормальным явлением. Тогда — да. Но сейчас — другое время. Мне тяжело разговаривать с ней об этом. Она боится за меня.

Я сижу с бабушкой на кухне, вместе с ней колдую над приемником, нажимаю на кнопки, дергаю за антенну. Но в ответ —

только треск и прорывающаяся сквозь него веселая музыка. Сегодня «Программа для полуночников» по техническим причинам отменяется. Мы говорим друг другу «спокойной ночи» и идем спать.

II

Утро следующего дня. Я сижу в кровати и смотрю в окно. Виден маленький кусочек серого неба и изогнутые черные линии опустевших балконов. Кое-где висят яркие тряпки и стоят полузамерзшие цветы.

Мне нравится мой двор: он, несмотря ни на что, имеет свою индивидуальность и выделяется среди множества таких же, как он, маленьких дворов-колодцев.

Как всегда, воскресное утро начинается с телефонных звонков. Я выбегаю в коридор, но на этот раз — маму. По ее напряженному лицу ясно, что разговор идет обо мне:

— Да, сдает.

— Все нормально, спасибо.

— Да, ее муж в командировке.

— Да, все в порядке. Все хорошо, все нормально, все отлично. Бедная мама! Через пять минут — опять звонок. Это — меня.

— Привет. Как дела?

— Нормально.

— Придешь?

— Приду. В четыре часа?

— Да.

Я совсем забыла, сегодня у нас знаменательное событие — встреча класса. Что будет — нетрудно предугадать заранее, мы ведь встречаемся каждый год. Первое мгновение — охи, вздохи, радость! Мы выпьем. Миша Воскресенский, «душа общества», когда-то читавший наизусть «Черного человека» Есенина, принесет модные диски, остроумно расскажет о своей райкомовской работе и пообещает всем достать цейлонский чай и финский сервелат.

Танечка Геллерман, «самая умная девочка в школе», будет обсуждать модный роман, напечатанный в последнем номере «Иностранной литературы». В университет на филфак поступить ей так и не удалось, в конце концов родители запихали в Институт железнодорожного транспорта. Теперь она прозябает в каком-то НИИ, вяжет, читает «Иностранку», в общем, милая интеллигентная девочка...

Ирка С., как всегда на наших встречах, постарается не привлекать к себе внимания, в лучшем случае поболтает о тряпках, о дискотеках, а мы всё равно помним, как в 10-м классе она бегала по райкомам, собирала справки и характеристики, и, конечно, всем известно, что учится она не просто на историческом, а на закрытой кафедре юрфака.

Андрюша, наш бывший комсорг, «самый честный и справедливый», расскажет что-нибудь смешное о своей ученой собаке Тоби и о ее замечательных щенятах.

А я, как всегда, буду улыбаться во все стороны и отвечать: «Да, нормально», «спасибо», «сдаю». Все в порядке, в порядке, в порядке...

До встречи еще несколько часов. Можно немножко отвлечься и заняться любимым делом. Моя бывшая специальность — история Средних веков. (Чем глубже в прошлое, тем лучше.) Сколько ни направляли меня в институте четыре года, я так и не научилась умело вливать в свои статьи необходимую ложку дегтя: «Историческая ограниченность автора, обусловленная определенными социальными устоями...»

Открываю томик средневековой лирики. Передо мной сотни загадочных сонетов о Прекрасной Даме — «об одной, той златокудрой, божественной и недоступной». Может быть, при этом поэты сотни раз страдали от страшной пропасти между идеалом и действительностью, земным и божественным. И только облекали свои противоречивые чувства в знакомые, привычные формы? А возможно, они не страдали вовсе, а просто упражнялись в изящной словесности, писали программные стихи, нечто вроде современных производственных романов. (Сегодня я не могу отделаться от порочного внеисторического подхода.) А что такое «Песнь о Роланде»? Замечательный героический эпос или яростное пропагандистское произведение? По-моему, она внесла весомый вклад в идеологическую борьбу на своем этапе и в этом смысле — достойный образец для подражания.

«Ту-ру-ру», — радио, как всегда, вовремя прерывает мои мысли. «Ту-ру-ру-ру. Московское время — четырнадцать часов. Вы слушаете "Маяк". Генеральный Секретарь ЦК КПСС, Председатель Президиума Верховного Совета СССР...» Удивительно бодрый, приподнятый голос диктора. Дальше можно не слушать. По тембру и модуляции голоса несложно судить, о чем идет речь. Я уже вывела закономерность: любую программу новостей можно поделить на три части:

1-я часть: «Визиты и вести из стран социализма». Полный оптимизм, мажор.

2-я часть: даже в голосе диктора появляются саркастические нотки, затем гнев, негодование. «Американская военщина продолжает поставки оружия в ЮАР...», «Количество безработных в странах капитала достигло рекордной цифры...» Упадок, кризис, страх. Но и тут нет полной безысходности: «Как сообщает газета "Дейли уорлд", на этой неделе состоялась крупная забастовка рабочих-нефтяников...», «Английские женщины выступали с поддержкой», «Делегация французских учителей требует улучшения условий труда...»

И наконец — 3-я часть — «Гимн труду», «В Стране Советов», «Трудовая вахта пятилетки», «В колхозе "Путь Ильича" Ждановского района Курской области приняли обязательства...», «Рабочие завода "Красный дизель" досрочно сдали...», «Бригадный подряд находит все большее распространение...» Заканчивается все мощным жизнерадостным аккордом. Удивительно, как четко все сконструировано, продумано. Это целая патетическая радиосоната в трех частях: allegro, adagio, allegro molto bravo. Под триумфальные звуки allegro molto bravo я надеваю свое серое пальто, белую шапку и выхожу на улицу.

До метро иду пешком. При дневном свете дома не кажутся такими пугающими.

Неуклюжие грязно-белые коробки на фоне серого неба. Вокруг ни одного яркого пятна. Я в своем серо-белом одеянии сливаюсь со всем, что меня окружает. Иду по мокрому асфальту. Под ногами грязь, лужи, сломанные ветки.

> Каждый пишет, как он слышит,
> Каждый слышит, как он дышит...

Привязались ко мне эти слова.
Шаг. Что-то давит в сапоге. Шаг. Проклятая машина, обязательно нужно обрызгать! Шаг... Кажется, я наткнулась на старушку с бидоном. Дзын-дзын, черт, идут, ничего не видят! Ускоряю шаги. «Каждый пишет, как он слышит, каждый слы...»
Наконец метро. Я втискиваюсь в толпу, машинально вхожу на ступень эскалатора, смотрю вниз. Передо мной — море людей, хаотично движущихся, толкающих друг друга. Через несколько секунд я буду среди них и поток вынесет меня на платформу. Можно закрыть глаза, ни о чем не думать, не беспокоиться, все равно рано или поздно окажешься в вагоне. В пустой голове крутятся обрывки заученных фраз и несколько стихотворений.
«Скажи-ка, дядя, ведь недаром Москва, спаленная пожаром, Францу-у-у-узу отдана...»

> Я знаю, город будет,
> Я знаю, саду цвесть,
> Когда такие люди...

Кажется, я уже в вагоне. Теперь — никуда не скрыться. Тысячи глаз устремляются на меня, осматривают с ног до головы. Ну да, конечно, заметили: грязь на сапогах, смазавшаяся помада, порванная перчатка... В метро почти никто не разговаривает, шум поезда вбирает в себя все звуки. Здесь нельзя позволить себе милой патриархальной трамвайной искренности. В одиночестве в туго набитом, ярко-ярко освещенном вагоне метро время течет страшно долго.
Слава богу, моя остановка! Но это еще не конец. Впереди пересадка, новый поезд, длительные скитания по лабиринту под-

земных переходов и эскалаторов. Несколько шагов прохожу одна, скрываюсь за неуклюжей мраморной колонной. Но людская лавина находит меня и несет, несет, несет...

Я ненавижу девушку, наступающую мне на ногу острым каблуком. Я сама больно толкаю локтем стоящего рядом мужчину, и толчок возвращается ко мне с той же силой.

Все мы составляем одно огромное целое. Я уже не властна над собой. Только бы не отстать, только бы вместе со всеми вступить на заветную ступеньку эскалатора...

>Я знаю, город будет,
>Я знаю, саду цве-е-е-е-есть...

23.01–06.02.1981

4. Ниночка

(перевод Натальи Стругач)

Отрывок из романа. Опубликовано в журнале «Семь искусств», № 141, февраль 2022 года

> ...Но кто мы и откуда,
> Когда от всех тех лет
> Остались пересуды,
> А нас на свете нет?
>
> *Б. Пастернак*

Глава 29, в которой вы встречаетесь с моим профессором английского языка и пьете дешевое вино нашей юности

Как вы убиваете время в бывшем родном городе? Вы звоните друзьям или бывшим любовникам, а еще лучше бывшим несостоявшимся любовникам, с которыми многое могло случиться, но мало что произошло. И вот вы начинаете вспоминать о прошлых надеждах на будущее. Вам нужны проводники из вашего прошлого, в противном случае вы закончите тем, что просто сядете на одну из унылых скамеек в парке или станете обсуждать политику с ларечниками. Или, может быть, идея позвонить старым друзьям и любовникам — это не что иное, как эмигрантское потворство собственным слабостям. Неужели вы думаете, что можете вторгаться в чужую жизнь только ради личного абсурдного проекта самопознания? У людей здесь другие проблемы. Вернитесь туда, откуда пришли! Вот что я сказала бы себе, окажись я на их месте. Но, к счастью, я не там. Профессор Черняков быстро отвечает на мой звонок. «Таня Стерн?! Какой сюрприз! Твой голос совсем не изменился. Если честно, Лена Лаврова говорила мне, что видела тебя на Невском. Точнее, ей показалось, что это была ты. Я сказал, что в наше время все возможно, — и вот ты здесь! Помнишь Лаврову? Она устроилась работать в университет». (Конечно, с ее отличным произношением и хорошими связями.) «Ну что, как дела?» — спрашиваю я, не совсем представляя, с чего начать. «Подожди, — шепчет он. — Я перенесу телефон в другую комнату». Дела все те же, почти как в старые добрые времена. В наших отношениях мы всегда были немного заговорщиками. На самом деле там было больше заговора, чем отношений. «Послушай, — говорит он, — зачем тратить время? Давай встретимся. Где? Где же еще! В Летнем саду рядом с лебяжьим прудом, на нашем старом месте. Маленькие лебеди нынче танцуют на Западе, а старый гадкий утенок все еще здесь. Итак, увидимся в пять. Я принесу бутылку ркацители. Окей?»

Своим знанием английского языка я обязана именно профессору Чернякову. Эта книга никогда не была бы написана на английском, если бы не Александр Викторович. Конечно, это он научил меня неправильным глаголам, сослагательному наклонению и согласованию времен. Все это я, наверное, могла бы со временем позабыть. Он был всего на десять лет старше нас, сразу после аспирантуры. Он преподавал курс общего языкознания и углубленного изучения грамматики английского языка. Он пел песни на стихи великого шотландского поэта Роберта Бёрнса, аккомпанируя себе на гитаре.

> В горах мое сердце... Доныне я там.
> По следу оленя лечу по скалам.
> Гоню я оленя, пугаю козу.
> В горах мое сердце, а сам я внизу.

На занятиях — Бёрнс, после занятий — «Битлз»: «I get high with a little help from my friends». Естественно, все студентки были влюблены в него, и наше владение английским значительно улучшилось. Все направо и налево использовали сослагательное наклонение. То, почему он выбрал меня и сделал своей любимой студенткой, стало ясно гораздо позже. Он сказал, что я похожа на его первую любовь, которая отвергла его, и что мы обе были похожи на провансальскую принцессу. Какая провансальская принцесса? Та, что на гравюре XIX века, иллюстрирующей рукопись XIV столетия. Для меня все это было ново, и от этого захватывало дух. Он писал мне письма на трех языках, и я отвечала ему на двух с половиной. Тогда я узнала всё, что знаю сейчас о лингвистике, и эти два с половиной языка с их сослагательными наклонениями остались со мной навсегда. А вот правило согласования времен, очевидно, забылось. Что еще? Он был высоким, темноволосым и не слишком красивым, немного сутулился, курил и часто выпивал. Он был типичным «западником». Он не ругал нас, как другие наши преподаватели английского языка, когда мы использовали американские формы вроде «hi» вместо «how do you do»? (Пожилая преподавательница, Вера Ивановна, называла «hi» самым вульгарным словом в английском языке.) Он организовал вечер, посвященный «Битлз», который декан факультета отменил, заявив, что «"Битлз" учат нашу молодежь аморальному поведению и вещизму». Но что важнее всего, Александр Викторович научил меня любить уединение исследователя, приучил к работе в архиве и аккуратному ведению записей. «Зови меня Саша, хотя бы когда мы одни», — просил он меня, но мне это было неудобно.

От него я узнала о служебной комнате в университетской библиотеке, где я могла делать выписки из единственного хранящегося там экземпляра Соссюра. А еще я занималась катарами[1] и шотландскими масонами.

Александр Викторович запретил мне делать широкие обобщения, которые, признаться, мне всегда хотелось делать. «Ученый должен быть скромным, — говорил он. — В наши дни вы можете посвятить себя изучению артикля, определенного или неопределенного, выбор за вами. Это единственное, что вы можете сделать честно». Неважно, изучаете ли вы применение артиклей

---

[1] Средневековая христианская секта.

в документах шотландских масонов или в английском переводе Карла Маркса. Александр Викторович не был идеологом. Он считал, что наука — чем более отвлеченная, тем лучше — это самый верный способ спасения от официального дискурса. Упоминала ли я, что наш роман начался как независимое исследование? Излишне говорить, что абсолютно все это держалось в секрете. Это было до того, как я узнала о «сексуальных домогательствах». Мы жили в обществе, где закон не уважали ни в официальной, ни в неофициальной культуре. Любовь и книги были единственным средством побега от рутинной повседневной жизни. К тому же между нами ничего особенного не было, а то, что случилось, произошло по взаимному согласию, хотя и это тоже было понятие, с которым мы не были тогда знакомы.

Мы никогда не уходили вместе из университета. Мы преуспели в детально продуманной маскировке. Например, он ждал меня на станции метро, и мы вели себя так, словно встретились друг с другом случайно. Мы бродили по городу, ходили по крышам Петропавловской крепости, сидели на ступенях Михайловского замка, разговаривали и снова бродили. На самом деле мы не знали друг друга. Нас больше заботили наши фантазии. А иногда наши фантазии совпадали.

Я жила со своими родителями, а он по-прежнему жил со своими. Однажды мы пошли ко мне до того, как родители вернутся с работы.

Наша соседка, тетя Наташа, шаркала тапочками у двери моей комнаты, проверяя, не зашло ли у нас дальше разговоров. Потом она постучала в дверь и заглянула: «Танечка, извини, что беспокою тебя и твоего друга. Можно мне взять у тебя немного масла? У меня сегодня все сливочное масло закончилось, а в магазин бежать нет времени. К тому же магазин закрыт на обед. Мне нужно приготовить блины для Андрея Николаевича. Извините. Большое спасибо». В следующий раз мы гуляли вдоль реки и встретили мою бабушку. Что она делала на мосту? Просто наслаждалась видом? Возможно, она подумала о нас то же самое. К моему удивлению, бабушка повела себя очень тактично. Она не задавала никаких вопросов, не навязывалась, просто улыбнулась мне и ушла. Так что мы с Александром Викторовичем продолжали мирно прогуливаться, пока он не встретил своего знакомого, который пригласил нас к себе в студию и приготовил нам омлет с эстонскими сосисками.

※ ※ ※

Я сразу узнала Александра Викторовича. Волосы его поседели, но глаза были такими же молодыми и беспокойными, как и раньше. Он вытащил из своего рюкзака бутылку молодого грузинского вина — тем же притворным заговорщическим жестом, как он обычно делал это лет пятнадцать назад. Прошла целая вечность с тех пор, как я в последний раз пила прямо из бутылки на скамейке в парке. Во всем этом был привкус какой-то подростковой шалости. Правда, к своему стыду я поняла, что ркацители действительно непригодно для питья. Пить его из горлышка было довольно неудобно. Впрочем, я старалась изо всех сил. Я боялась показаться «чересчур американкой». Он произнес тщательно продуманный шотландский тост, и я поймала себя на мысли, что он говорит по-английски с сильным русским акцентом и что он применяет некоторые выражения, которые носители языка больше не используют. Сохранились они исключительно в русских учебниках по английскому языку. Не думаю, что он когда-либо выезжал за пределы России: раньше его не выпускали, а теперь он не мог себе это позволить. Сейчас я, возможно, говорю по-английски лучше, чем он, — ну что за мысль! Я уверена, что он по-прежнему мог указать мне на грамматические ошибки и был бы прав.

— О, я помню, как вы часто смеялись на уроках со Светой Тамаркиной и как пририсовали Фиделю Кастро на фото казачьи усы. По-моему, это был совместный снимок Фиделя и Хемингуэя. Однажды я попросил тебя сделать доклад о Джоне Осборне и «Сердитых молодых людях» в Великобритании.

— Меня?

— Да, я помню, ты отлично справилась.

— Что ж, с тех пор я многое узнала о «Сердитых молодых людях».

— Иногда ты смеялась на занятиях, но в другое время ты была очень серьезной, гораздо более серьезной, чем сейчас. Я помню, что ты носила такое коричнево пальто, в котором выглядела очень тоненькой.

Я мало что помню про движение «Сердитые молодые люди» или коричневое пальто. Так непривычно осознавать, что другие люди помнят о вас то, что вы сами уже позабыли. Они были свидетелями вашего прошлого; они могут подтвердить, что оно действительно существовало. Я понимаю, что нет абсолютно никого, кто знал бы меня постоянно до и после эмиграции. Никто не может соединить две части моей жизни, создать некое целостное повествование. Это немного грустно, но есть и преимущество. Я могу придумать свое прошлое, сделать его более экзотическим, интригующим, чем оно было на самом деле.

Он достает пару старых фотографий, среди них — общий снимок нашей группы по английскому языку. Мы стоим не в пенных волнах Средиземного моря, а в университетском коридоре, на заднем плане — Доска победителей социалистического соревнования и профили Маркса, Энгельса и Ленина. Я смотрю на глянцевую поверхность, и внезапно меня охватывают воспоминания. Я вспоминаю, что, когда мы уезжали из России как беженцы, нам запрещали брать с собой какие-либо групповые фотографии. «Не более двух человек на фотографии и никаких рукописей, — сказала сотрудница таможенной инспекции, крупная женщина в форме. — Разве вы не знаете правил? Кем вы себя возомнили? Думаете, правила на вас не распространяются?» Любые групповые фотографии считались слишком «подрывными», чтобы вывозить их из страны. «Что это за группа вообще? Похоже, они что-то скрывают. Что, если это государственная тайна?»

Я смотрю на фотографию и вспоминаю, как за десять минут до того, как она была сделана, мы расчесывали волосы, смотрелись в зеркало, проверяя состояние ресниц, и втягивали щеки, чтобы придать себе особый шарм. Все, что я сейчас вижу на снимке, это образ 1970-х годов: длинные, не слишком чистые волосы, брюки клёш, туфли на платформе. На советских групповых фотографиях никто не улыбается. Фотограф не просит нас сказать «сыр» или что-то необычное в этом роде. Он просто считает до трех, и мы все автоматически придаем нашим лицам взрослое отсутствующее выражение. Только Гарик Виноградов, один из трех мальчиков, которые были в нашей почти полностью состоящей из девочек группе, сделал пальцами рожки над головой Светы.

Это была не самая лучшая идея. Светин дядя работал в райкоме партии, он был влиятельным человеком, директором колбасной фабрики, теперь преподает в институте. Гарик получил выговор за озорство. Он так и не окончил институт. Его забрали в армию, он отслужил в Афганистане. Сейчас он занимается бизнесом.

А вот и сам профессор Черняков в окружении своих восторженных студенток.

Здесь он выглядит невероятно привлекательно в своей черной водолазке. У него задумчивый вид ленинградского соблазнителя и красивые длинные пальцы, которые всегда выглядели так, что, казалось, вот-вот дотронутся до гитары. Потом он заговорит глубоким и гортанным голосом об усталости от жизни. Как же можно было его не полюбить?!

Я увидела у него на пальце кольцо, и он это заметил. «Ситуация, как всегда, сложная, — сказал он. — Моя жена очень хорошая женщина. Мне нужно было уехать из родительского дома, чтобы найти место для работы. Это было через несколько месяцев после того, как ты уехала. И вот появляется эта девушка, моя студентка. Она была в моей английской музыкальной группе. У нее был очень чистый голос и абсолютный слух. Мы встречались с ней около года, потом я переехал, чтобы жить самостоятельно и видеться с Дашей, так ее зовут. Но сейчас я даже не знаю, что и сказать. Мне становится трудно работать в таких условиях».

Он принес мне в подарок свою первую книгу — исследование эмотивного синтаксиса северных английских диалектов. Это было специализированное научное издание, всего около 500 экземпляров. Он очень им гордился. «Это не самая крупная работа, но она, по крайней мере, честная. Я ничего не придумывал. Я не пытался строить идеологию на лингвистике. В наши дни все так делают». Он слегка покраснел, и на мгновение я задумалась, не влюблена ли я все еще в него, как пятнадцать лет назад. Я вспомнила, что я чувствовала тогда. В конце концов, он позвонил, хотя мы расстались, — в тот трудный год, когда нам отказали в эмиграции и мы находились под наблюдением властей. Может быть, поэтому я перезвонила ему сейчас, пятнадцать лет спустя.

Мы выходим из парка к станции метро. Мы останавливаемся у книжного развала. Здесь продается множество научных книг, от руководств по вязанию до «Заката Европы» и «Радости приготовления пищи». «Видишь, — сказал он, — в наши дни лингвистика очень популярна. Вот, смотри: "Язык древних славян: что от нас скрывали и почему"». И тут мы натыкаемся на «Культуру степей» Бориса Крестовского. «Крестовский, конечно, был выдающимся лингвистом, теперь здесь его считают героем. Его называют частью "нашего недооцененного национального достояния". Но, как видишь, многие из его примеров попросту никуда не годятся. Он и сам понимал, чем это попахивает. На самом деле он вовсе не изучал языки. Он выстраивал идеологию. Он желал чего-то большего, чем славянофильство; он грезил о России, которая охватывает и Восток, и Запад и является полностью самодостаточной. Как по мне, так это грубое обобщение. Я хотел бы, чтобы мы были великой, но нормальной страной. Мне не нужно, чтобы мы превосходили всех остальных. А как тебе эта книга — "Правда о горе Сион"? В ней приводятся доказательства того, что гору Сион населяли протославянские племена и что Сион происходит от славянского глагола *сияти* — сиять. Понимаешь, что я имею в виду, говоря про обобщения?» Я говорю, что меня интересует и теория языка, и Борис Крестовский в частности, — «в силу исторических причин». «Что ж, в таком случае тебе следует навестить твою альма-матер. У них сейчас "Неделя наследия", посвященная эмигрантам первой волны. Я взял выходной и не пойду. Надеюсь, они простят и забудут. Это просто цирк. Но для иностранцев вроде тебя это может быть забавно!»

Для иностранцев вроде меня?

Он не расспрашивал меня о моей жизни в Нью-Йорке. Я заметила, что и другие не особенно стремились это делать. Они ведут себя так, словно знают, каково это, как будто это их больше не удивляет. Они не хотят знать о моей жизни, частью которой больше не являются. Или они думают, что я веду безоблачную, счастливую и богатую жизнь и что мне очень повезло. Они не хотят выслушивать подробности. Александр Викторович смотрит на часы. «Извини. Даша будет ждать меня на другой станции метро. Сегодня тот единственный день, когда она рано приходит домой. Приятно было тебя повидать. Ты ничуть не изменилась».

Я смотрела, как он ищет мелочь и заходит на идущий вниз эскалатор. Он сутулился и шел быстрее, чем нужно, словно спасаясь от чего-то. Он обернулся в последний момент и помахал мне. Он не стал ждать, чтобы посмотреть, не помахала ли я в ответ. Я вспомнила, почему у нас с самого начала ничего не получилось. Он тоже ничуть не изменился.

Глава 30, в которой мы пробуем фруктовый напиток и пирожки с капустой в моей альма-матер

Как *провинившаяся* студентка, не сдавшая курсовую работу, я зашла в свою *альма-матер* через черный ход. Мое возвращение домой начинается с очереди в буфете. Я вижу группу девчонок, которые что-то зубрят, готовясь к экзамену по иностранному языку. Запах молодого пота сразу напоминает мне то самое беспокойное время сессии и те старые добрые времена, когда дезодорантов не было и в помине. На веках у девушек те же голубые тени, что и у нас пятнадцать лет назад. Тогда их очень сложно было достать, приходилось стоять в очереди за польскими наборами косметики в Доме ленинградской торговли. Сейчас голубые тени можно купить в любом ларьке по дороге в школу. Кассирша тетя Люба сердечно приветствует меня. «Как дела, дорогуша, давно не виделись». Стойка буфета, как обычно, пуста; только стакан фруктового напитка буро-оранжевого цвета одиноко стоит там как уцелевший привет из моей юности. Тетя Люба не помнит, кто я; она просто узнает мое лицо. На ней та же белая столовская курточка, она и выглядит почти так же, разве что пара новых морщин появилась на ее добром лице. Она здесь так давно, что уже утратила чувство времени. Она не уверена, видела ли она меня прошлой весной или двадцать лет назад. «Тетя Люба, я очень голодная, что у вас есть сегодня?» — «Как обычно: пирожки с капустой и фруктовый напиток». Тетя Люба со своим теплым фруктовым напитком — настоящий ангел-хранитель моей альма-матер. Из чего же сделан этот «фруктовый напиток»? Там водопроводная вода, которая когда-то была холодной, и фруктовый сироп, который раньше был вареньем. Именно он придает фруктовому напитку ни с чем не сравнимый цвет. А из чего сделаны пирожки с капустой? Даже не спрашивайте. Но вместе они — просто объедение, эти пирожки с напитком, — они насыщают, утоляют жажду и успокаивают душу.

Актовый зал, который обычно использовали только для комсомольских праздников, украшен фотографиями русских писателей, философов и генералов, высланных из страны в 1920–1930-е годы. Вечер организован совместно факультетом и студентами и назван «Наше забытое национальное наследие». Я узнаю ведущего, лысеющего тощего мужчину в коричневом пиджаке. Он был профессором истории КПСС, научного коммунизма и научного атеизма. Я так и не начала изучать научный коммунизм потому, что он завершал пятилетний курс, был кульминацией в изучении диалектического материализма, исторического материализма, истории КПСС и политической экономии социализма. Настолько далеко я не продвинулась, мне пришлось бросить университет. Этот профессор, Иван Сергеевич, был лучше, чем предыдущий, Алексей Иваныч, страдавший нарушением речи и говоривший как Брежнев в поздние годы. К тому же Иван Сергеевич был относительно прогрессивным. Сейчас вместо научного коммунизма он преподает русскую религиозную философию и идеологию евразийства. Но на университетскую зарплату не проживешь, а Иван Сергеевич — человек практичный. Он имеет долю в совместном предприятии «Лес», новой организации, экспортирующей сибирскую древесину за границу. Иван Сергеевич стал важной птицей. Он отпустил бороду и преисполнился духовностью.

Теперь он пребывал в ожидании 2018 года — Первого Года Великой Евразии. Он всегда чувствовал, откуда ветер дует.

«От нас тщательно скрывали наше национальное наследие в области философской и религиозной мысли. Нам нужно время, чтобы угнаться за потоком новых документов и новых открытий. Наш вечер посвящен писателям и философам "первой волны" русской эмиграции. Они были истинными патриотами, которых заставили покинуть родину, но они любовно сохраняли за границей память о России. Пределом их мечтаний была земля обетованная. При их жизни мечтам не суждено было сбыться. Мы надеемся, что при нас они станут реальностью. Да здравствует Великая Евразия!» (Аплодисменты.)

5. Заменить незаменимое. Рассказ об иммигрантских вещах

(перевод Натальи Стругач)

Опубликовано в журнале «Семь искусств», № 157, июль 2023 года

Оригинальная чашка Royal Victoria & Albert была куплена на складе, которого больше нет, в Коллинсвилле, штат Коннектикут. Я помню, что только эта чашка стояла на полке без этикетки «Как новая». У чашки на глазури были мелкие трещины и коричневое пятно, некое воспоминание о прошлых любителях чая. «Аутентичная, — сказал продавец. — Сделана из костяного фарфора. Любимая чашка чьей-то бабушки». Я, конечно, понимала, что это была не моя бабушка, но это не важно.

С тех пор как я эмигрировала из Ленинграда в Бостон, я пристрастилась к американским блошиным рынкам, дворовым распродажам и бесплатному антиквариату, который чудесным образом появляется в городе в так называемые «гаражные дни». Мы были слишком бедны, чтобы покупать новые товары для дома, мы искали сокровища в мусоре: журнальные столики с отсутствующими изогнутыми ножками и инкрустациями, туалетные столики с разбитыми зеркалами, часы без стрелок, книги о том, как изменить свою жизнь, и предметы из костяного фарфора «без пары». Охота за мусором была формой нашей жизни. И это было забавно. Мы покупали чужие сувениры и делали их своими.

«Трещина на этой чашке довольно глубокая, — сказала я продавцу. — Могу я получить скидку?» — «Нет, — ответил он, — это финальная распродажа». В тот день, когда я разбила чашку, у меня были свои мелкие трещины: сломанные большеберцовая и малоберцовые кости и развалившийся брак. Чтобы избежать повторной травмы, мне пришлось научиться ковылять по дому на одной ноге. Когда наши кости целы, мы ходим так, как дышим, — бездумно. Мы доверяем нашим ногам, чтобы они нежно лишали нас корней и помогали благополучно приземлиться в ближнем зарубежье.

Однако теперь все снова пошатнулось. Второй дом, который я создала для себя в Бостоне, перестал быть родным. Он превратился в лабиринт перемещенных предметов, сувениров из прошлых жизней, подарков забытых друзей, удлинителей, не связанных ни с чем, книжных страниц с острыми краями, которые ранят пальцы до крови. Прыгая в нескользящем носке цвета «больничный бежевый», я чувствовала, что я была здесь как разведчик на секретном задании, который изучает каждый порог, каждый торчащий гвоздь, каждую щель в деревянных половицах. Скелет моего дома открылся мне. Я прошла его историю, как полосу препятствий.

Этим судьбоносным утром я просто хочу с удовольствием провести время. Без чьей-либо помощи выпить крепкого чая с лимоном из моей антикварной чашки. Я устала от своего размеренного существования, устала начинать каждое утро с оценки моей боли по шкале от одного до десяти в «Личном дневнике боли», который оставила мне медсестра. В общем-то мне не свойственно следовать инструкции. Как перемещать предметы в пространстве, как унять зуд, как вести жизнь без риска, как ходить, не сгибая колено. Мне нравится придумывать свои собственные правила. Например, как целоваться на костылях. Надо выполнить три простых шага. Выбрать часть тела человека, которого вы собираетесь поцеловать, зажать костыль под мышкой, наклонить вперед верхнюю часть тела и вытянуть шею. Только нежность, никаких обязательств. Убедитесь, что вам не отказало чувство юмора.

Если в поле зрения никого нет, просто прикоснитесь губами к вашей чашке из костяного фарфора и сделайте большой глоток. Итак, я взбираюсь на свою кровать на колесиках, встаю на одну ногу, открываю дверцу стеклянного шкафа с помощью костыля и, едва держась за полку, берусь за ручку моей любимой чайной чашки. Я подвергаю себя опасности и рискую ради самой себя. Миссия выполнена! Семейная реликвия чашка Royal Victoria & Albert в моих руках в целости и сохранности. Я иду на кухню, неся чашку в руке, совершаю прыжки на одной ноге, перекладываю контейнеры с одной поверхности на другую. Я совершаю это с ловкостью опытного актера, наслаждаюсь своей новой способностью делать что-то самостоятельно. Я держу чашку за изящную ручку, подношу к губам позолоченный край и медленно пью. Приятно бездельничать. Это то, чего я не могу себе позволить, когда стою на своих собственных ногах. В этот почти идеальный момент звонит телефон. Я вскакиваю, чтобы ответить на звонок, как в старые добрые времена. Рука тянется за опорой, локоть ударяется о чашку, и я смотрю, как она падает, словно в замедленной съемке, и разбивается на крупные осколки. Я прекрасно знаю, что лучше не пытаться ее спасти. Осколки реликвии разбросаны по черно-белой шахматной доске линолеума. Я не могу наклониться, чтобы собрать их. Единственное, что я могу сделать, — это обходить обломки с осторожностью. Приходится оставить все как есть. Я не могу ничего убрать. Я даже не могу согнуть колено. Пока не придет первый гость, я буду жить рядом с местом аварии. Осколки костяного фарфора дразнят меня своими грубыми краями. Но не беспокойтесь обо мне. Я не сломлена. Меня пугает то, как быстро я отворачиваюсь от горя. Я научилась разрушать. Я овладела искусством проигрыша. Что утрачено, то утрачено. Чашка — это всего лишь чашка. Я держу ее позолоченную ручку, еще более красивую, когда она ни к чему не привязана.

В течение нескольких часов ничего не происходит. Опускается вечер, вспыхивая зеленовато-голубым мерцанием. Тот самый цвет восточногерманской пленки Kodak из моего детства. Стук в кухонную дверь. Я совершенно забыла о визите моего коллеги. М. должен был принести мне файлы с недавнего собрания кафедры. М. — доброжелательный и в то же время очень профессиональный. Я на мгновение задаюсь вопросом, что мне делать с домашним беспорядком. Он не обязан быть свидетелем этого. Должна ли я посмеяться или, может быть, деликатно попросить его выбросить осколки в мусорное ведро, потому что я не могу сделать это сама? Но тогда мне пришлось бы вдаваться в неловкие подробности о моих костях, которые могли иметь отношение только ко мне, пострадавшей. Не сочтет ли он это слишком интимным? Не нарушит ли это то ощущение личных границ, типичное для Новой Англии, которое делает наши отношения такими комфортными? Если бы он был русским, я бы попросила его, но нет, он не русский. Кроме того, он недавно потерял своего партнера; так что он может быть в трауре. А времени у него, безусловно, мало. М. приветствует меня с теплой вежливостью. Я не обращаю его внимания на то, что находится прямо перед ним, и он не упоминает об этом. Он проходит через мою забаррикадированную кухню, и мы приступаем непосредственно к работе. Мы прекрасно общаемся. Он извиняется, что пришел ни с чем: «с пустыми руками, как говорят по-русски». Выходя, он обходит разбитые осколки, как бывалый журналист руины в зоне боевых действий, или не замечая их, или относясь к ним с осторожностью. Я не могу сказать. Мне нечего делать, мне остается только сочинить реквием разбитому костяному фарфору.

Однажды в самой глуши центрального Коннектикута мы остановились у старой мукомольной фабрики, превратившейся в антикварный склад, который сам по себе был наполовину руинами, наполовину строительной площадкой. Визит был коротким, потому что мы хотели успеть домой до наступления темноты. Скупое солнце Новой Англии готово было скрыться за горизонтом. Большинство экспонатов склада уже были разложены по коробкам, поэтому казалось, что ты находишься на перевалочной станции, где иммигранты сортируют свои личные вещи. Я бродила между рядами разбросанных серебряных сервизов, огромных меховых шуб с оторванными пуговицами, ловя свое растрепанное отражение в очередном зеркале туалетного столика, прямо из фильма 1950-х годов. Внезапно мое внимание привлекла одинокая чайная чашка. Она не была частью какого-либо набора. Просто стояла особняком. Темно-синий и золотой фон, с букетами роз темно-розового цвета, цвета самой ностальгии. Запоздалое викторианское увлечение: королева, оплакивающая любовь всей своей жизни, прижимается губами к нежному ободку. Фарфор, укрепленный пережженной костью? Нет, дело не в этом.

Вместо этого я вижу свою тетю Мирру в темной блузке: ее первая любовь, мальчик, с которым они только раз поцеловались, погиб в Сталинградской битве. Робкий поцелуй на лестничной клетке, дружеская открытка, легкий румянец, когда тебя застал любопытный сосед. Было это или нет, мы никогда этого не узнаем. После войны многие женщины в моей семье овдовели или не вышли замуж. Тетя Мирра жила вместе с тетей Бертой в тщательно убранной полутемной комнате, уставленной фарфоровыми статуэтками пастушек с обнаженной грудью и их розовощеких спутников, которые вдували горячий воздух в флейты в форме большеберцовой кости. У стены стояли стеклянные шкафы, заполненные сувенирами из разрозненных чайных сервизов. (Не играйте с ключом, дети!) И вот она: королевская семейная реликвия, чашка Royal Victoria & Albert или ее идеальная копия. Тетя Мирра получала почти эротическое наслаждение, заглядывая в темные уголки шкафа и пытаясь обмануть время, стирая его патину. Сверкающий чистотой фарфоровый шкафчик, отражавшийся в двойном зеркале, придавал слишком заставленной комнате иллюзию глубины.

Такие шкафы, наполненные причудливыми коллекциями чашек, игрушек и сувениров из мест, где никто не побывал, можно было найти во многих послевоенных советских квартирах. Большинство этих квартир в центре Ленинграда были коммунальными; за великолепными городскими фасадами, украшенными маскаронами, экзотическими зверями и колоннами всевозможных ордеров, скрывались темные дворы, черные лестницы и тускло освещенные квартиры с перегородками, разрушающимися от ветхости. Стены длинных коридоров, ведущих к общей кухне и туалету, где примерно посередине была нарисована тонкая синяя линия, были украшены бесконечными списками инструкций и правил, регулирующих поведение в обществе. Но комнаты открывались в другой уютный мир с маленьким оазисом красоты, уединенным уголком в коммунальной квартире с вонючими туалетами и без душа. Шкаф обычных диковинок был алтарем личных мечтаний из другой эпохи, ни по-настоящему советский, ни потребительский.

Разнообразие объектов было ограниченным и предсказуемым, и только паутина семейных историй делала подобные экспозиции единственными в своем роде. Возможно, я последний неуклюжий рассказчик из династии перемещенных лиц, «с иными способностями», как говорят в Америке. Я знаю историю понаслышке и по книгам. Я только представляю, свидетелями каких исторических и личных потрясений стали эти объекты. В конце 1920-х годов проводилась кампания против «домашнего хлама», которая пропагандировала очистку от посторонних предметов, включая порочные фарфоровые статуэтки, оставшиеся от классовых врагов, чрезмерно декоративные фарфоровые чашки, комнатные растения вроде фикуса, несущие семена буржуазного уюта, контрреволюционных желтых канареек, сидящих в клетках, которых советский поэт Маяковский предложил задушить, по крайней мере поэтически, если не буквально. «Скорее головы канарейкам сверните — чтоб коммунизм канарейками не был побит», — писал он в поэме «О дряни».

Несмотря на это, в эпоху крупных революционных преобразований в стране от времен Ленина до времен Сталина большинство советских граждан жили с личными вещами из другого времени, странно устаревшими и эксцентричными. Как они пережили раскулачивание, революции, переселения, а затем Вторую мировую войну и блокаду Ленинграда, я понятия не имею. Во время блокады тетя Мирра, должно быть, спрятала их в надежном месте, никто не помнит где. Она вложила в них остатки своей любви, завернув их в теплую ткань. То, что фамильная чашка тети Мирры уцелела, было чудом мужества и непредвиденных обстоятельств. Я помню, как это ненадежно поставленное сокровище раскачивалось в ящике комода, когда мы, дети, играли в наши непочтительные прятки. Что вы предпочитаете: прятаться или искать? Конечно, я хочу прятаться, стать невидимой и неподвижной и наблюдать, как мир может существовать без меня. Как глупо выглядит моя подруга, ищущая меня под оранжевым диваном-кроватью! Я обманула всех. О нет! Теперь она идет в гардеробную! Я пряталась там неделю назад; о чем она думает? Как я беззвучно смеялась над слепотой искателей. Теперь я знаю, что мне нравилось прятаться, потому что я никогда не сомневалась, что меня найдут или, по крайней мере, что меня кто-то будет искать. Ты прячешься, чтобы тебя искали. Я разыгрывала свое собственное исчезновение, но перестраховывалась. И как только меня находили, я прыгала от радости, заставляя драгоценный алтарь покачиваться. «Эй, осторожнее! Не прыгай около буфета. Помни о чашках!»

Добрая тетя Мирра обучала меня математике и угощала чаем, когда я находила правильное решение сложной головоломки. Очевидно, мы даже не могли мечтать пить из драгоценной чашки; мы только любовались ею издалека. Чай подавался в простой советской чашке с позолоченными красными петухами. По мере того как слабый чай в моей советской чашке становился тепловатым, фамильные розы на Royal Victoria & Albert источали тонкий аромат элегантного прошлого — не моей тети, а чьего-то другого прошлого, которое ей нравилось.

Почему-то в моей семье истории о дорогих и потерянных предметах сохраняются лучше, чем истории жизни людей. Мы больше говорили об интерьерах наших квартир, чем об истории жизни членов нашей семьи, больше о внутреннем убранстве, чем о внутренней жизни. Психотерапия была частью аппарата госбезопасности. Моя мама однажды сказала, что главное — это просто иметь еду и питье на столе, быть вместе и не копаться слишком глубоко в прошлом. Она не верила в жалобы или в то, что можно сломаться умственно или физически. Сумасшествие было не для нее. Она просто не могла себе этого позволить. У моей бабушки была старая вражда с тетей Миррой, и все дело было в костяном фарфоре, а не в жестоких судьбах его владельцев: никто не хотел этого касаться. Большинство членов их огромной семьи умерли молодыми от репрессий, войн и болезней. Все, что осталось, — это старые фотографии в экзотических костюмах, фарфоровые статуэтки, фамильные чашки и высокие голубые вазы, возможно, сделанные в Лиможе. Мою бабушку арестовали как «безродную космополитку» и отправили в лагеря в 1949 году; когда она вернулась в 1955-м, то была поражена, обнаружив, что ее тщательно спрятанный костяной фарфор и вазы пережили ее заключение. В то время никому не было особенно интересно слушать ее историю о ГУЛАГе, но все говорили о непреходящих вещах. Во время хрущевской оттепели в 1960-е годы мои молодые родители вели собственную кампанию против «домашнего мусора». Они хотели жить по-новому, в просторных комнатах и без груза прошлого. Старомодный чайный сервиз и вазы были отправлены в модное изгнание и перекочевали в шкаф нашей коммунальной квартиры. Я выросла с веселой чайной посудой, украшенной золотыми петушками, рядом с желтыми обоями с одуванчиками, ярко подсвеченными большими красными абажурами, сделанными в Югославии или Чехословакии, которые выглядели как дружественные НЛО. Старые вещи снова стали ценными, когда в возрасте двадцати лет я решила эмигрировать, ища свою собственную новую жизнь в другом месте, за пределами удушающей привычности города.

Моим родителям пришлось изыскивать деньги, чтобы платить бесконечные взятки, дабы сделать возможной мою эмиграцию. Вазы моей бабушки продавались по дешевке, торговаться было некогда, время решало все. Я эмигрировала еще в 1980-х годах, до перестройки. В то время я не могла взять с собой почти никаких ценностей, только один чемодан и девяносто долларов на человека. Я была молода и не слишком заботилась о вещах. В последний момент мама упаковала мою чашку с «золотым петухом», потому что она слышала, что в далекой Америке все пьют из бумажных стаканчиков. Не столь драгоценная в моей русской жизни, чашка стала бесценным воспоминанием об эмиграции. Когда человек переезжает из страны запланированного дефицита в страну запланированного устаревания, трудно сохранить свои привычки и умонастроения. Возможно, именно поэтому в Америке рамки часто ценятся больше, чем сами произведения искусства. Рамки прибиты гвоздями к стенам вашего дома; картины являются временными и переносными. Люди говорят, что в целом я справилась хорошо, я выучила новый язык и стала говорить кратко. Я вышла замуж за американца и попыталась построить второй дом. Я прошла ассимиляцию. Я сама купила стеклянные шкафы и кое-какие безделушки в винтажном магазине под названием «История» на Массачусетс-авеню, который недавно закрылся. Мой бывший муж, пацифист, коллекционировал игрушечных солдатиков из прошлых времен и постоянно сражался в воображаемых битвах. Я собрала свою собственную разношерстную армию русских глиняных героев, троек, толстых мадонн, кентавров с балалайками и волшебных птиц со свистульками под хвостами. Я купила новые чашки русского императорского фарфора под названием «кобальтовая сетка».

В отличие от моих заботливых тетушек, я постоянно пользовалась своей драгоценной чайной чашкой, не откладывая ее ни на черный день, ни на светлое будущее. В истории нашей семьи костяной фарфор оказался более крепким, чем его владельцы. Тетя Мирра была права: молодое поколение так и не научилось обращаться с вещами осторожно. Однажды я разбила свою старую чашку с золотым петушком, которую носила с собой в эмигрантском чемодане. По правде говоря, я не выбросила ее в мусорное ведро. Я много раз планировала это сделать, но не сделала. Возможно, я положила осколок с обезглавленным красным петухом в какой-нибудь эмигрантский шкаф. Не поймите меня неправильно. В основном я выношу мусор по расписанию и даже отдаю его в переработку. Но иногда трудно расстаться с красивой вещью, поэтому я временно храню ее в шкафу, как нечто среднее между архивом и мусором. Но к чему ведет эта история? Что снова собрало бы эти разбитые осколки воедино? Теперь, когда моя бывшая родина распалась на части, к лучшему или к худшему, а моей бабушки и тети Мирры больше нет, кого волнуют эти осиротевшие вещи? Моя жизнь стоила того, чтобы потерять их, верно? Я рада, что уехала и путешествовала налегке. С легкостью пришла свобода. Как только вы покидаете дом, другие потери становятся менее значимыми. Шок от того, что все закончилось, сначала причиняет боль, а затем становится привычным. Это как анализ крови. «Только уколю, — говорит медсестра. — Извини, придется уколоть еще раз... Твои вены такие тонкие. Сожми кулак. Дыши глубже. Смотри в сторону. Хорошо. Еще один укол, дорогая. Кровь течет так медленно, но у нас все получится». Кровопотеря делает тебя немного легкомысленной.

Лежа посреди домашнего разорения, я вспоминаю о своих забытых печалях.

Разорение означает «крах», но это также о том, что осталось, о том, что напоминает о прошлых мечтах о будущем и альтернативных течениях истории. Смеющиеся маскароны на потрескавшемся фасаде моего ленинградского дома, построенного иностранным архитектором, улыбаются мне. Я помню одуванчики на желтых обоях, разорванные страницы газеты «Правда», примерно за 1974 год, висящие в нашем неотапливаемом общем туалете, аромат одеколона «Красная Москва», который распыляли, чтобы скрыть вонь. Мы макаем печенье «Машенька» в слабо заваренный чай, смеемся над одной и той же шуткой под французскую пластинку, играющую где-то на заднем плане. «Падает снег, ты не придешь, сердце мое охватывает грусть». Я не помню точно, кто такие «мы», но мы все чувствуем себя как дома. Только это не то, что ты думаешь. Я действительно не хочу туда возвращаться. У меня нет планов возвращаться в нереальный мир. Я бы хотела ковылять вперед, в будущее, без костылей, двигаться дальше, найти другую страну для эмиграции, как делала всю свою жизнь. Вместо этого я спотыкаюсь. Я натыкаюсь на то, чего не вижу. Может, я и не скучаю по потерянным вещам, но я скучаю по тому, чтобы рассказывать истории о них. Мне не хватает того, кому можно было бы рассказывать истории о потерянных предметах. Ты меня слышишь? Разве я прошу слишком многого?

Возвращаемся к началу. В фабричный городок в Коннектикуте, а не в Ленинград. Я снова просматриваю на складе выставленные домашние вещи, когда понимаю, что я там не одна. Я, конечно, с тобой, мой бывший муж — американец. Ты прятался там, на заднем плане моей истории, или, скорее, ты вообще не прятался, просто ждал меня в машине, нетерпеливый из-за моих ошибок и блужданий, но в то же время дающий мне время. Конечно, тогда мы были вместе. Мы ездили навестить твоих родственников в Коннектикут, и эта поездка в антикварный магазин стала моей маленькой наградой за все неловкое молчание и напряженность, через которые мы прошли. Вместе мы чувствовали себя в безопасности, ты и я, может быть, не очень доверительно, но по-домашнему. Мы не анализировали это, просто играли в наши утешительные прятки на фоне джазовой музыки. Мы не сталкивались с трудностями, мы понимали друг друга с полуслова, как я привыкла в своем советском прошлом. В моем втором доме было несколько тускло освещенных уголков, как и в моем первом. Твои наполеоновские солдатики мирно сосуществовали с моими русскими куклами. Все страсти и борьба за власть были просто древней историей. Ты никогда не любил чай, но я все равно могла рассказывать тебе свои истории, слушал ты меня или нет. Ты посмотрел на мою фамильную чашку со смесью безразличия и нежности и сказал что-то незабываемое, вроде: «Мило. Почти новая». Теперь я сломалась. В этом беспорядке негде спрятаться. Все слишком запущенно. Комнату не проветривали целую вечность. Скорей я должна пойти в другую сторону, выбрать иной путь в своей истории, дорогу, по которой еще не ходили. Возвратимся в темную комнату тети Мирры, последуем за ее первой любовью, одноногим лейтенантом с хриплым голосом и дымным дыханием. Что, если он вернется с войны с медалью, дважды позвонит в колокольчик, как обычно, и мудрая тетя Мирра в крепдешиновом платье и с бигуди в волосах простит ему его мимолетные измены военного времени? И фамильные чашки будут позвякивать за хрустальным стеклом «дзын» долго и счастливо. Звонит телефон. Я беру трубку осторожно, не торопясь. Это моя подруга Кати. По легкой дрожи в моем голосе она понимает, что что-то не так. «Ну же, — говорит она. — Иногда чашка — это просто чашка. Она даже не твоя».

«Нет, — говорю я всхлипывая. — Это не просто чашка. За ней стояла целая история». «Хорошо, — как ни в чем не бывало говорит Кати. — Давай посмотрим. Ты пробовала www.replacetheirreplacable.com?» В спешке я набираю в Google: «Чашка "Наследие принца Альберта"». Меня перенаправляют с одной домашней страницы на другую. Я нетерпеливо провожу курсор мимо бесконечных веджвудских английских пейзажей, мимо цветущей японской сакуры и золотых одуванчиков на императорском русском кобальте, около 2013 года. Наконец-то, вот оно. Светлый брат моей чашки с бликами, сделанными в фотошопе. Букет немного отличается, но вы знаете, розы и есть розы. Эта чашка «как новая», с несколькими трещинами и фирменными знаками. Я очень спешу. Я без колебаний расстаюсь со своей персональной информацией, оставляю номер своей кредитной карты, код безопасности, свой адрес, номер телефона, девичью фамилию моей матери. Кого волнует кража личных данных, когда вы можете заменить незаменимое? Какую чашку я заменяю? Моей тети или мою собственную? Не отвлекайте меня. У меня нет времени для сомнений, моя онлайн-заявка не может ждать. Я ставлю на выздоровление. Эта чашка будет моей, как новенькая, с примесью пережженной кости, мелкими трещинами и розами в цвету.

6. Мои значимые другие: Зенита, Сусанна, Иланка

(перевод Александра Стругача)

Опубликовано в журнале «Версус», т. 2, № 3 и 4

Предисловие Натальи Стругач

В 1977 году на Кировском проспекте, ныне снова Каменноостровском, начался ремонт дорожного покрытия. Работы затянулись на целый год. Зимой выпал снег, его, конечно, никто не убирал. Сугробы были по полтора метра высотой. Между сугробами граждане протоптали дорожки. Я помню, как ходила по этим узким скользким тропинкам на занятия в Первый мед, перебиралась через обледеневшие горы снега, как Суворов через Альпы.

Новый год я пошла встречать на Карповку, в дом, где какое-то время до революции жил Ленин. Там даже был музей: кресла в белых чехлах, венские стулья с гнутыми спинками и жуткий серый сарафан Надежды Константиновны в стеклянной витрине. В музей нас водили на уроке истории. Мы смеялись над этим страшным сарафаном, нам все было весело. Такие крамольные детские впечатления. Света потом напишет пьесу «Женщина, которая стреляла в Ленина», ее поставят в Гарварде, но это в другой уже жизни. А тогда, в 1977 году, снежной морозной ночью на углу Большого проспекта она ждала меня, чтобы вместе пойти встречать Новый год. Светка, Светлана, моя самая лучшая и верная подруга с десяти лет. Тоненькие ручки, худенькие ножки, внимательный взгляд темных глаз, густые брови, ресницы невиданной роскоши и улыбка до ушей. Я так до сих пор и вижу ее внутренним зрением, а иногда, когда иду по Каменноостровскому, мне кажется, что вот она стоит под снегом и ждет меня на нашем условленном месте, на том самом углу. Это бывает с теми, кто, как я, прожил всю жизнь в одном и том же районе. Ничего почти за пятьдесят лет не поменялось: те же дома, тот же снег, тот же ленинградский (петербургский) воздух.

Итак, мы пошли в сторону реки, сразу продолжив наш бесконечный разговор о том, о чем говорят все подруги с десяти до девяноста лет. О жизни, о личном и, конечно, о любви. Шли мы по мягкому снегу, как по облаку, в морозной пустоте предновогодней ночи, почти не замечая ничего вокруг.

Лето 2015-го. Света — известный профессор Гарварда. Я — врач-нефролог. Мы — две пожилые дамы, как сейчас говорят, пятьдесят плюс. Прибавляйте сколько хотите. Нас разделяет океан, а соединяет интернет. Света в больнице, ждет операцию, она понимает, что очень серьезно больна. Я говорю ей через море и облака, через горы и реки, словно в другое измерение: «Отвлекись, посмотри комедию какую-нибудь, фильм хороший итальянский, можно даже старый…» Она с возмущением: «Ты что? У меня так мало осталось времени. Я должна написать то, что задумала». — «О чем?» — «О том, о чем всегда собиралась написать, но так и не успела. О жизни. О личном. О любви».

И вот появляется текст, написанный по-английски, в больнице, в ожидании операции. Текст до конца не отредактированный, но очень живой.

Мой сын, Александр Стругач, перевел его на русский язык, на наш общий язык, на котором мы с ней говорили о том, о чем говорят все женщины в мире с десяти до девяноста лет. О жизни, о личном, о любви. И немного о смешном и абсурдном. Ведь это была Светка, а она одним личным никогда не ограничивалась.

Январь 2021 года

6. Мои значимые другие: Зенита, Сусанна, Иланка

* * *

В день моего рождения папа отправился на футбол. Стадион имени Кирова украшали промокшие под ленинградским дождиком алые транспаранты: «Вперед, к победе коммунизма!», а любимая команда моего отца, ленинградский «Зенит», как всегда, проигрывала. Это ни в малейшей степени не печалило моего папу. Он был уважаемым членом Клуба заядлых болельщиков «Зенита» («КЗБЗ»), и от него требовалось лишь поставить на то, одержит ли «Зенит» победу или потерпит поражение. Что действительно имело значение для заядлых болельщиков, — так это сама игра и сообщество друзей, создавших свое «государство» в государстве, чтобы иметь возможность перекинуться между собой парой-тройкой разрешенных анекдотов. Шел 1959 год, минуло шесть лет после смерти Сталина; в космос запустили спутник, в Советском Союзе открылась выставка «Америка», а великий шпионский триллер Хичкока «На север через северо-запад» приводил в восторг современников, по крайней мере в Западном полушарии.

После сталинской зимы наступила хрущевская оттепель и ленинградская слякоть. Вместе с потеплением официального ветра культурная жизнь в стране начала меняться — задолго до того, как стали возможны реальные политические перемены. Разнообразные клубы по интересам — от вязания до геологии, от футбола до кино — вырастали в официозных дворцах культуры, словно грибы после дождя. У них были собственные флаги, значки, гимны и выборные процедуры, которые тактично подражали советским ритуалам. В те времена объединение «КЗБЗ» было самым миролюбивым среди государств народной демократии; юмор занимал здесь место официальной идеологии. В день моего рождения папа перестраховался: сделав ставку на поражение команды «Зенит», он выиграл. Пребывая в приподнятом настроении, он предложил назвать своего первого (и, как оказалось впоследствии, единственного) ребенка Зенитой — в честь любимой проигравшей команды. Кроме того, у Зениты был прекрасный космический нимб, отсылающий к точке на небесной сфере, расположенной непосредственно над наблюдателем, находящимся на Земле.

Моих бабушек охватила буря негодования. Несмотря на то что они редко приходили к согласию между собой, обеим нравилось имя Саша, в котором каждая буква ассоциировалась с каким-либо покойным или дальним родственником. В еврейских семьях было принято давать детям русифицированные версии иудейских имен; моего отца звали Юрий вместо Ури, а мою маму назвали поэтическим именем Муза вместо Мириам. Подобно другим еврейским семьям, моя собственная потеряла множество родственников, пережив войны и сталинские чистки. Тем не менее, насколько я знаю, людей с именем Саша среди них не было; это имя, таким образом, стало обобщенным коллективным посвящением.

Когда мои бабушки разоблачили папин заговор, состоявший в том, чтобы назвать меня Зенитой, они были настолько обескуражены, что немедленно согласились на имя Светлана, мамино любимое. Западному человеку может представляться, что это имя имеет отношение к дочери Сталина, но в Советском Союзе у него не было столь конкретных ассоциаций. В действительности данное имя сделал популярным поэт-романтик XIX столетия В. А. Жуковский. В его балладе Светлана предстает в образе пытливой светловолосой барышни, которая желает узреть свое будущее в освещенном приглушенным светом волшебном зеркале. «О! не знай сих страшных снов / Ты, моя Светлана...» — предостерегает автор свою героиню. «Светлана» означает «само очарование», а в 1970-е годы это имя фигурировало также в популярной советской песне о первой любви, которая настигает мальчика-подростка в разгар утомительно-нудного урока по бог знает какому предмету в девятом классе. Вы — влюбленный молодой человек, дрейфующий в бескрайнем океане скуки, предоставленный самому себе в эпоху, предшествующую появлению айфона, бороздящий бушующие моря собственного, еще не подключенного к Сети подросткового воображения. «Сидишь за партой у окна. / Глядишь тревожно и туманно, / А за окном стоит весна, / А за окном стоит весна, / Весна по имени Светлана»[1].

У имени Светлана есть множество производных: Светка, Светик, Светочка, все с разнообразными уменьшительно-ласкательными суффиксами. Я всегда ощущала себя девочкой со множеством имен. В школе мне нравилось общаться с воображаемыми друзьями и отождествлять себя с персонажами художественной литературы. Хоть я и не получила подобающего еврейского образования, которое в те времена находилось под строжайшим запретом, но была записана «еврейкой» в графе национальность в классном журнале, в который любили подсматривать все школьные хулиганы. Восемьдесят процентов детей были записаны «русскими», а далее шли какие-то чудаки: один татарин, один грузин, один украинец, три еврея и несколько «русских», у которых в фамилиях имелись подозрительные иностранные корни, — скрытые евреи.

Я принимала свое инородное происхождение с двойным воодушевлением и любила играть в шпионские игры со своей лучшей подругой, крымской татаркой по имени Оля У. Я обожала зарубежные сказки, начиная с «Русалочки», которая эмигрировала, поднявшись из великолепного подводного царства на суровую землю, и «Красной Шапочки», которая пошла по окольному пути через лес и вместе со своей бесстрашной непереваренной бабушкой перехитрила кровожадного волка. В то же время меня поманил за собой русский народный персонаж Иван-дурак, которому наказали пойти «туда, не знаю куда, принести то, не знаю что», и он отправился в некое сказочное пространство или ближнее зарубежье.

Где-то к девяти годам я захотела стать пионеркой. Я вдохновлялась примером Беллы Ильиничны, полуслепой старой большевички, с которой моя бабушка провела несколько лет в лагерях ГУЛАГа в 1949–1954 годах. Превращение в пионерку обернулось для меня впечатляющим тактильным и ароматическим опытом.

---

[1] Слова из песни 1974 года «Девятый класс», музыка Бориса Монастырского, слова Юрия Рыбчинского.

На тускло освещенной арене дворца спорта «Юбилейный» мы выстроились в наглаженных белых рубашках и синих юбках на фоне бархатистых алых транспарантов с нанесенными на них золотым шитьем словами. Мы балансировали между детством и чем-то новым, мы были счастливы прикоснуться к своим пионерским галстукам и присоединиться к хору грядущего. Стоя в конце строя и содрогаясь от волнения, я наблюдала за тем, как наш главный пионервожатый приближался ко мне. Мне так не терпелось завязать этот узел принадлежности. Следующее, что я ощутила, была волна перегарного дыхания пионервожатого в непосредственной близости от моего восторженного лица. Руки его тряслись, и ему едва удалось соединить края галстука. В итоге узел получился некрепким. «Пионер, — прогремел заранее записанный голос в репродукторе, — к борьбе за дело Коммунистической партии Советского Союза будь готов!» — «Всегда готов!» — голос новообращенной Светы Гольдберг присоединился к хору, разве что немного не в унисон.

Мне никогда не нравились повествования о юных пионерах-героях вроде Павлика Морозова, правоверного мальчика, который донес на собственного отца, якобы кулака[2] (чуть более предприимчивого крестьянина) под давлением любящей матери, но на деле — во имя своей советской Родины-матери. Маленький советский Эдип не относился к числу моих героев. Я не питала чувств и к положительным героиням — белокурым и покорным девицам, которым часто доставался суженый. Фокус моего читательского внимания сместился на несколько столетий назад, в заморские страны, и был направлен на многострадальных и зачастую никем не понятых *femmes fatales*[3], которые обычно

---

[2] О «кулаках» В. И. Ленин на Совещании делегатов комитетов бедноты центральных губерний 8 ноября 1918 г. высказался так: «После Октябрьской революции мы добили помещика, мы отняли у него землю, но этим борьба в деревне еще не закончилась. <...> ...кулаки и мироеды — не менее страшные враги, чем капиталисты и помещики. И если кулак останется нетронутым, если мироедов мы не победим, то неминуемо будет опять царь и капиталист».

[3] Роковых женщин (*фр.*).

плохо кончали. Моими любимицами были Миледи Винтер из романа «Три мушкетера», та самая, с клеймом в виде флёр-де-лис[4] на плече, а также черноволосая и пылкая Исидора Коварубио де Лос-Льянос, которая ловила своих неприятелей при помощи лассо в позабытом произведении американской классической литературы, романе «Всадник без головы» капитана Майн Рида. Еще была авантюристка-еврейка с огненными волосами в романе «Айвенго» Вальтера Скотта (Ревекка? Шошана?). Я всячески стремилась спасти ее от участи второстепенного персонажа. Литература предоставляла нам возможность ускользнуть от повседневной советской жизни, которая порою казалась нечитабельным миром двойственных формулировок и компромиссов, где едва ли перекликалось между собой то, что произносилось вслух, и то, что при этом имелось в виду. Взаимный обмен книжками являлся альтернативной формой принадлежности, которая подразумевала не соответствие, а совместное несоответствие обществу.

В тринадцать лет я исписала свою адресную книгу неправдоподобным французско-русским именем Митя Бруни. Нам довелось испытать пылкие ласки у вестибюля станции метро «Горьковская», а затем — на крыше Петропавловской крепости[5]. О нет, вы не увидите там нацарапанную желтым мелом надпись «Митя + Света = любовь», мы были слишком крутыми для этого. Однажды я умышленно потеряла записную книжку, и мой тайный возлюбленный сделался предметом школьных пересудов. После этого Митя больше не перезвонил. Ни один из моих будущих возлюбленных, реальных или виртуальных, не дотягивал до Мити Бруни. Где-то в пятнадцать я влюбилась в поэзию, ощутив благовонный аромат, исходивший от тонкой темно-синей книжицы Осипа Мандельштама, впервые переизданной

---

[4] От *фр.* fleur de lys, «цветок лилии», «ирис», — популярная гербовая фигура, относящаяся к числу так называемых негеральдических естественных фигур.

[5] Пешеходный маршрут «Невская панорама» проложен по деревянным мосткам поверх крепостных стен, от Государева до Нарышкина бастиона Петропавловской крепости.

в 1973 году, после тридцати пяти лет молчания[6]. Понятия не имею, как мои родители смогли позволить себе эту книгу. Ее цена на черном рынке в те времена равнялась почти месячной зарплате советского инженера. Мое излюбленное стихотворение «Золотистого меда струя...»[7], которое я скорее почувствовала, нежели до конца поняла, открылось мне в крымском поселке Коктебель, где я проводила летние каникулы. Мы наслаждались туманными холмами на морском берегу, носящими имя «Груди царицы Савской», и собирали полудрагоценные камни с расходящимися прожилками, похожими на линии неправдоподобных судеб. Это были наши эфемерные талисманы, связывавшие прошлое с будущим. Стихотворение Мандельштама медленно струится по террасированным ландшафтам Коктебеля, словно золотистый медовый ручей в сухой крымской жаре. Мандельштам считал, что поэт или его идеальный читатель — это «поэтический гермафродит», который свободно перемещается между гендерами, возрастами и границами и радостно общается со своими несовременниками по всему свету. Крым олицетворял «тоску по мировой культуре», это была уникальная часть советской территории, где когда-то давным-давно переплетались судьбы греков, итальянцев, скифов, хазар, евреев, татар, армян и других народов и расцветали различные космополитические визионерские утопии, включая богемный рай для художников и поэтов в 1910-е годы и нестабильную сказочную страну под

---

[6] Это было первое отдельное издание стихотворений Мандельштама, вышедшее в СССР после его смерти (подборки стихов и некоторые прозаические тексты стали появляться в периодике начиная с середины 1960-х). Последняя прижизненная публикация Мандельштама в СССР (если не считать рецензий и переводов) датируется 1933 годом, последние прижизненные отдельные издания вышли в 1928 году. Таким образом, 35 лет прошло между смертью Мандельштама в 1938 году и выходом этой книги, имя поэта не появлялось в советской печати примерно 30 лет, а промежуток между опубликованными сборниками его стихов составил 45 лет.

[7] Оригинальное название этого произведения О. Э. Мандельштама, под которым оно публиковалось в первых стихотворных сборниках в 1918 и 1922 годов, — «Виноград». Позднее стихотворение публиковалось без названия, и его стали именовать по первой строке.

названием «Красный Сион» — недолговечную еврейскую социалистическую сказочную республику — в 1920-е.

В стихотворении «Золотистого меда струя...» прекрасная рыжеволосая хозяйка бросает взгляд через обнаженное плечо, пока ее друзья пируют за разговорами и флиртом на пороге революции и кровавой Гражданской войны, что знаменует одно идеальное мгновение. В финале появляется непрошеный гость. Это Одиссей. Он возвращается домой с небылицами, разве что его всамделишный дом — вовсе не родная Итака, а Крым/Таврида, земля изгнанников. «Одиссей возвратился, пространством и временем полный». «Улисс вернулся», — вторит стихотворец с другого континента и на другом языке. «Но где влачит судьбу земную / Тот, кто погожим днем и ночью темной / Бродил по миру, словно пес бездомный, / Никем себя прилюдно именуя?»[8] — Улисс Хорхе Луиса Борхеса бросает взгляд через плечо, стремясь изловить собственную отважную тень.

Поэтический испанский слог Хорхе Луиса Борхеса стал моим следующим по счету любимым языком. После окончания школы я захотела изучать иностранные языки и культуру в Ленинградском государственном университете. Вот только мой папа разузнал у своего товарища по киноклубу, университетского профессора, что существуют неофициальные еврейские квоты и что девочка с моей фамилией Гольдберг никогда не сможет поступить туда, какими бы высокими ни были ее отметки. Мой отец не мог поверить, что антисемитизм пережил сталинизм, но не собирался жертвовать моим будущим ради собственных высоких идеалов. Он выяснил, что единственным местом в сфере гуманитарных наук, куда брали евреев, в тот год было, в соответствии с неписаными нормами советской внутренней политики, испанское отделение Ленинградского государственного педагогического института[9]. Данное отделение было подлинным прибежищем для

---

[8] «Одиссея», Песнь двадцать третья; Х. Л. Борхес, из книги «Иной и прежний» («El otro, el mismo»), 1964, перевод Б. Дубина.

[9] Ныне — Российский государственный педагогический университет имени А. И. Герцена.

эксцентричных персон. Среди наших профессоров были такие, как невысокий коренастый лингвист-чародей по имени доктор Шаббес[10], доцент из Баку ростом с Дон Кихота, игравший на гитаре и певший на баскском языке, преподавательница фонетики по имени Мария-Луиза Муньос, которая была эвакуирована из Испании девятилетней девочкой в период Гражданской войны и всегда мечтала о возвращении в родную Астурию[11], небольшая группа пожилых бывших узников ГУЛАГа, которые в свои 18 лет отправились добровольцами на Гражданскую войну в Испании, а потом оказались в застенках, и несколько унылых советских аппаратчиков с прекрасно поставленным произношением. Их роль заключалась в том, чтобы студенты не слушали «Битлз» и придерживались допустимой длины волос.

Именно благодаря Марии-Луизе я приобрела свой необыкновенно чистый испанский акцент, *Castellano castizo*[12], который неизменно вводит людей в заблуждение. При всей нашей любви к ней она мучила нас фонетическими упражнениями, словно транслируя нам физиогномику собственной ностальгии. Это был монолог Дон Кихота о свободе: "La li-ber-ta-d, Sancho"[13] — не надо мямлить, каждый звук — громко и отчетливо, пускай самый кончик вашего языка беззвучно целуется с вашими передними зубами... "la libertad" — это не для слабонервных». Испанское стихотворение о Красной Шапочке было еще одним обязательным для заучивания текстом: "caperu-ci-ta-en-carnada"[14]. "Caperu—c—ii—ta!" «Растягивайте губы, девочки, словно острое лезвие, пока не будет больно... не обращайте внимания на реплики персонажей! "Ca-pe-ru—ciiiiii—ta"». Я слышала, что Мария-Луи-

---

[10] В оригинальном тексте Dr. Shabbes — вымышленное имя молодого начинающего преподавателя, в те годы обучавшегося в аспирантуре института.

[11] Астурия — провинция на севере Испании, имеющая статус автономного сообщества.

[12] Castellano castizo — испанский кастильский диалект, официальная версия испанского языка, распространенная в центральной и северной частях Испании.

[13] Свобода, Санчо.... (*исп.*).

[14] Красная Шапочка (*исп.*).

за вылетела в Мадрид первым же рейсом в самом начале перестройки. Донкихотовская Испания, которую я открыла для себя в Ленинградском государственном педагогическом институте, воображаемая страна советских эксцентрических грез, быстро превратилась в мою *patria chica*[15]. Я заинтересовалась иберийскими диалектами и языками национальных меньшинств Испании, такими как галисийский[16], каталанский или ладино[17]. Эти поэтические средневековые языки были гораздо больше связаны друг с другом, нежели с центральным кастильским диалектом, который был объявлен государственным языком после воссоединения страны. Я воображала свою дальнюю родственницу, рыжеволосую испанскую еврейку Шошану, которая пробирается по залитым лунным светом дорогам Толедо, переодеваясь для своего путешествия в чужое платье и сочиняя для своих подруг стихи на разных романских языках. «Muero porque no muero» — «Умираю и не могу умереть». Нет, вовсе не так, как у святой Терезы: великой мистической *conversa*[18]. У меня это могло бы звучать так: «Vivo, porque no vivo?» («Живу и не могу жить»), «Porque la vida es sueño y los sueños sueños son» («Раз жизнь есть только сновиденье, а сновиденья только сны». Последняя строка не принадлежит Шошане)[19]. В свои восемнадцать я дни напролет просиживала в библиотеке, вручную переписывая научные труды по общей и исторической лингвистике от Соссюра[20] до Амадо Алонсо[21],

---

[15] Малую родину (*исп.*).

[16] Галисийский диалект — диалект испанского языка, вариант кастильского, распространенный в Галисии.

[17] Ладино — так называемый сефардский или еврейско-испанский язык.

[18] Крещеной еврейки (от исп. *convertirse* — обращаться). Тереза Авильская была урожденной католичкой и на три четверти кастильянкой, в христианство из иудаизма перешел ее дед по отцу.

[19] Знаменитый финал второго действия (хорнады) пьесы «Жизнь есть сон» Педро Кальдерона. В оригинале: «...Que toda la vida es sueño, y los sueños, sueños son». С. Бойм цитирует русский перевод К. Бальмонта.

[20] Фердинанд де Соссюр (Ferdinand de Saussure, 1857–1913) — швейцарский лингвист, специалист в области языкознания и структурной лингвистики.

[21] Амадо Алонсо Гарсия (Amado Alonso García, 1896–1952) — испанский и аргентинский филолог-испанист.

получая особое удовольствие от этого чудесного ускользания в науку.

Мое увлечение провансальским[22] и каталанским языками завершилось романом с профессором-трубадуром из Баку. Начинай с малого — так он меня наставлял. Начни свое исследование с определенной небольшой вещи, например статьи на диалекте каталанского языка. Затем ты сможешь взяться уже за нечто оригинальное и расширить круг своих изысканий. Прости, мой дорогой М. В., мне так и не удалось последовать твоему совету, хотя он сопровождался очаровательными букетами роз, долгими прогулками по ленинградским дворам, хриплыми испанскими песнями о любви под гитарный аккомпанемент и бокалом ркацители, того самого молодого грузинского вина. Наш роман в итоге остался почти платоническим, но он стал для меня толчком к эмиграции и посвящению себя научной деятельности.

Мне по-прежнему не очень хорошо удается останавливаться на мелочах, и у меня редко получается отличить конкретное от неопределенного. Но эти угнетенные романские языки вели меня по дороге приключений и самопознания. Судьбоносная случайная встреча произошла в 1979 году в очереди за сушеной воблой в Коктебеле, в Крыму, неподалеку от темного, с винным отливом моря. Подобное не могло бы произойти в каком-либо ином месте. В той очереди она повстречала стильного московского архитектора с золотистой бородкой. Его имя звучало как превосходный творческий псевдоним — Константин Бойм. После десятиминутной беседы он спросил ее, не желает ли она отправиться с ним в Америку. Остальное — уже история (и тема совсем другого рассказа). В конечном итоге ответила «да», не сразу, но вскоре. Через два месяца они зарегистрировали брак и инициировали процесс отказа от советского гражданства и получения выездной визы. Они сохранили свои фамилии — Бойм и Гольдберг — и независимые творческие личности.

---

[22] Провансальский язык — язык коренного населения южных территорий Франции, районов в приграничных зонах Испании и Италии. Его также принято называть языком трубадуров.

Переход от внутренней эмиграции к внешней воспринимался как продолжение, но на деле это был скорее прыжок веры. Внутренняя эмигрантка — та, которая дистанцируется, насколько это политически возможно, от обязательств и компромиссов с окружающим ее обществом и выкраивает для себя государство в государстве, порой даже настолько крошечное, как «кухонный салон». Там она делится собственным эмигрантством с другими, с единомышленниками, на свой страх и риск. Границы этих государств в государстве неохраняемые и проницаемые, но все же внутренняя эмигрантка движется в фарватере родного языка и своей страны (и отклоняется в сторону). Когда ты эмигрируешь за границу, в особенности из закрытого и консолидированного общества, то испытываешь шок от одной только мысли о том, что там — «заграница». В нашем случае было трудно поверить в то, что «Запад» не являлся банальным идеологическим или контркультурным конструктом; он в принципе функционирует по правилам другого языка. Мы хорошо знали пункт отправления, но не пункт назначения. «Запад» существовал для нас как пространство другого и как страна из кинофильмов. Наш фактический опыт не всегда соответствовал этим киносценариям. Из всех моих внутренних других именно Светка, испытывавшая отвращение к несправедливости и влюбленная в чужие жизни, решительно и быстро вознамерилась эмигрировать из Советского Союза. Процесс был унизительным и неприятным. Скрытый еврей, профессор испанского отделения (профессор Шаббес? Могли ли его звать так на самом деле?) попросил меня добровольно отчислиться из педагогического института с риском так никогда и не завершить высшее образование в Советском Союзе. В противном случае руководству пришлось бы проводить долгое общественное собрание, заклеймив меня как изменницу родины, что стало бы проблемой для всех. Я приняла решение оставить учебу «по семейным обстоятельствам».

Через два года после моего отъезда папа оказался в центре небольшого показательного процесса на предприятии, где он трудился; его обвинили в воспитании изменницы родины. Он был уволен с работы и снят с должности председателя своего киноклуба «Кино и ты». Единственная должность, на которую ему удалось устроиться, — работа ночным сторожем на автостоянке, где он прочел множество зарубежных детективов и начал изучать английский язык. После моего отчисления из педагогического института и последовавшей за ним подачи документов на эмиграцию я полтора года провела в советской неопределенности: не совсем *émigré*, не совсем отказник. Времена были напряженные. В период проведения Олимпиады в Москве повсюду появились улыбающиеся олимпийские мишки и менее улыбчивые крепкие милиционеры. В конце концов я получила выездную визу для отъезда на «постоянное место жительства» в государство Израиль. Затем последовало несколько месяцев жизни в поселениях для беженцев в Австрии и Италии, и в итоге я решила отправиться в Соединенные Штаты Америки и оказалась наконец в Бостоне, который, как я полагала, являлся американским городом-побратимом Ленинграда.

На собеседовании в иммиграционной службе сотрудница сохранила имя моего мужа Константина Бойма, а мое предложила изменить: «Никто в Америке не сможет выговорить ваше имя Светлана. Как насчет Сьюзен? — весело поинтересовалась женщина. — Его довольно просто выговорить». Я выбрала Сьюзанн, так как мне нравилась песня «I'm sorry Suzanne believe me... <...> I'm sorry Suzanne forever...» (Видимо, у него была веская причина извиняться, и я надеюсь, что Сьюзанн ему не поверила...) Сотрудница иммиграционной службы улыбнулась мне и что-то вписала в мой бланк заявления иностранца-нерезидента. Придя «Светой Гольдберг», я ушла, будучи «Сьюзанн Бойм». Смена имени меня нисколько не опечалила.

Я вовсе не ощущала себя так, будто у меня украли мою идентичность. Я чувствовала себя освобожденной и надеялась создать себя с нуля. Со «Сьюзанн» вышла небольшая накладка. Какой-нибудь новый знакомец звонил по телефону и спрашивал: «Можно Сью к телефону?» — «Вы ошиблись номером», — учтиво отвечала я. Мне нравилось мое новое американское имя, но я так и не привыкла на него откликаться. Сьюзанн принадлежала к числу моих самых ассимилированных американских «я».

В течение первого своего года в Америке Сьюзанн непродолжительное время прослужила секретаршей, устроенной на неполный рабочий день, в организации под названием «Матчинг руммейтс»[23]. Она отправилась в «Файлинс бейсмент»[24] и приобрела бело-розовую рубашку в клеточку с белоснежным воротничком, чтобы выглядеть как секретарша из рекламы какого-нибудь йогурта.

Не так давно я снова оказалась в районе Даунтаун Кроссинг[25] в Бостоне, где совершила свой первый американский шоппинг. Там, где некогда располагался «Файлинс бейсмент», в самом центре Бостона, на границе между историческим центром и деловым районом, красовалась зияющая в земле дыра, разверзнутая братская могила, где упокоился иммигрантский опыт погони за скидками. Офис «Матчинг руммейтс» размещался в протекающем подвале в Брайтоне, и, несмотря на то что на собеседовании я сошла за добросовестную новоиспеченную американку, меня вскоре уволили по той причине, что я не сумела купить своему начальнику правильный бутерброд с копченой индейкой и дижонской горчицей. Все, что я помню из этой истории, — густые усы шефа, как в стихотворении Маяковского, которое я заучила в школе: «Вот вы, мужчина, у вас в усах капуста», и прогнившая лавочка посреди зарослей высокой травы в Фенуэй-парке. Всякий раз, когда он отправлял меня из подполья на какую-нибудь специальную разведывательную миссию, я отдыхала на этой скамейке и читала купленный на распродаже экземпляр «Истории любви», блаженно забывая, какой именно соус желал получить мой шеф. Как бывшая обитательница коммунальной квартиры, я с недоверием относилась к подбору соседей и дижонской горчице.

На моей следующей работе в Америке я трудилась с полной самоотдачей. Я стала помощницей по совместительству социаль-

---

[23] «Matching Roommates» — букв. «Подбор соседей» (англ.).
[24] «Файлинс бейсмент» («Filene's Basement») — массачусетская торговая сеть.
[25] Даунтаун Кроссинг (Downtown Crossing) — торговый район в центральной части города Бостона.

ного работника в «Еврейской службе семьи и детей»[26], которой было поручено работать с беженцами-кубинцами. Мне нужно было сопровождать их из приюта в Дорчестере в «Джуиш фемили энд чилдрен сервис» и в службу социального обеспечения, чтобы помочь им с поиском крова, пособиями и трудоустройством. Моя группа состояла из трех кубинцев: двух высоких братьев, которые все еще находились в состоянии шока или изумления после своего отъезда и курили достаточно много дури, из-за чего бывало весьма затруднительно их разбудить и убедить отправиться на собеседования, и все это при помощи моего советско-кастильского языка образца XIX столетия. Третий мужчина был невысок и проникновенен. Он сообщил мне по секрету, что он — опытный механик и полон решимости «преуспеть в Америке». Я все еще слышу неуверенные шаги трех мужчин за моей спиной, как будто я их пионервожатая. Они называли меня Сусанна, а также, с почтением, — *nue-tra mae-tra*[27].

Нам зачастую приходилось понимать друг друга с полуслова. Само собой, я их так и не заложила, даже когда любезный социальный работник напрямую спросил меня, не под кайфом ли они. Ни в коем случае не становись доносчицей — вот что я твердо усвоила в Советском Союзе. Я лишь желала, чтобы они пришли в себя и не ставили под угрозу собственное благополучие. Очутившись в Управлении социального обеспечения города[28] — знаменитом памятнике архитектуры брутализма, — я должна была сопровождать их и работать переводчиком-трикстером, выдумывая и приукрашивая их истории о многолетнем опыте работы на Кубе. Хоть я и была *gringa*[29], но мы продолжали оста-

---

[26] «Jewish Family & Children's Service» — организация была основана в США в 1850 году для моральной и материальной помощи прибывающим иммигрантам в первые месяцы их жизни в новой стране.

[27] Nuestra maestra — «наш учитель», «наша учительница» (*исп.*). Автор заостряет внимание на том, что ее подопечные «проглатывают» букву «s».

[28] Речь, вероятно, идет о здании правительственного центра обслуживания (Government Service Center).

[29] Gringa — распространенное жаргонное испанское выражение, которым в Латинской Америке называют женщин-иностранок.

ваться *compañeros de lucha*³⁰. Потом их перевели в какое-то другое место. Когда мы увиделись в последний раз, они подарили мне три булавки со стеклянными сердечками — зеленую, красную и синюю: *por nue-tra mae-tra*. Английские булавки сломались, но стеклянные сердечки все еще у меня, где-то в моем неразобранном архиве.

Прошли годы, я стала иностранцем-резидентом и гордой обладательницей грин-карты (демонстрирующей левое ухо на фотографии, удостоверяющей личность) и, наконец, гражданкой США. В глубине души я продолжаю оставаться иностранцем-резидентом, хотя нынче являюсь совладелицей индивидуального жилого дома и уже не замечаю за собой той прежней иммигрантской воли к преодолению трудностей. Знаю, знаю. «Иностранец-резидент» лучше звучит как поэтическая метафора, нежели «статус проживания». Поступление в высшее учебное заведение на отделение литературы было подобно возвращению домой. Оно предоставило мне не только альтернативу привычной иммигрантской ассимиляции, но и подлинный дом — мобильный — в мировой литературе. Когда в Еврейской службе профессионального обучения, которая помогала расселять советских беженцев, меня спросили, подготовку по какому профилю я желала бы получить, я ответила, что хочу поступить в университет. В конце концов, именно возможность окончить университет — одна из причин, по которой я уехала. А до отчисления из института мне удалось проучиться всего три года. По какой специальности? — поинтересовался служащий. Философия, сказала я, или филология.

Для сотрудников иммиграционной службы это прозвучало как анекдот. В самом деле, очень практичное направление деятельности. Служащий сказал, что лучшее из того, что он может предложить, это прохождение трехмесячного интенсивного курса по набору текста, возможно, с элементами программирования. В ответ я хлопнула дверью. После этого я добралась на метро до Бостонской публичной библиотеки и провела там целый

---

³⁰ Товарищи по борьбе (*исп.*).

день, изучая университеты Бостона. Я поинтересовалась по поводу «грантов для меньшинств» для женщин-евреек, и мне вежливо объяснили, что евреям в Америке больше не нужна поддержка для получения университетского образования. Я также узнала, что существует такое понятие, как «дедлайн»[31], и что он уже прошел.

Не слишком обеспокоившись теми сведениями, которые я получила из официального источника, я решила просто пройтись по отделам и постучаться в случайные двери. Бостонский университет был ближе остальных. Испытывая легкое волнение, я направилась к кабинету заведующего кафедрой современных языков. Сквозь щель в приоткрытой двери я с удивлением заметила молодого человека, сидящего закинув ноги на стол и читающего книгу о Бертолуччи[32]. Несмотря на то что его весьма озадачили мои миграционные документы беженки и мои выписки из педагогического института, в которых перечислялось множество курсов по «военному обучению» и «практике медсестер гражданской обороны», он проявил непредвзятое отношение. Мы нашли общий язык, обсудив одну из тем, которая в чем-то была мне близка, — итальянский коммунистический кинематограф. В 1981 году испаноязычные советские беженцы все еще были редкой монетой, и я, вовсе об этом не подозревая, выглядела соответствующим образом, одетая в свое бежевое пальто, с длинными прямыми волосами. Он предложил мне побеседовать с профессором испанского отделения в соседнем кабинете, Алисией Б. Я просто не могла поверить в открытость и доступность, которые меня ожидали без каких-либо писем, связей, услуг, бартера или того, что по-русски называлось словом «блат», то есть совокупности всего вышеперечисленного.

Алисия оказалась еще более обворожительной. Писатель и ученый, красивая и загадочная польская беженка-еврейка из Аргентины. Я была несколько удивлена тем, что она общалась со

---

[31] Дедлайн (deadline) — крайний срок (*англ.*).
[32] Бернардо Бертолуччи (1941–2018) — итальянский кинорежиссер, продюсер, сценарист, драматург, актер и поэт.

мной на некоей разновидности испанского XVI столетия... но я не подала вида и старалась изо всех сил. Она была в равной степени удивлена моими «удовлетворительными» оценками по сестринскому делу, но предпочла не обращать на это внимания. Она спросила меня, смогу ли я прийти завтра и провести занятие по курсу начального испанского языка. Мне хватило гонора, чтобы ответить «да». Занятие прошло нормально, языковые навыки оказались воспроизводимыми. Единственное, чего я не смогла понять, так это того, почему студенты принялись обсуждать некую загадочную «больницу общего профиля», — поскольку такого словосочетания, как «мыльная опера», в моем лексиконе еще не было. Кроме того, я и не подозревала, что существуют буквенные оценки, а не только привычные 5, 4, 3, 2, 1.

Позднее на ознакомительном собрании в БУ[33] итальянский профессор, имевший годичный стаж работы в американской системе образования, преподал мне важный жизненный урок: «В американском вузе лучше не задавать вопросов. Иначе вы рискуете продемонстрировать воочию, как много всего вы не знаете». Супруг Алисии, видный исследователь французской литературы по имени Джеффри Мельман[34], оказался руководителем магистерской программы. Они приняли соломоново решение, сопряженное с наименьшим риском. Я стану преподавать начальный курс испанского языка, для чего будет вполне достаточно моего педагогического образования — с хорошим астурийским акцентом, — и смогу безвозмездно посещать занятия по магистерской программе заочно. Это был тот самый момент, когда я подумала, что наконец-то пробилась. Я обрела свою подлинную родину — Четвертый Интернационал американских иммигрантов.

---

[33] БУ — Бостонский университет, обычно произносится как Би-Ю (Boston University, BU) — частный исследовательский университет, основанный в 1839 году в Бостоне.

[34] Джеффри Мельман (Jeffrey Mehlman, 1944 г. р.) — американский литературный критик, литературовед и преподаватель, специализирующийся на изучении французской литературы.

Сейчас эта история кажется мне невероятной; подобное, скорее всего, не могло бы произойти сегодня, в условиях избыточной университетской бюрократизации. Иначе говоря, когда я заседаю в приемных комиссиях вместе со своими уважаемыми коллегами, то снова и снова прихожу к осознанию, что в наши дни мне, вероятно, не удалось бы попасть в продвинутую программу в крупном университете. Теперь, когда я принимаю участие в работе множества таких комиссий, я пытаюсь, скажем так, быть «пятой колонной»: давать возможность пробраться внутрь необычному и эксцентричному соискателю, неважно, иммигранту или нет, кому-то несовершенному, но вместе с тем оригинальному. (Тсс...)

Итак, как только я начала обустраивать свой второй дом в Америке, работая преподавательницей испанского языка на полставки, я решила съездить за границу, разумеется в Испанию, чтобы изучать каталанский язык по специальной программе в монастыре в Пальма-де-Майорке. Сусанна, студентка, изучавшая угнетенные иберийские диалекты, вновь собиралась в дорогу. В программу входил перелет туда и обратно «Спантаксом»[35], и я гордо предъявила свой новый «проездной документ беженца» на границе с США. В то время я все еще имела статус «иностранца-нерезидента». Тем не менее после приземления в Испании в аэропорту Барахас[36] меня немедленно задержали и пригрозили депортацией. Мой «проездной документ беженца» (со строчкой заглавными буквами на первой странице «Это не паспорт Соединенных Штатов Америки») выглядел подозрительно. Советская еврейка, иммигрирующая в Америку с целью изучения каталанского языка, — этот концептуальный образ представлялся не слишком правдоподобным. Депортация и лишение гранта казались не очень-то привлекательными, — так что я согласилась быть задержанной. Единственная загвоздка состояла в том, что авиакомпания позволила мне подняться на борт самолета. Соответственно, они обязаны были гарантировать мне въезд в страну. На ночь меня поместили в остекленное помещение в экстерри-

---

[35] «Спантакс» («Spantax» S. A.) — испанская авиакомпания.
[36] Международный аэропорт Мадрида.

ториальной зоне, а спать мне пришлось на неудобных стульях, но днем мне разрешили выйти в вестибюль, где продавцы любезно предложили мне бесплатные *churros con chocolate*[37] — в качестве милого добрососедского жеста. И вновь мой кастильский акцент очень пригодился, равно как и тоненький томик художественных произведений Хорхе Луиса Борхеса, который путешествовал вместе со мной. Я возлежала на трех неплотно составленных стульях в своей революционной тюремной камере в Барахасе, оставляя жирные шоколадные пятна на страницах вымышленной энциклопедии Тлёна[38].

Улисс в юбке вернулся домой, на свою *patria chica*, был принят за ту женщину, которую прилюдно именовали Никем. Циклопа здесь не было, — лишь вспыльчивый полицейский из аэропорта. На протяжении четырех или пяти дней литература помогала мне выжить, и я представляла себе, как эта неопределенность в аэропорту будет выглядеть через призму Тлёна. Наконец я додумалась до более практичного решения и разыскала своего профессора испанского языка из Бостонского университета, который преподавал в летней школе в Мадриде. Он любезно согласился явиться в качестве моего поручителя в полицейский участок и предоставить нечто под заголовком «Моральная оценка личности и поведения С.». Это звучало очень по-советски. Я до сих пор не знаю, что еще он сделал для меня, но наконец мне вкратце рассказали, как быть «законопослушной», нравственной гражданкой и путешественницей, а на моем «проездном документе беженца» была поставлена надлежащая печать, и мне было дозволено ступить на испанскую землю.

---

[37] Чуррос (churros) — традиционная испанская сладкая выпечка, как правило, подается к завтраку.

[38] Речь идет о вымышленной псевдоэнциклопедической статье, повествующей о таинственной стране Укбар, из спекулятивно-фантастического рассказа «Тлён, Укбар, Орбис Терциус», впервые опубликованного Хорхе Луисом Борхесом в 1940 году. В рассказе причудливо переплетены реальные и вымышленные события, а также действия реальных и вымышленных героев, часть из которых — современники Борхеса: мыслители, интеллектуалы, писатели и философы, а также исторические личности из минувших эпох.

В Мадриде образца 1982 года не было абсолютно ничего от того красочного настроения Альмодовара[39], которое мы привыкли ассоциировать с урбанистическим бумом 1990-х годов. Спустя всего шесть лет после смерти Франко[40] испанская столица показалась мне красивым, но мрачноватым восточноевропейским местом, где подозрительные коренастые мужчины нашептывали непристойности с превосходным кастильским акцентом, когда я прогуливалась по площади Пласа-дель-Соль. Я обживала тесное пространство балкона Мадриленьо[41], где вечно стоишь на цыпочках, на пороге, застряв в оконном переплете лицом к лицу с чугунным Сатурном.

В целом мое возвращение на испанскую родину не увенчалось успехом. В школе по изучению каталанского языка я выделялась, словно белая ворона: американка русского происхождения, которая едва ли могла позволить себе поесть вне дома. В то время как мои испанские профессора в Ленинграде мечтали вернуться в Испанию, местные жители хотели отправиться назад, в СССР, тот, который существовал исключительно в испано-республиканских фантазиях их собственных родителей: ностальгия, вполне объяснимая в период после франкистского вымарывания исторической памяти, но казавшаяся мне тогда странной. Америка же, напротив, воспринималась как рейгановская империя зла, и никто не мог взять в толк, зачем я отправилась из СССР в США. Но когда любопытство улеглось, студенты, съехавшиеся из разных каталоноязычных провинций страны, по большей части спорили между собой по поводу того, чей диалект исконно каталонский, а чей — самопровозглашенный. Что первично и что подлинно? Кому предстоит воссоединять каталонские земли: барселонцам? валенсийцам? меноркцам? майоркцам? Кроме прочего, меня смущали мои финансовые ограничения, в связи

---

[39] Педро Альмодовар — испанский режиссер театра и кино, сценарист, кинопродюсер, художник-постановщик, актер.

[40] Франсиско Франко (1892–1975) — испанский военный и государственный деятель, председатель правительства страны в 1938–1973 годах.

[41] Мадриленьо (Madrileño) — мадридец, коренной житель столицы Испании.

с которыми я отказывалась от посещения многочисленных летних кафе. Я проводила время преимущественно в монастырском саду, читая великих каталонских философов Раймунда Луллия[42] и Хорхе Луиса Борхеса на политически некорректном государственном языке — кастильском испанском.

Перед возвращением в США у меня случилась необычная встреча в мадридском парке, где я угощалась своими любимыми *churros con chocolate*, следы которых оставались на страницах художественного произведения Борхеса. Ко мне подошел молодой человек с косматой бородой и заговорил на испанском языке с необычным акцентом. «Почему ты не говоришь со мной на своем родном языке? — прошептал он. Пауза. — Ты что, боишься? Зачем ты скрываешься?» Я начала нервничать. «Я — галисиец, ты — галисийка. Давай пообщаемся друг с другом нормально». Поразительно. Этот человек принял меня за свою! Он вовсе не был агентом КГБ с бутафорской бородой, преследовавшим Светлану Гольдберг во время ее поездки за границу. Нет. Меня, Сусанну, с моим основательным русско-астурийским «ese-s», приняли за испанку из соседней западной провинции. Сколько раз я мечтала стать испанкой на занятиях по изучению языка в Ленинграде и Бостоне! И наконец-то меня за нее приняли. Но именно в этот момент я решила не давать продолжения этому воображаемому причастию.

— Я американка, а не галисийка, — произнесла я, удивляясь сама себе.

Я впервые осмелилась выговорить это: я — американка. (Я уже знала, что было бы лучше сказать: «Я — русская».) Повисла пауза непонимания.

— Я американка, — повторила я. — Soy Americana.

Пауза. Еще пауза. Шипение. «Hueles a Yanqui!» (От тебя несет янки.)

Спешу дополнить, что я влюбилась в Испанию запоздало, в 2009 году. С большим удовольствием объездила всю Каталонию.

---

[42] Раймунд Луллий (1235–1315) — средневековый каталонский философ, теолог, миссионер.

Я приняла участие в выставке «*Historiar-Imaginar*», посвященной восстановлению испанцами исторической памяти о временах Франко, позабытых в ревущие 90-е, и подумала, что забвение в этой стране некоторым образом отражало мое собственное. Моя новая привязанность — это прочная и зрелая привязанность, которая практически стерла все неудачи этой суровой истории любви.

Не сама по себе страна Испания, а именно литература как таковая оказалась наилучшей родиной для эмигрантов, для нового эмигрантского интернационала. Да, я так и не научилась управлять автомобилем, но воображения у меня было в достатке, и я обладала поэтическими водительскими правами. В 80-е годы американский университет оказался надежным убежищем для иммигрантов; он давал нам образовательные гранты и чувство приключенческой принадлежности.

В свои первые, больше всего связанные с книгами годы в Америке я чувствовала, что живу по-настоящему. «Жизнь и смерть давно беру в кавычки, / Как заведомо-пустые сплёты», — писала русская поэтесса Марина Цветаева. В своем исследовании, которое станет моей первой книжкой, я рассмотрела разнообразные личности, маски и глубинные «я», а также мифы о поэте — в жизни и смерти. Работа под заголовком «Жизнь и смерть в кавычках»[43] должна была стать моей первой книгой. Редактор издательства *Harvard University Press* посчитал это название слишком длинным и предложил убрать либо жизнь, либо смерть. В 28 лет название «Смерть в кавычках» показалось мне более сексуальным, хотя на самом деле меня заводила именно жизнь — распространение жизни в литературе и за ее пределами, в мире. Веря в силу идей, я всегда осторожно подходила к претворению текстов в жизнь или к созданию любых реди-мейдовых[44] моделей трансцендентности. Поэтические рассказы являли собой образцовые

---

[43] Boym S. Death in Quotation Marks: Cultural Myths of the Modern Poet. Boston: Harvard University Press, 1991.

[44] Реди-мейдовых — от английского «Ready-made» — простая модель, отображающая, по замыслу автора, нечто потустороннее.

6. Мои значимые другие: Зенита, Сусанна, Иланка

эксперименты и трансформацию личности, которая перемещалась на территорию опасной пограничной зоны между жизнью и смертью и обратно.

Когда мне было двадцать лет, я безрассудно путешествовала по миру, будто Дон Кихот, пытаясь извлечь литературные уроки. Я ходила, сверяясь с сюрреалистическим путеводителем по Парижу, и читала «Внутренний опыт»[45] Жоржа Батая и «Надю»[46] Андре Бретона, сидя с одной маленькой чашечкой кофе в кафе «Бонапарт», — чашка в день — это всё, что я могла себе позволить. Я пребывала в ожидании потрясающей экзистенциальной случайной встречи, пока местные парижане просто занимались своими повседневными делами за полными до краев *café au lait*[47] и декадентскими десертами. Единственная «случайная встреча» у меня была с венгерским эмигрантом, который читал те же самые книги, но был еще беднее меня. Наш роман завершился тем, что он попросил меня купить ему бутерброд.

И все же я не чувствовала себя сильно разочарованной. Сама жизнь была романом — не в смысле любви, а в смысле квеста. Моя первая молодость в Советском Союзе была прервана тягостным процессом эмиграции. Я надеялась наверстать упущенное в период моей второй американской молодости. В 20 лет я вышла замуж за безрассудного архитектора, которого повстречала в очереди за пивом и воблой, но вместо обыкновенного брака мы с Константином создали уникальное партнерство с целью познания мира и самих себя. Мы стремились каждый год открывать для себя что-то новое. Мы не желали ассимилироваться, подстраиваясь под образ жизни американского среднего класса. «Американская мечта» о маленьком загородном коттедже была нам чужда. Я помню, как, читая Маркса в школе, мы с подружкой Кычей обнаружили два «класса» общества, которые считались особенно

---

[45] «Внутренний опыт» — программный труд французского писателя, философа и публициста Жоржа Батая (1897–1962).

[46] «Надя» — известный роман французского писателя, поэта и публициста Андре Роберта Бретона (1896–1966).

[47] Кофе латте (*фр.*).

отвратительными и презираемыми в базисе марксизма-ленинизма: «социальная прослойка» интеллигенции (к которой принадлежали сами вожди) и люмпен-пролетариат, анархически бросивший вызов героическому труду. В соответствии с советской классовой системой, я, несомненно, принадлежала к интеллигенции низкого пошиба, но стремилась быть люмпен-аристократкой, ленинградской «девочкой-денди». В Америке я хотела быть трудолюбивой и не сильно пьющей представительницей богемы, которая сможет себе позволить не страдать от голода, туберкулеза или эпилепсии, в отличие от персонажей романов XIX столетия.

Позже я узнала, что многие из уцелевших представителей американской богемы, которых я повстречала в середине 1980-х годов, были детьми, живущими за счет трастовых фондов[48]. На меня произвела впечатление исповедь Набокова о наслаждении изгнанием: «Перелом моей собственной участи дарит меня, в ретроспекции, обморочным упоением, которого ни на что на свете не променяю». Слово «синкопальный», то есть «обморочный», означает одновременно пропущенную долю в музыкальном произведении, задыхание и обморок; это понятие соединяет утрату контроля над собственным телом и витиеватую композицию. Синкопальная композиция заключалась в пронизывающем переживании, состоявшем только из чувственных подробностей, без синтеза, головокружительном зависании в воздухе. Мне представлялось, что я плавно перенеслась в эмиграцию, словно Иван-дурак на своем ковре-самолете; сказки были почти готовы становиться былью, если бы я только могла оставить все воспоминания и пробелы в моем повествовании на том берегу. В отличие от жены Лота, меня не тянуло оглянуться назад. Я все еще так многого ожидала. Иначе говоря, все шло по плану, пока однажды, ориентировочно спустя шесть лет моей американской жизни, меня не стали посещать сновидения о России. Они приходили медленно, но верно, хотя я почти ни с кем не общалась на русском языке.

---

[48] Трастовый фонд — передача собственности в пользу третьего лица, в частности детям.

Я промчалась через все то же промежуточное пространство по длинному коридору безымянной коммунальной квартиры, превращающемуся в полутемную железнодорожную станцию; это всегда был переход из одного «нигде» в другое, тесные плацкартные вагоны, где с верхних полок свешиваются ноги пассажиров, разомкнутые замки на дверях имеющих странную форму комнат в коммунальных квартирах, полных друзей и родственников, лица которых я едва различала. Они всегда ожидали меня, но я застигала их врасплох. Я пыталась было сбежать, но всегда была еще одна комната, а за ней еще. Я до сих пор брожу по этим проходам в своих снах, и никакого количества поездок в Россию пока не хватает для того, чтобы окончательно избавить меня от них.

Позже явился очень ясный и простой сон. Я очутилась посреди Исаакиевской площади (мрачная статуя в центре, пурпурная помпезность колоссального собора, морось в воздухе, слякоть на ухабистом променаде). Мне нужно идти на Сенатскую площадь к Медному всаднику (серые волны, застывшие в камне, вздыбленные копыта и извивающийся под ними змей, незрячие очи царя). Мне почему-то не удается туда попасть. Я хожу кругами, но добраться туда никак не получается. Вообще-то каждому ленинградцу известно, что эти площади расположены непосредственно одна за другой, строго по оси. Во сне прямая линия превратилась в бесконечную спираль.

Просыпаясь, я начинала рисовать схемы ленинградского общественного транспорта — троллейбусов и автобусов, курсирующих от моего дома в разные районы города. Вот троллейбус № 1, который шел по широким проспектам к императорскому великолепию дворцов и мостов над речными волнами. Трамвай № 6 пробирался в окружении щелчков и клацаний по мрачной периферии, мимо грязной речки Карповки и расположенной неподалеку от Ботанического сада средней школы с углубленным изучением испанского языка, где я проходила педагогическую практику. Был еще переполненный автобус № 49, идущий до Исаакиевской площади; водитель этого автобуса искренне ненавидел своих пассажиров и обожал оставлять их на остановке, лишая надежды добраться вовремя. Я начала записывать воспоминания об общественном транспорте еще в докомпьютерную эру, и они все еще могут храниться где-то среди моих бумаг, а может быть, потерялись во время одного из моих американских переездов.

Но вот восьмидесятые годы подошли к своему драматическому финалу. Берлинская стена внезапно пошла трещинами и рухнула со всем ее красочным поп-артом с одной стороны и мрачным бетоном с другой. Мне хотелось прикоснуться к пылающим камням истории на улицах Берлина и Ленинграда, что представлялось мне куда более злободневным, чем все мои академические кавычки. Перелом в моей собственной судьбе совпал с переломными моментами в общей истории, в которой забвение также занимало центральное место, но обсуждалось не в пример меньше, чем реставрация коллективной памяти.

В 1989 году пал железный занавес, и многие с удовольствием присвоили себе персональные красочные обломки Берлинской стены. Советский Союз прекратил свое существование в 1991 году, и вся страна чувствовала себя страной эмигрантов, хотя многие при этом вовсе никуда не переместились. (Я помню то московское лето, август 1991-го, это был момент эйфории в российской истории, когда тысячи людей вышли, чтобы выразить поддержку перестройке и гласности против попытки путча.) Помимо всего прочего, как и в случае с «Бархатной революцией» в Праге, это был добровольный (без поддержки твиттера и фейсбука) гражданский протест, которого не случалось в России со времен Февральской революции. В то время как разворачивалось это крупнейшее историческое событие, которое впоследствии было подвергнуто критике и преднамеренно неверно истолковано, ни один телеканал не пожелал его освещать. Вместо этого по всем телеканалам утром, днем и ночью показывали «Лебединое озеро», балет великого Чайковского. Таким образом, все понимали, что происходит нечто поистине ужасающее, но об этом нельзя рассказывать.

Я только что вернулась в США, всего за пару недель до этого, и непрерывно поддерживала связь со своими друзьями, корреспондентами ленинградской телепрограммы «Пятое колесо», которые вели репортажи с Дворцовой площади, где они встретились лицом к лицу со старыми советскими танками. «Звони на CNN», — требовал телеведущий. Я не могла его разочаровать, сообщив, что у меня нет непосредственного контакта с недавно созданным CNN. На CNN показ перемещения танков по Красной площади в Москве и Дворцовой площади в Ленинграде, а также эйфория и отвага протестующих постоянно прерывались сообщениями о таинственном урагане «Боб»[49], приближающемся к Бостону, и предупреждениями о свечах, трубах и наводнениях. Еще с советских времен я полагала, что всякий раз, когда люди слишком много говорят о погоде, может быть, есть что-то еще, что они пытаются скрыть. За «пустой болтовней» должно скрываться нечто значительное, о чем нельзя говорить. Все эти журчащие ручьи и лесные озера обычно появлялись на советских телеканалах как очаровательные паузы с красотами естественной природы, чтобы уклониться от скандальных репортажей. Разумеется, когда дело дошло до революции, как, скажем, в августе 1991 года, настало время для чего-то совершенно противоестественного, например балета «Лебединое озеро», как чего-то, чуть менее связанного с естественной природой.

Следя за репортажами CNN, 20 августа мой друг с петербургского телеканала кричал в трубку: «Света, что, черт возьми, происходит? Какая катастрофа? Кто такой Боб? Это ЦРУ?» В тот исторический момент отключилось электричество, и я осталась в своем доме в Бостоне в кромешной тьме, без свечей и запасов воды. Я поняла, что далеко не все прогнозы погоды носят идеологический характер, я же обречена пропустить историю.

После августовского путча 1991 года средства массовой информации стали открытыми и вплоть до путинского времени были многогранными, экспериментальными и разнообразными. Но тот эпизод с «Лебединым озером» с удвоенной силой вернется в 2000-е. Многие люди приветствовали перемены, наступившие после падения Берлинской стены в 1989 году и распада Со-

---

[49] Ураган «Боб» (Hurricane Bob) — крупнейший в истории Новой Англии тропический ураган.

ветского Союза в 1991-м. Как настоящие эмигранты, которые знали, что оставляют позади, но не знали, куда направляются. И все же очень многие бывшие советские граждане не считали, что такая эмиграция является их собственным выбором: в русской культуре мы чаще руководствовались чувством вины, нежели рефлексиями и ответственностью. В конечном итоге трудности и ощутимые экономические проблемы переходного периода, а также принудительное забвение жизненного опыта в советское время открывают путь для реставрирующей ностальгии по тому миру, который мог существовать исключительно в их снах, и только в них.

Я впервые вернулась в Россию в 1990 году после девяти лет за границей. По крайней мере на протяжении шести из них я и представить себе не могла, что подобная поездка назад в принципе возможна. В 1981 году на советской границе мне сообщили, что больше никогда не позволят вернуться назад, чтобы увидеться с родителями, и меня лишили советского гражданства. В 1990 году, когда британский авиалайнер начал заходить на посадку и я увидела потрепанное здание Ленинградского аэропорта, я впала в оцепенение и не хотела покидать международную зону. Но я сопровождала свою шестнадцатилетнюю дальнюю родственницу, которая готовилась впервые увидеть собственного отца в России, поэтому мне пришлось подняться и решиться на это ради нее. На протяжении десяти лет я возвращалась по нескольку раз в год, и каждый раз страшилась прибытия и оплакивала отъезд из России и все те крепкие дружеские взаимоотношения, которые там построила. Но едва я оказывалась на борту самолета, меня неизменно переполняло чувство головокружительной эмигрантской радости: вау, мне опять удалось улететь!

Свою книгу «Будущее ностальгии» я начала с антиностальгической пресуппозиции. Для эмигрантов первой волны ностальгия зачастую была табуированной. Более того, эту тоску по дому нередко предпочитали поматросить и бросить политики-националисты и религиозные экстремисты: тоска по более великому отечеству, существовавшему в некий момент исторического времени, который теперь обращается в нескончаемое настоящее. Я определила ностальгию как тоску по дому, которого больше не существует или, быть может, не существовало никогда. Что особенно важно, ностальгия, казалось бы, является тоской по месту, но на самом деле это тоска по иному времени; она также может быть воплощением бунта против необратимости времени, стремлением к более медленным ритмам бытия. В ностальгии присутствует элемент утопии, разве что эта утопия направлена не в будущее, а в прошлое или «в иное время» в более широком контексте.

Чем больше я занималась ностальгией, тем больше осознавала, что она может быть неисцелимой, а ее объект — навеки недостижимым. Куда лучше примириться с собственной ностальгией, так как то, что действительно важно, — это не поддаваться коллективной манипуляции нашими аффектами и прокладывать свой личный извилистый путь тоски. Я выделила «реставрирующую ностальгию», которая является антиисторической и пытается воссоздать пространство великой родины, зачастую эксплуатируя теории заговора и мифы, и «рефлексирующую ностальгию», осведомленную о том, что у нее нет отдельного объекта, и с нежностью исследующую человеческий опыт времени. Ностальгия не всегда ретроспективна; она также может быть перспективной, она может идти окольными путями и открывать неторные дороги, будущее в прошлом, которое так и не воплотилось.

Я стала особенно чуткой по отношению к соблазнам и недовольству, присущим этой странной модернистской эмоции, которая находит наилучшее свое воплощение в искусстве, а вовсе не в политике. И, разумеется, ностальгия теперь уже не та, что раньше. «Скучаете ли вы по России?» — спрашивали меня. «Да, но это вовсе не то, что вы имеете в виду». Или я говорила: «Нет, но это вовсе не то, о чем вы думаете». То, что я обдумывала и чувствовала, оставалось для меня недосягаемым. Я ощущала определенное несоответствие, как будто чем ближе я находилась к собственному дому, тем более чужим он представлялся. Вслед за переживанием-тоски-по-дому приходит и отстраненность от него[50]. Для меня было важно не возвращение домой, а желание

---

[50] Игра слов «Homesickness» — «sickness of home» (*англ.*).

быть общественной интеллектуалкой, которая живет историей, делится межкультурным опытом и может стать проницательной наблюдательницей и, возможно, советницей, которая принесет знания на свою первую родину.

В какой-то момент в 1994 году, спустя пятнадцать лет после учебы в педагогическом институте, я решилась навестить свою альма-матер. Я отправилась туда спонтанно и инкогнито с моим молодым человеком — американцем, никого заранее не предупредив. Вход с потрепанной растрескавшейся краской выглядел абсолютно так же, как и раньше. В буфете в темном вестибюле все та же дама-буфетчица продавала пирожки с капустой (хочется сказать — все те же пирожки, они выглядели весьма древними). В женском туалете, который был нашим неофициальным салоном, стоял знакомый запах молодого пота из эпохи до появления дезодорантов, а также несколько первокурсниц с возбужденными раскрасневшимися лицами и размазанными голубыми тенями, которые обсуждали экзамены. Все это было невероятно знакомым, но я еще никогда не ощущала себя настолько не в своей тарелке. Я даже опасалась разговаривать со своим молодым человеком по-английски, чтобы меня не задержали за незаконные контакты с иностранцами. Мы поднялись на третий этаж, где раньше располагалось испанское отделение. Так как мы общались на английском языке, несколько секретарш с подозрением посмотрели на нас сквозь приоткрытые двери. В коридорах было темно и пусто; это, должно быть, было время перед сессией и период подготовки к экзаменам. По мнению моего бойфренда, все это было довольно забавно; он принялся изучать стенгазеты, где демонстрировались достижения и успехи студентов, в основном в виде черно-белых фотоснимков, так, будто цветная фотография еще не добралась до стен педагогического института.

— А вот и ты, — внезапно выпалил он.

— В смысле?

— Это ты, — повторил он.

Я всмотрелась в один из фотоснимков студенческого Научного общества и увидела девочку с длинными прямыми волосами со знакомой белой заколкой, в темных джинсах польского производства и с серьезным взглядом. Позади нее на доске были испанские и каталанские глаголы движения, ориентировочно 1978 год. Невольно возникает вопрос: что же приключилось с той девочкой? Быть может, она стала научной сотрудницей этого института? К сожалению, у нее была фамилия Гольдберг, поэтому она устроилась учительницей в английскую школу где-то на окраине города. Как могло случиться, что *persona non grata* и «предательница родины», которую попросили отчислиться из института в 1979 году и никогда не звали обратно, все еще красовалась на доске Научного общества? Мой профессор мог поплатиться строгим выговором от политотдела вуза или смещением с должности за то, что оставил ее там. Неужели профессор испанского и баскского языков М. В. с ностальгией сохранил там фото на черный день? Была ли это обыкновенная советская халатность? Может быть, они стремились избежать «утечки мозгов» и хотели оставить Светлану Гольдберг в ее альма-матер? А может, с 1978 года не было новых исследований, посвященных испанским глаголам движения?

Каким-то образом Светлана Гольдберг задержалась в студенческом Научном обществе в 1978 году и последние пятнадцать лет обитала в этом слабо освещенном ленинградско-петербургском коридоре, а Светлана Бойм поступила в другой университет, стала профессором и спаслась. По крайней мере она сама так думала. В 1990-е годы я возлагала надежды на то, что смогу быть настоящей русско-американкой и служить обеим культурам. Само собой, мне не удалось бы сойти за свою в обеих странах, несмотря на мой безупречный русский язык. Все дело в тех жестах и той неуместной улыбке, которые выдавали меня на улицах Санкт-Петербурга и Москвы. И еще кое-что: всякий раз, когда я спотыкалась, прогуливаясь по улицам своего родного города, я говорила «shit» или «ouch» всегда по-английски, также выдавая себя. После 1996 года я стала ощущать то, как меняется русский *Zeitgeist*[51], обращая внимание на культурные проекты, новую архитектуру, урбанистические трансформации, такие как строи-

---

[51] Дух времени (*нем.*).

тельство невероятной копии храма Христа Спасителя и крупнейшего торгового молла в России с крымскими мотивами в центре Москвы (Крым наш! Крым российский! — это было на повестке дня у мэра Москвы Лужкова, но тогда к этому не относились слишком серьезно и никто не возражал против нескольких располагавшихся неподалеку от Красной площади объектов, которые являлись прообразом того, что произойдет впоследствии), а порой и на те книжки, которые распространялись в огромном количестве. Летом 1999 года открывалось еще так много возможностей: у нас были беседы о свободе в прокуренных кафе, встречи с потенциальными либеральными кандидатами на пост премьер-министра. Все это кончилось в начале 2000-х годов; я отказалась от идеи иметь двойное гражданство, если не де-юре, то хотя бы де-факто. В 2003 году милиционер остановил меня в центре Москвы.

— Ваша национальность? — спросил он.
— Что? — я пребывала в недоумении.
— Национальность, — грубо бросил он, — ваши документы.
— Я еврейка, — сказала я, — а по паспорту американка.
— А, ладно, — ответил он, — не беспокойтесь. Я подумал, что вы кавказской национальности. (На жаргоне их еще именуют «черными».)

Это был период, когда один вид этнической дискриминации оказался временно вытеснен другим; я по-прежнему была в его глазах небелой, разве что менее опасной небелой. Именно тогда пришло понимание того, что Света, которая говорит по-русски без акцента, — такое же вымышленное создание, как Сусанна, la Gallega или Сьюзанн — американские академические ученые. Россия не приемлет имен, содержащих дефис; ты не можешь быть русской и еврейкой, американкой и каталонкой, например. Всегда или-или, в большей степени, чем во многих других уголках мира. Взаимодействуя с российской культурой, вы обычно попадаете в разряд патриота или предателя и крайне редко — толкователя.

Сентябрь 2001 года переориентировал жизнь многих людей и обратил их внутрь себя. Лично для меня в период правления Владимира Путина в России и Джорджа У. Буша в США десятилетие, начавшееся с 2000 года, было временем забвения и составления книги об альтернативных концепциях общественной свободы, которая тогда исчезала по всему миру. Свобода — это «новое начало и чудо бесконечной невероятности», эти слова Ханны Арендт открыли целый мир вдохновения. В книге я задавалась вопросами о том, как жить с неопределенностью, как творить в публичном пространстве и делать новое начало возможным, не отказываясь при этом от исторической и личной памяти. В русской концепции всегда существовало противоречие между внутренней свободой, иначе говоря, тем, что «свободнее настоящей свободы»[52], в чем русские преуспели, и отсутствием политических свобод в диапазоне от эпохи абсолютной монархии до сталинизма. В русской культуре зачастую куда важнее ощутить себя свободным в моменте, нежели научиться жить в условиях свободы. Радикальное и по большей части кратковременное освобождение ценится выше осознанной борьбы за права и свободы.

В сущности, позитивная концепция свободы (а не освобождения или независимости) зародилась в Афинской Республике; она имела отношение к общественной, а не к личной свободе и особенно ценилась бывшими рабами и иммигрантами, у которых была возможность стать гражданами Афин. В какой-то степени это касалось именно посторонних, которые должны были восхищаться возможностью жить свободно и ценить то, что местными жителями, по всей вероятности, воспринималось как должное. Что же до концепций внутренней свободы, восходящих к более поздней империалистической эпохе, то они стали частью общественной архитектуры. Стоики говорят об «акрополе души», когда другой Акрополь лежит в руинах. Общественное пространство свободы было пространством со-творчества, перформансом с социальными условностями, законами и институтами, при этом не ограничивавшимся технократической практикой и открывающим пространство для индивидуальной спонтанности и диссидентства.

---

[52] Отсылка к знаменитой строке из произведения Ф. М. Достоевского (1821–1881) «Записки из мертвого дома».

В общем и целом я попыталась переосмыслить гуманистическую и политическую концепцию общественной свободы, о которой грезили восточноевропейские диссиденты и другие посттоталитарные мыслители, ставившие ее выше капиталистической экономики. Работа над книгой о свободе была в большей степени уединенным делом, нежели работа над книгой о ностальгии. Я обнаружила, что моих читателей больше интересовала утопическая привязанность к прошлому, чем неопределенность в настоящем и будущем. После того как я сама столкнулась с неопределенностью, я вышла замуж за своего давнего американского бойфренда. Мой *nom de plume*[53] — Светлана Бойм — тем не менее остался неприкосновенным.

В период правления Путина я перестала посещать Россию. У себя в Бостоне я неожиданно включилась в спонтанный арт-проект. Я вырезала фрагменты из фотографий, сделанных во время поездок по России и Восточной Европе в 1990-е годы, порой — из фотокарточек, существовавших в единственном экземпляре и не имевших негатива. Затем я начала компоновать из них коллажи, искажающие образ дома и сохраняющие неточности, ошибки выдержки и нарушения резкости. Вместо неподвижности приклеивания я предпочла выбрать развлечение с вырезанием и перемещением фрагментов поверх старых обоев. Но в конечном итоге универсальный клей и привычные рамочки превратили эти эфемерные проекты в арт. Затем я начала работать с элементарными единицами движения. В моих медиапроектах «Фантасмагории истории» и «Многозадачность с облаками» исторические образы исследовались на основе случайностей и человеческих ошибок, а также проявлялись присущие им расколы времени и его патина. Я использовала синкопированное движение, чтобы собрать изображения в единое целое, подмигивая Набокову и его оде пропущенным ритмам. Это было «нулевое» десятилетие XXI века, и хорошо ли, плохо ли, но «конца истории» все еще было не видать. Мой разрозненный архив был разбросан

---

[53] Nom de plume — от *фр.* «имя» и «перо», «литературное имя» — понятие, синонимичное таким, как русское «криптоним» и английское «pen name».

по всему дому, и я лишь пожала плечами в ответ на предложение написать эмигрантские воспоминания. На самом деле я опасалась того, что, как представлялось, было моим собственным ностальгическим обращением. Я искала забвения во имя нового начала.

И вот я обнаружила такой веб-сайт, как *Improbable Reality* — «Невсамделишная реальность», — и он казался идеальной новой платформой для интеллектуальных экспериментов. Идея публиковаться под своим подлинным именем (или подлинным лицом!) была чужда свободному духу тех ранних дней интернета. Сайт *Improbable Reality* требовал наличия интересного псевдонима и высокого уровня дискуссии. Он фокусировался на философском поиске и поддерживал форумы о природе реального, о свободе и памяти. Я подумывала над использованием имени Зенита в качестве своего псевдонима — Зенита, вольная цифровая пионерка без красного галстука, — но в итоге остановилась на имени Свобода. Этого никто не понял: они посчитали, что я мужчина, неформально называли меня «Свобо» (надеюсь, меня не перепутали со Слободаном[54]).

Ненастоящая реальность вскоре взяла верх над настоящей, и я обнаружила, что чаще пишу другим обладателям псевдонимов с философским складом ума, вместо того чтобы отвечать на адресованные персонально мне электронные письма. У нас были развернутые дискуссии о законе и свободе, наслаждении и памяти. Весьма характерной была одна непрерывная ветка дискуссии между профессором права с пафосным псевдонимом и двумя дамами-учеными. Одна из них представляла аналитическую феминистическую точку зрения, в то время как другая была немного идеалистичной и восторженной. За профессором, как правило, оставалась кульминационная фраза и последнее слово, а остальные почему-то любезно это принимали.

А потом однажды сайт *Improbable Reality* пережил кризис идентичности. В связи с тем, что домашняя страница переезжа-

---

[54] Намек на Слободана Милошевича (1941–2006) — сербского и югославского государственного и политического деятеля.

ла на другой сервер, организаторам потребовалось проверить данные аккаунтов пользователей. Тогда-то они и обнаружили, что «профессор права», споривший с двумя учеными-феминистками, всех виртуально разыграл. На деле он выдавал себя за трех персонажей одновременно, что позволяло сделать двух вымышленных женщин-ученых чуть менее смышлеными, чем он сам. У основателя сайта *Improbable Reality*, студента философии из Амстердама, был кодекс чести. Каждый из участников имел право выбрать себе вымышленный аватар, но затем они должны были вступить в реальный содержательный диалог с ДРУГИМИ, а не только с самим собой. Это был старый добрый виртуальный салон, где мы отказывались от повседневной идентичности ради интенсивного интернационального диспута на значимые темы. Вы можете выйти за рамки своего повседневного «я», но вам все равно придется прислушиваться к другим. Я коротко обменялась с основателем электронными письмами и полагаю, что Зенита-Свобода была единственной женщиной на сайте. Затем домашняя страница переехала на новую платформу с более безопасным паролем, который я со временем позабыла. Таким образом, сайт *Improbable Reality* был утрачен, как и другие мои эфемерные родины.

Мой первый тайный цифровой роман был, само собой, на испанском языке, на никому не знакомом поэтическом диалекте испанского языка, с множеством перерывов и искусно сконструированных пауз. Он преодолел множество границ и раздвинул пределы текста и тела. Все началось с недвусмысленных ухаживаний. Мой анонимный корреспондент Икс прекрасно знал «Будущее ностальгии», так, будто именно он был подлинным адресатом книги. Икс утверждал, что мы никогда не встречались за пределами текста, и продолжал старомодные ухаживания, перемежая цитаты из «Дон Кихота» и аргентинской поэтессы славянского происхождения Алехандры Писарник[55]. Мы беседовали о нашем изгнанничестве, о юных пионерах в холодном

---

[55] Алехандра Писарник (1936–1972) — аргентинская поэтесса, писательница и переводчица.

и жарком климате, о поэзии и синкопах. Кто бы смог перед этим устоять? Это был старомодный эпистолярный роман, а вовсе не виртуальные свидания. Мы придумали свою собственную уникальную интеллектуальную базу и тайный язык; правда, мой корреспондент не захотел переносить все это в невиртуальное пространство. Икс порой бывал вездесущим, а иногда бесконечно неуловимым.

По мере того как мы углублялись в язык, писали все чаще, едва касаясь нежных кнопок клавиатуры, буквально читая эмигрантские мысли друг друга, я начала понимать, что в моем испанском недостает оттенков волнения и иронии. Моя ленинградская фонетическая подготовка тут оказалась бесполезной, но я не признавала своих лингвистических ограничений. В одном из особенно сложных писем я запуталась в паутине намеков и внезапно наткнулась на строку, не имевшую смысла с точки зрения грамматики испанского языка: «Y que vas a decir si fuera una ella?» Я решила проигнорировать эту аграмматическую строку. (Попробуйте использовать гугл-переводчик, уважаемый читатель.) Мой корреспондент был напуган моим молчанием:

— Ответьте, пожалуйста. Неужели это так ужасно, если окажется, что я — *она*?

И что, мой *caballero andante*[56] тоже являлся *La Belle Dame sans Merci*[57], — полиморфной и разносторонней. Некто, кому эрос языка достался от природы. Я была для нее *Ezbed-lana*, это мое имя безраздельно принадлежало ей; оно был зарезервировано для этого необычного романа между двумя эмигрантками с разных континентов. Нет, я писала не себе; на сей раз у меня был реальный адресат.

Сейчас, садясь в переполненный вагон метро, я слышу, как меня зовут: Света, Сусанна, Светка, Светлана. Оборачиваюсь, словно в машине времени, и никого не узнаю. Я познакомилась со слишком большим количеством людей в разных разрозненных вселенных, поэтому я больше не связываю между собой

---

[56] Странствующий рыцарь (*исп.*).
[57] Безжалостная красавица (*фр.*).

имена и лица, они неосязаемо витают в пространстве, словно сложенные из бумаги снежинки на советских новогодних вечерах. Эти имена жили со мной, словно персонажи недописанных романов, которых едва набросали и бросили, прежде чем им удалось реализовать весь свой потенциал. Я пыталась сойти за свою в слишком большом количестве стран: в России, США, Испании, снова в России, снова в США. Вот и пришло время принять собственное «я» с его неприемлемым акцентом. Но когда же эмиграция окончательно кончится? Только недавно меня осенило, что это был не единичный переход границы, а путешествие длиной в жизнь, которое я не могла контролировать. Как будто внутри меня работал загадочный двигатель, который заставлял меня ходить зигзагами, словно шахматного коня. Виктор Шкловский писал в 1920-е годы, что он и его друзья все еще продолжали играть в игру по определенным правилам, — разыгрывая шахматную партию, — но мир вокруг них уже был вовлечен в куда более суровый театр проб, ошибок и произвола. Эмигрантка — дитя противоречий: жесткая и уязвимая, чрезмерно серьезная и заядлая мастерица маскарада, внешне скептическая, внутренне доверчивая. Никогда не бросавшая непринужденное «Я люблю тебя», но всегда мечтавшая произнести эти слова и сделать это со всей ответственностью. Порою — ясновидящая, а иногда умышленно слепая, увлеченная стремлением к будущему и страхами перед непогребенным прошлым той страны, которой уже не существует. После того как в вашей жизни, как и в моей, сбываются невероятные вещи, вы начинаете полагаться на исключения из правил и верить в собственную удачу. Это не самая лучшая затея. Эмигрантка — это трикстерша, которую легко обхитрить в ее же игре. Она клюет на мошеннические схемы-пирамиды счастья, и ее вновь и вновь обманывают, неважно, выглядит ли эта схема как идеальное гнездышко для представителей среднего класса, которое порой становится предметом ее зависти, с нежным лежанием в постели в обнимку, с меньшей долей писательства и большей долей жизни, или идеальное сообщество интеллектуалов в неком месте с хорошим климатом, неплатонический симпозиум

6. Мои значимые другие: Зенита, Сусанна, Иланка

для женщин. Эмигрантка — легкая добыча как для невероятных приключений, так и для обещания безопасности и комфорта. Она — неудержимый игрок, который внезапно осознаёт, что уже не владеет правилами игры. Есть искушение превратить изгнание в метафору; изгнание из рая, изгнание в гуманитарные науки, изгнание в искусство.

Если вам довелось прибыть в Америку ребенком иммигрантов и посещать американскую школу, а затем и курсы писательского мастерства, то вам известен определенный жанр повествования об иммигрантском опыте на американском английском языке; ваши сочинения — прекрасно упакованный продукт, потому что иностранные товары, которые вы продаете, являются одомашненными и предназначены для целевой рыночной ниши. Иммигрант, приехавший в США во взрослом возрасте, навечно останется косноязычным и никогда не сможет избавиться от чужого синтаксиса. Вас одолевают смешанные чувства: чрезмерная благодарность к своей новой родине и признание собственной непричастности к ней, ваше смущение и ваш трикстерский задор. Упаковка метафор и опыта дается вам труднее; вы навеки запутались в паутине смешанных чувств, словно старые комедианты из буффонады. С одной стороны, вы порой чрезмерно увлечены своей второй родиной, вопреки всему; с другой стороны, вы слишком смущены собственной непринадлежностью; с третьей стороны, излишне многословны и благодарны за мелочи; с четвертой, очень щепетильны по отношению к мельчайшим деталям зарубежной жизни; с пятой стороны, неуклюжие и измотанные, хладнокровные и собранные; с шестой стороны, «такие душевные (эмигрантские) состояния все время обрастают дополнительными "передними конечностями"», — пишет набоковский хваткий эмигрант о своем менее успешном собрате-*émigré* Тимофее Пнине. Эмигрант — сороконожка («centipede») со множеством ноющих конечностей.

Когда мы, советские беженцы, прибыли в США из СССР, мы получили короткие и простые уроки хорошего американского английского: избегайте длинных русских предложений, не используйте слово «возможно» и безличные конструкции, не ходите вокруг да около, демонстрируйте свою агентность[58]. Вы несете ответственность за свои действия, поэтому просто скажите: «Я сделал то, то и то».

— Но в русском языке у нас есть пословица: «Я — последняя буква алфавита».

— Никаких «но», а также избегайте и пословиц. Их никто не понимает.

— Но может быть...

— И еще одно: никогда не пытайтесь шутить. Вы и так забавные.

Когда я пишу от лица различных персонажей, это помогает мне примирить мой русский и американский стили, по крайней мере на какое-то время. Зенита, Сусанна, Светлана — они застали меня врасплох. В этой книге они пересекаются, время от времени натыкаясь друг на друга. Вместе они рассказывают «коллективную историю» перехода от внутренней эмиграции к реальной эмиграции и иммиграции, историю двойной жизни и множества точек зрения. Жизнестойкость иммигрантов зиждется на забвении и стремлении к труду во имя нового начала. Чего же мы добиваемся, оглядываясь назад?

Я скучаю по Зените — дитю шестидесятых — так же, как скучаю по молодому смеху своей матери, замысловатой прическе, переполненным пляжам и забавным отцовским значкам «КЗБЗ» и «КИНО». Зенита, названная в честь космической футбольной команды, — та, кому не нужно эмигрировать. Ей нравилось быть юной пионеркой именно благодаря этому пугающему алкогольному дыханию неуклюжего пионервожатого, чьи дрожащие пальцы завязали слишком свободный узел на ее шее во время потрясающего ритуала посвящения. Маленькая Зенита стремилась сделать вид, что это не испортило ей день, это того стоило. И с того самого момента ей всегда хотелось улучшить систему изнутри, постараться сделать ее лучше, а не бросать. В девять лет

---

[58] «Show your agency» — выраженная способность субъекта к действию, к тому, чтобы выступать в качестве самостоятельного независимого «агента» и осуществлять свободный осознанный выбор.

Зенита без особого успеха пыталась стать хорошей фигуристкой, по крайней мере на паркетном полу в родительской комнате. Она мечтала отправиться в космос и построить второй дом на Красной планете, словно Аэлита, царица Марса[59].

В одиннадцать лет, проявляя некоторый интерес к иностранному д'Артаньяну, она все еще шла по стопам молодого Владимира Ульянова-Ленина в его подпольной деятельности и сочиняла множество тайных посланий, призывающих к новой революции, записывая их молоком из хлебной чернильницы. Нам всем понравилась эта история. В одном из своих подпольных укрытий или даже в царском застенке Ленин оказался без письменных принадлежностей. Все, что ему давали, — это каша, молоко и хлеб. Он ел кашу для восстановления сил, а затем делал чернильницу из хлебного мякиша и наливал в нее молоко. Он обмакивал палец в молоко и записывал важные революционные директивы, невидимые для тюремных охранников. Его адресат брал бесценную бумагу и приближал ее к пламени, чтобы прочесть. Пожалуйста, попытайтесь повторить это дома. Нам с Зенитой нравилось это революционное письмо белым по белому; вчерашнее молоко на пожелтевшей бумаге. И вот, когда вы подносите бумагу к газовой горелке (или пламени костра), то видите, как в середине страницы постепенно появляются дрожащие буквы с выжженными тенями.

Зенита преуспела в литературе и математике и даже получила почетную грамоту на детской математической олимпиаде. К четырнадцати годам в средней школе Зениту начал основательно раздражать ленинизм, и она решила искать «подлинного Маркса» за пределами нескольких заученных и предварительно усвоенных цитат из школьной методички. Когда она принялась грезить о марксистской революции, то невольно воспроизвела полемику между троцкистами и левыми эсерами приблизительно образца 1919 года. А затем последовало то «чрезвычайно важное и сроч-

---

[59] Аэлита — царица Марса, героиня фантастического романа А. Н. Толстого (1883–1945) и одноименного немого советского художественного кинофильма.

ное классное собрание» в седьмом классе под председательством самого директора школы и в присутствии всего школьного совета. Это было публичное отречение от «изменников Родины» и их подельников. Причиной этого обязательного официального собрания стал отъезд из Советского Союза одного из наших учеников, Марка, семья которого собралась эмигрировать из Советского Союза в Израиль.

В подобных случаях настоятельно рекомендовалось проводить такого рода собрания, но наши местные руководители проявили необычайное рвение и инициативу. Классная руководительница попросила всех учеников, у которых в классном журнале в графе «национальность» значилось «еврей», встать и отречься от международного сионизма и космополитизма. В нашем классе было четыре или пять евреев и несколько скрытых евреев, которые в данном случае — не в счет. Первый ученик по фамилии Иоффе (я помню это как вчера) вызвался с энтузиазмом; поднялся еще до того, как подошла его очередь по алфавиту, и осудил сионистскую космополитическую западную пропаганду. Следующей была Светка Гольдберг (она же Зенита), числившаяся еврейкой. Она просто встала. И абсолютно ничего не говорила. Она стояла, сжав губы, словно партизанка. Возникла долгая неудобная пауза. Легкое волнение и шепот, но по большей части тишина. Директор и староста тоже хранили молчание. Они пытались говорить: «И?», «Ну?» — но потом прекратили. Все пребывали в тихом оцепенении на протяжении пяти или десяти минут. Это походило на чеховскую пьесу, разве что в разоренном саду не звучала скрипка.

Молчание продолжалось до тех пор, пока один из детей номенклатурщиков, высокий и симпатичный Миша, сын ректора университета и вовсе никакой не еврей, не поднялся со словами: «Я думаю, нам не следует так поспешно осуждать Марка: он просто послушный ребенок своих родителей, которые эмигрируют». Ни Зенита, ни Светлана не помнят, что было дальше. Только это заявление спасло всех и каким-то образом позволило школьным аппаратчикам сохранить лицо и закруглить собрание. В конце Светка-Зенита пожала Марку руку, и это сберегло его от

6. Мои значимые другие: Зенита, Сусанна, Иланка

горьких слез. Марк, кстати, вышел на связь спустя десять лет: он уже проживал в Канаде, где обучался на раввина. Он до сих пор помнит эту историю. Светка в тот самый момент могла подумать об эмиграции, в то время как Зенита твердо стояла за справедливость внутри страны. (Светка позабыла рассказать тебе эту историю? Она вечно забывает о значимых вещах.)

Зенита продолжает оставаться сосредоточенной. Попраны великолепные слова о справедливом обществе, мире, интернационализме и любви между народами! Пора снова делать записи молоком, белым по белому, но уже иного рода. Она стала посещать тайные собрания малочисленной группы местных диссидентов, которые читали нелегально ввезенные главы из книги «Архипелаг ГУЛАГ» Александра Солженицына и еще более будоражащую книгу «Лолита» неизвестного писателя-эмигранта Владимира Набокова. (Светке об этом не говорили. Встречи проходили неподалеку от дома, где они жили, попасть туда можно было через их двор. Подруга Светки по литературному клубу, поэтесса Александра Нефёдова, она же Александра Смит, тоже отправилась туда, но поклялась хранить это в секрете от всех, в том числе от Светки.) Литературный стиль Набокова показался Зените чрезмерно витиеватым и перегруженным, на ее вкус, и тема была шокирующей, но отдельные пассажи были превосходными. Зе-ни-та не сумела дочитать Ло-ли-ту в ту ночь, когда ей позволили взять книгу домой. Она уснула, ее свидание на одну ночь с Набоковым оборвалось преждевременно. Она по-настоящему прониклась Солженицыным и попыталась разузнать больше о том, что пережила ее бабушка Соня в ГУЛАГе.

Зенита любила балтийские курорты, такие как Зеленогорск, завоеванный Советским Союзом в период Советско-финской войны, где до сих пор сохранились большие и богато украшенные загородные дома, построенные финнами и экспроприированные советской властью, которые придавали этому месту иностранный колорит. Там же находились протяженный песчаный пляж с дюнами и лабиринт с бесконечными клумбами, на которых красовались воодушевляющие лозунги из незабудок, одуванчиков, колокольчиков, хризантем. В отличие от Светки, она противилась тому, чтобы влюбиться в Сашу Б., сына полковника, который изучал французский и приторговывал из-под полы, обмениваясь товарами с туристами из Финляндии.

Зенита не могла влюбиться в того, кто не читал Пастернака и еще меньше знал о Марксе и прибавочной стоимости. Это для Светки движущей силой было то самое приключение свободы, а порой и просто приключение, в то время как Зенита находилась в поиске настоящей любви. Она была готова ее дожидаться. Коктебель очаровал ее пурпурным туманом и сапфическими[60] холмами. Она приобрела фотокамеру «Зенит» и сделала великолепные кадры, запечатлев коктебельские заборы и тени, ложившиеся на нее и ее друзей на волнистом песке. Она закусывала воблой и выслушала множество разговоров о выезде, где под словом «выезд» подразумевался отъезд навсегда.

Она слушала внимательно, но уже познакомилась с Юрой, своим однокурсником по специальности математическая лингвистика в педагогическом институте. Поначалу он был робок, и она не была уверена, воспринимает ли он ее всерьез. Она опасалась, что его могла соблазнить Ирка Сидорова, дочка профессора права с солидными связями. Но тут Юра приехал в Коктебель, она увидела его как раз в тот момент, когда собиралась встать в очередь за пивом и воблой, и спросила: «Простите, кто следующий?» — «Я следующий, — негромко произнес он. — За тобой». У Юры было множество личных чаяний и амбиций, он собирался обучаться математической лингвистике, чтобы освоить космическую связь или как минимум изучать альтернативные модели Вселенной посредством семиотики, как это было впервые сделано в Тартуском университете в Эстонии. Он был высокого роста, с бликующей ямочкой на щеке и с серьезным выражением серых глаз. В те дни было совершенно не в моде говорить что-либо откровенное, но я могла бы себе вообразить (ведь я не делала этого сама и не имела представления о том, каково это), я могла лишь догадываться, что они действительно

---

[60] Сапфический (сафический) — отсылающий к творчеству древнегреческой поэтессы Сафо (Сапфо) Митиленской.

тихонько шептали друг другу «Я люблю тебя» на фоне мерцающих волн. А может, им вовсе и не нужны были ни мерцание, ни слова. Но они совершили то, что совершили, отбросив в сторону преграду иронии.

Разумеется, Зенита на сдержанной церемонии во Дворце бракосочетаний вышла замуж за Юрочку, а позже страдала от нескончаемых упреков со стороны его беспощадной матери-еврейки. Поначалу она никак не могла поладить со свекровью, но потом они обзавелись отдельной однокомнатной квартирой, бог знает благодаря каким связям.

Примерно через год они совершили свадебное путешествие по Крыму от Коктебеля до Бахчисарая, до Чуфут-Кале, тайных городов караимов. Караимы были мистическими и мистифицирующими; временами они стояли на том, что являются исконными и наиболее аутентичными иудеями, а в других случаях, когда быть евреями оказывалось невыгодно, они утверждали, что не являются таковыми. Таким образом, они не платили «еврейские» подати русскому государю и не преследовались нацистами во время Второй мировой войны. От них сохранились впечатляющие надгробные камни с осыпающимися буквами на иврите и патиной забытого прошлого. (Но это уже совсем другая история.)

Первая фотокарточка: Зениточка стоит в своем откровенном польском бикини, а Юра застенчиво склоняется и крепко прижимает ее к своей волосатой груди. Вторая фотокарточка: караимские камни, расходящиеся трещины вокруг буквы «хей». В застойные 80-е разговоры об эмиграции превратились в шумовой фон для многих еврейских семей. Но мать Юры имела допуск[61] и не могла получить выездную визу, а без нее они не стали бы уезжать. В самом деле? Может, обсудим? Нет, об этом не может быть и речи. По какой-то причине Зенита никогда интуитивно не стремилась к отъезду. Она не любила работу школьной учительницы математики и продолжала свои небольшие писатель-

---

[61] Допуск — в СССР право на получение доступа к информации, составляющей государственную тайну.

ские эксперименты: короткие документальные рассказы из жизни ленинградских дворов, стихотворения в прозе о кроваво-багряных осенних листьях, танцующих на электрических проводах, и розовоперстом полярном сиянии. Она прекратила писать стихи, как только родился маленький Боря.

А потом наступила гласность, за которой последовала перестройка, и жить, по словам Маяковского, стало веселее. Зенита увидела те книги, которые читала только в самиздате, в полуофициальном ходу, и была готова стать активным участником переходного периода. Казалось, что ее былая внутренняя эмиграция теперь подготовила ее к открытой общественной жизни. В августе 1991 года она вышла на Дворцовую площадь, чтобы встретиться лицом к лицу с танками. В девяностые годы она посещала множество общественных дискуссий и даже опубликовала свои журналистские работы и фотоснимки. Учить школьников становилось все интереснее, хотя платили за это все меньше и меньше.

Но по мере того как 1990-е пошли на спад, после 1996-го Зенита стала переживать что-то вроде кризиса среднего возраста. Боречка в школе с нуля начал заниматься бизнесом, Юра казался отчужденным и утомленным, а она все реже обращалась к написанию своих сочинений. Да, они замечательно отдыхали за границей, в Европе и даже в Турции, но они были там лишь туристами, узнавая больше о самих себе на фоне отлично подходящих для семейных фотоснимков пейзажей.

Примерно в то же время, ориентировочно в 1998 году, Зенита познакомилась с приглашенным профессором из Америки, гламурной Сусанной-Светланой, которая немного походила на нее, разве что ее походка была совершенно другой. Она держалась как человек, которому необходимо оставлять вокруг себя свободное пространство, ни на кого не опираясь, двигаться по своему пути. Но и в ней было нечто бесприютное. Она путешествовала налегке, настораживалась, когда незнакомцы называли ее Светкой, и отказывалась добавлять к своему имени какой-либо уменьшительно-ласкательный суффикс. Но Зенита чувствовала, что Светлана жила в магическом расширяющемся мире. Ее старомодный ленинградский русский с иноязычной интонацией превращал каждую фразу в повисающий в воздухе вопрос. Ей и в голову не приходило спросить Светлану, счастлива ли она в любви. Было очевидно, что она встала на жизненный путь с большой буквы «П».

В тот вечер Зенита, как обычно, разругалась со своим сыном Борькой, который притащил домой очередные новые «бренды», она оставила Юру смотреть тревожные новости по телевизору, надела югославский халат, а затем легла, повернувшись лицом к стене со старыми желтыми обоям в своей советской спальне, размышляя о том, каково это — быть Светланой и засыпать в чужеземной комнате, окрашенной в «тосканский красный»[62]. Она немного поплакала о своих потенциальных жизнях, но потом посчитала овец, как наставляла ее мать: «Посчитай овец и представь их: раз, два, три, белая, серая, черная...» — и уснула, прильнув к любимому телу Юры. С утра Зенита нанесла крем вокруг глаз, чтобы скрыть синяки. Ведь синяки — это просто часть жизни.

Зенита осталась стойкой и сильной. Порой она с упреком и недоверием смотрит через мое плечо, когда я смотрю в потолок, позволяя гневным коротким замыканиям мыслей превозмочь мои лучшие идеи и искорки чуда посреди разбросанных книг и фольги от шоколадок. «Ты та, кому достались все наши возможности...» В глубине души я знаю, что Зенита права, и без нее эта книга никогда не была бы написана. Светлана Бойм — ученая и писательница — судя по всему, та из нас, которой удалось преуспеть больше остальных, но следы других девочек с недописанными судьбами время от времени просачиваются в ее упорядоченную прозу. На протяжении некоторого времени Светлана умудрялась дирижировать всеми нами в формате экспериментальной симфонии. Она восприняла этот синкопический опыт изгнаннических чувственных деталей, жизни, лишенной синтеза, сопротивляясь ослепляющим идеологиям и реди-мейдовому административному мышлению и никогда не прекращая исследовать новые пункты назначения для эмиграции.

---

[62] Тосканский красный — транспортный красный цвет, применявшийся для окраски пассажирских железнодорожных составов.

Но тут непостоянная Фортуна сыграла злую шутку. Сначала Светлана случайно сломала ногу на берегу реки Чарльз. Она сделала множество фотоснимков игривых теней на покрытой волнами поверхности реки и задалась вопросами: что же на самом деле сломалось внутри нее и какой фантомной конечности она лишилась? Она, как всегда, решила сыграть в легкомыслие, предаться со-творчеству с бедой и не делать из своего кризиса среднего возраста чего-то большего, чем следует. А потом ее многолетний американский брак сломался — так же внезапно, как и конечность, — и это каким-то образом оказало воздействие на саму основу ее личности. Она усвоила такой парадокс: для приключений, сопряженных с мобильностью, необходим крепкий и устойчивый костяк. Мобильность и безопасность обеспечивают одни и те же суставы. Бо́льшую часть своей жизни она пыталась преодолеть непредсказуемость, но всегда с существующим где-то на фоне ощущением личной безопасности и товарищества, неважно, реальным или воображаемым. Столкновение лицом к лицу с незащищенностью и неопределенностью в среднем возрасте без эмигрантской жизнестойкой энергетики казалось невыполнимой задачей.

В этот момент на свет появилось последнее из наших воображаемых созданий — отчаянная авантюристка по имени Лана-Иланка, женщина неопределенного иностранного происхождения, еврейская космополитка, заядлая путешественница и робкая любительница виртуальных свиданий, также известная как Ilanka66. («Привет, красотка. ЛОЛ».) Она представлялась как «привлекательная, в меру умная университетская преподавательница и художница». Иланка, непредубежденная, очаровательно меланхоличная, с которой легко переписываться онлайн, а порой и «пересечься за чашечкой кофе», была наименее счастливой из всей моей компании. Иланка внезапно осознала, что после тридцати лет в Америке она здесь чужая, и не только для себя самой. Этот позднейший отложенный эмигрантский шок пережить было сложнее всего. Ведь она уже заслужила свою принадлежность, не говоря о «милом» характерном акценте. Неужели вечно придется отвечать на вопрос «откуда ты», которым тебя обременяет любой посторонний незнакомец? Она все пыталась сойти за свою — с дефисом или что-то вроде того; обычный человек с немного необычной биографией, однако для большинства она оставалась экзотической женщиной, интересной для свиданий, но, похоже, слишком эксцентричной для повседневной жизни. Легко привязываться к иностранцам, а потом бросать их так же быстро, как вы их цепляете; они не являются частью вашей семьи и никогда ею не станут. Иланка начала ощущать себя чужой в своем почти родном Бостоне со своими лучшими друзьями, разбросанными по всей Европе и Нью-Йорку. Иланка приходилась дальней родственницей предприимчивой Сьюзанн-Сусанне. Разве что Сьюзанн была молодой, она наслаждалась своим творческим остранением и уединением, чувствуя себя в безопасности. Вместо этого творческого уединения, когда вы поддерживаете диалог с собой и другими, Иланка ощущала себя изолированной и непередаваемо одинокой. Уединение — это когда вы разговариваете со своими лучшими демонами; одиночество — это когда такой диалог кажется невозможным. Наша стройная Ilanka66 с великолепной стрижкой и крутыми очками так замечательно смотрелась на бумаге, но в реальной жизни оказалась самым слабым звеном.

Зенита, Сусанна, Иланка — все они застали меня врасплох. Я не готовилась к тому, что они проявят себя. До момента кризиса Сусанна и Зенита мне не отвечали, а Иланка казалась не более чем моим виртуальным аватаром для свиданий. Каждое из имен — это конечность со своим фантомным наслаждением и болью. У них есть свои разветвляющиеся линии жизни, которые зачастую ускользают от меня. Мы независимы друг от друга, но в то же время отчасти созависимы. Мы меняемся ролями и играем в музыкальную игру «займи свободный стул», а порой происходит неудача, провал, падение. И остается та безымянная девочка, которая обожала играть в прятки, потому что верила, что всякий раз, когда она прячется, ее непременно найдут. Возможно, объединившись вместе, этот коллектив из воображаемых братьев и сестер сможет помочь единственному ребенку?

Я читала, что лучшее лекарство от фантомной боли — это принцип зеркала, позволяющий разобраться с потерянными конечностями, которые нас преследуют. Эта книга — попытка воплощения принципа зеркала. Я никогда не хотела окончательно ассимилироваться и вписаться в пресловутый американский плавильный котел. Я также не желала аффирмации своей эмигрантской идентичности и теплого отношения со стороны сообщества приезжих. Я надеялась на третий путь: ход конем. Вовсе не для того, чтобы пытаться ассимилироваться, а для того, чтобы меня окружали другие, непохожие друг на друга, чтобы принимать участие в приключении жизни. Персона некогда являлась маской в греческой трагедии, но ношение этой маски было не просто маскировкой, а раскрытием глубинного «я». Для меня личная *integrity* всегда была важнее когерентной личной *identity*. Ни одно из двух этих слов: «integrity»[63] и «identity»[64] — не имеет точного эквивалента в русском языке. (Само собой, «души» и «правды» там в достатке.) Может быть, подобного рода *integrity* без полной интеграции можно обрести в пылком диалоге с другими посредством обучения и исследований нашей последней воображаемой родины — тоски по мировой культуре?

В годы обучения в аспирантуре, когда я прогуливалась по эмигрантским районам города, а затем ехала в переполненном метро до университета, мне никогда не приходило в голову, что это — башня из слоновой кости или какая-то свободная автономная зона. Это были взаимосвязанные пространства, одно перетекало в другое, словно коридоры коммунальной квартиры и железнодорожной станции в моих сновидениях. Вопросы человеческого страдания, перемещения, мирового чуда, человеческого общения не представлялись мне сугубо академическими. Моя исследовательская работа помогла мне осмыслить собственный эмигрантский опыт и разделить его с другими. Во всяком

---

[63] Английское слово «integrity» в различных контекстах принято переводить на русский язык как «принципиальность».

[64] Английское слово «identity» в различных контекстах принято переводить на русский язык как «идентичность».

случае, связь между жизнью и исследованиями казалась слишком постоянной.

Словосочетание «башня из слоновой кости» далеко не всегда носило негативную коннотацию; оно восходит к речи влюбленного в «Песни песней»: «Шея твоя — башня из слоновой кости». Речь идет о красоте тела возлюбленной, это описание амурной архитектуры космоса. Негативную коннотацию выражению придали ханжеский XIX век и антиинтеллектуализм. Впрочем, действительно существуют ученые, которые полностью посвящают свою деятельность работе в узких рамках дисциплинарных знаний, но на обеих моих родинах — в СССР и США — этим понятием слишком часто злоупотребляли с целью поставить под удар интеллектуалов и критически настроенных мыслителей. Я, пожалуй, остановлюсь на башне возлюбленных, имеющей форму авангардной спирали и напоминающей башню Татлина[65]. Перед лицом колоссального неравенства в Соединенных Штатах Америки (и менее признаваемого неравенства в Советском Союзе и России соответственно) башня из слоновой кости — далеко не самое опасное место. Я знаю, насколько непопулярно это подмечать, но на самом деле это не что иное, как популярная культура Соединенных Штатов Америки, предельно далекая от демократии и порожденная индустрией развлечений, являющаяся куда более экономически и политически влиятельной, нежели кучка художников, исследователей и академических ученых. Понятие социальной замкнутости не является исключительной принадлежностью академического сообщества и не служит его единственной характеристикой. Сегодня существует значительная опасность того, что университет превратится в очередную корпоративную башню, утратив свою сравнительную независимость и сосредоточившись на исследованиях и обучении. В какой-то момент около пяти лет назад, завершая работу над книгой «Другая свобода» и будучи особенно раздраженной бюрократическими препонами, я решила вывесить цитату из труда Токвиля «Демократия в Америке» на двери

---

[65] Владимир Татлин (1885–1953) — русский художник и архитектор.

своего кабинета в Центре Баркера в Гарварде. Большой поклонник американских политических институтов и критик американского образа мышления, Токвиль отмечал парадоксы, рождающиеся в противоборстве индивидуализма и конформизма: «Я не знаю ни одной страны, где в целом свобода духа и свобода слова были бы так ограничены, как в Америке». Я и предположить не могла, какой будет реакция на мою цитату. На следующий же день управляющий зданием сообщил мне, что цитату нужно убрать.

— Почему? — поинтересовалась я, заподозрив цензуру.

— Это противоречит проекту здания, — пояснил управляющий. — Мы предпочитаем, чтобы двери кабинетов выглядели единообразно.

Однако всякий раз, когда я впадаю в ностальгический нонконформизм, я вспоминаю мудрые слова моей бывшей наставницы, писательницы и критика Барбары Джонсон, которая преподала мне жизненный урок, после того как я устроилась на работу в Гарвард. «Кончайте говорить об антиистеблишменте, Светлана. Теперь вы сами — истеблишмент». У нее было замечательное чувство юмора, и я вижу, как ее губы приоткрываются в печально-задумчивой улыбке. Нужно просто научиться жить с определенными травмами, включаться в сотворчество с тем, что дается, и не отрекаться от собственных идеалов при первой же неудаче. Не все неторные дорожки лучше хоженых. Эмигрируйте, если это будет необходимо. Ни о чем не жалейте.

Мне довелось пережить множество деклараций о «конце чего-либо»: конец истории, конец искусства, конец Советского Союза и т. д., некоторые из которых имеют большее отношение к реальности, чем другие. Возможно, именно поэтому я испытываю такие трудности с завершением чего-либо. Конец Советского Союза и его государств-сателлитов не повлек за собой «конец истории»; на деле же история хлынула, как кровь из разверзнувшейся раны. Нельзя сказать, что и капитализм просто вышел победителем из этой игры, демократия в мире тоже далеко не на подъеме, и мы вовсе не уверены в том, кто именно (если вообще кто-либо) одержал победу в холодной войне.

Что касается конца «мира улиток» (то есть доцифрового ретробытия — живых чувств и встреч лицом к лицу), то он еще не наступил. Внутренняя эмиграция в детстве и побег в виртуальную вселенную литературы подготовили меня к цифровому бытию и виртуальным свиданиям. Тем не менее я продолжала находиться в статусе «цифрового эмигранта»; я не была коренной обитательницей цифровых технологий, но после опыта пересечения этой границы я с удовольствием приняла свой цифровой статус иностранца-нерезидента. Можно по-прежнему оставаться трикстером и идти окольными дорогами, прокладывая альтернативный путь в виртуальном мире, не принося в жертву мир телесно-чувственной реальности.

И вот, пока я намереваюсь подвести к концу эту сказку о «конце эмиграции», PBS[66] транслирует передачу об очередном «конце...», как бы издеваясь надо мной и моим стремлением к завершению. На этот раз речь идет не о «конце истории» или «конце искусства», а о чем-то более амбициозном — о конце *homo sapiens*, что можно перевести как «человек ищущий». Юваль Ной Харари[67], автор новой книги «Sapiens: Краткая история человечества», предсказывает, что в не столь отдаленном будущем «разумные» знания больше не будут привязаны к человеку, а будут связаны с мудрой машиной или новой кастой суперпроизводительных киборгов, обладающих нечеловеческим долголетием. В отличие от времен моего детства, большинство сегодняшних футуристических теорий тяготеют скорее к антиутопическому началу, нежели к утопическому; впрочем, зачастую они переплетаются. В заглавии приятно радует та его часть, которая гласит, что «история человечества» — «краткая» и мы вскоре превратимся в редкую историческую монету — в юмористической рефлексии. Человеческие особи-эмигранты. Конечно, это может быть очередная зловещая научная сказка. Советский опыт научил меня

---

[66] PBS (Public Broadcasting Service) — американская некоммерческая телевизионная служба общественного вещания.

[67] Юваль Ной Харари (1976 г. р.) — израильский исследователь, популяризатор науки, писатель и публицист.

одному: быть внимательной читательницей сказок; не бежать сломя голову за привлекательным комсомольским вождем Иваном-дураком в поисках его взрывоопасной Жар-птицы, а наносить на карту мигрирующие сюжеты и пористые структуры страха, а также — принятие желаемого за действительное как таковое. Сказки из этой книги вот-вот начнутся.

Светка четырех с половиной годиков хотела быть Красной Шапочкой. Она оделась сказочной девочкой и отправилась на детский новогодний утренник к маме на работу. И там она увидела на сцене пожилого Доктора со шприцем в человеческий рост. Она не хотела, чтобы дети страдали от боли. «Ребята, нас обманули! — закричала Светка, срывая праздник. — Это не спектакль, это больница!» Зенита десяти лет грезила о настоящем Космосе. Она рисовала ракеты, смотрела фотографии животных и людей, которые путешествовали в космос, и хотела увидеть настоящий спутник, — слово, которое по-русски означает как космический аппарат, так и спутника жизни. А потом она узнала, что маленькая собачка Лайка, посланная товарищем Хрущевым в космос, так и не вернулась на Землю. И что еще хуже, все это было задумано как поездка в один конец. Ребята, нас обманули! Космоса в том виде, в каком мы его знали, больше не существует, или, возможно, его никогда и не было. А есть стареющая Сусанна, собирающая камешки с расходящимися прожилками в крымском тумане на руинах грез XX столетия и военных действий. Давайте вспомним все то, что мы пытались забыть, ребята. Давайте функционировать в многозадачном облачном режиме. Давайте поиграем с иным огнем.

Ольга Симонова-Партан[1]

Вместо послесловия

Памяти Светланы Бойм
Подружество[2]

Почему подружество? Потому что она любила словесные каламбуры и межъязычье и однажды сказала:

— Как странно... Вот мы с тобой, две подруги, сидим, чаи распиваем, то философствуем, то просто болтаем... Но это же не дружба!

— А что же это? — изумилась я.

— Дружба — это когда два друга мужского пола, а у двух подруг должно быть по-дру-же-ство!

---

[1] Ольга Симонова-Партан — специалист по русской литературе, культурологии и сравнительному литературоведению, преподаватель в Колледже Святого Креста (College of the Holy Cross) в г. Вустер (США), познакомилась со Светланой Бойм в Гарвардском университете в 1992 году, когда училась там на вечернем отделении (Harvard Extension) и работала над магистерской диссертацией. В тот момент Светлана уже преподавала в Гарварде и согласилась стать научным руководителем Ольги. Вскоре их взаимоотношения переросли в дружеские. Их дружба продлилась до безвременной, трагической кончины Светланы в 2015 году.

[2] Рассказ Ольги Симоновой-Партан «Подружество» вошел в шорт-лист международного конкурса Союза российских писателей «Новые Амазонки 2021». Впервые он был напечатан в сборнике «Новости женского рода» (М.: Союз российских писателей, 2021). Автор рассказа часто беседовала со Светланой Бойм о том, где именно проходит грань между художественным вымыслом и реальностью, и, скорбя о потере близкой подруги, совместила в этом тексте реальные события с художественным вымыслом.

— Ха! А ты права... Неужели до тебя никто до этого раньше не додумался?!

То, как она мне дорога, я поняла с болезненной пронзительностью в солнечный весенний день, в парикмахерском салоне на фешенебельной бостонской Ньюбери-стрит. В специальном отделе, скрытом от местных модниц плотной дверью и длинным коридором, продавались великолепные своей естественностью парики для женщин, лысеющих от сеансов химиотерапии. Примеряя парики, Мила шутила, но ее глаза, глядящие на меня из зеркала, были по-детски напуганы и беззащитны перед силой надвигающегося рока.

— Вот фотография, чтобы было понятнее, какой я была раньше, а вот моя подруга, она здесь в роли стилиста.

Владелица салона с многолетним стажем общения с онкологическими больными вела себя безупречно: деловито и совершенно несентиментально. Парики были один другого краше, цены — баснословны.

— Мила всегда носила ассиметричные стрижки, вы сможете подстричь парик точно так, как на этой фотографии? — вторя заданному дамой тону, подключилась я. В горле был ком и в носу щипало оттого, что под легкой весенней шляпкой я впервые увидела беззащитность частично облысевшего худенького затылка и младенческую гладкость Милиной макушки. Именно в этой макушке сорокапятилетней женщины, еще два месяца назад столь экстравагантной и полной жизни, вдруг физически почувствовалось приближение смерти.

— Вы ведь не будете возражать, если я вам побрею голову? — вкрадчиво спросила владелица салона. — Вам так будет комфортнее в парике.

Полагаю, что выбор именно меня на роль консультанта-стилиста означал ее полное признание глубины и искренности нашего подружества. Она, так скрывающая от всех окружающих свой недуг, хотела в последние месяцы быть только с теми, кто верен и прост. Диагноз был неожиданным и страшным: лейомиосаркома, одно из самых редких женских заболеваний. Поначалу почти бессимптомное развитие, затем раннее метастазирование в лимфатические узлы. Лечили Милу лучшие специалисты-онкологи Бостона. Не вылечили. Она сгорела за восемь месяцев.

— Вы ведь сможете воссоздать мой имидж по этой фотографии? — с надеждой спросила моя подруга. В московской юности профессора-культуролога Н-ского университета Милу Брег звали Людмилой Бережной. Америке свойственно сокращать имена и фамилии. Людмила сократилась до Милы, а фамилия Брег таила в себе скрытый для англо-саксонского восприятия тайный смысл: причал к брегу Нового Света:

— По церковнославянскому у меня всегда было отлично, что за дивные созвучия, — говорила она.

Оказавшись в Новом Свете в возрасте двадцати лет благодаря раннему замужеству (к моменту знакомства будущий муж уже ждал разрешения на выезд) и прекрасно владея английским языком, она бесстрашно и азартно ухнула в водоворот американской интеллектуальной жизни. Блестящий ум, космополитизм и редкая внутренняя свобода. Как только муж попытался ущемить ее свободу, Мила ускользнула от него. Аспирантура одного из лучших университетов мира и головокружительная университетская карьера. Семейная жизнь казалась ей лишь неуместным препятствием к ее страстной жажде жизни и новых впечатлений. Она колесила по миру с лекциями, блистала на конференциях, издавала книгу за книгой. Одни ею искренне восхищались, другие тайно завидовали; аспирантки пытались подражать ее стилю, даже стриглись как профессор Брег; аспиранты влюблялись без памяти. На людях Мила была иронична, искрометна, исключительна.

Она писала о свободе творчества, русской культуре в изгнании, а одна из ее книг носила явный цветаевский отпечаток и называлась «Тоска по родине». Тоска интриговала ее, ибо была чем-то для нее чужеродным, требующим философско-культурологического осмысления. Мила Брег была гражданкой мира и с легкостью приспосабливалась к новизне. Маленький чемоданчик на колесах, шелковый или бархатный (в зависимости от сезона) шарфик, всегда невообразимые по оригинальности оправ очки — символ богемного мироощущения.

— Как ты умудряешься так искусно паковаться? Всегда налегке... — поражалась я, вечно таская за собой огромные чемоданы, набитые ненужным в путешествии барахлом.

— Я легка на подъем, на кой черт мне большой чемодан? Что надо — куплю, а что не надо — выброшу или оставлю в гостинице.

Я искренне восхищалась подругой, но, что греха таить, в моем восхищении была легкая примесь взрослой снисходительности. Было что-то вечно юное, если не подростковое в ее характере. Отвержение оседлости как в сфере быта, так и в бытии. Ее способность концентрироваться на работе сосуществовала рука об руку с трогательной рассеянностью в насущных делах. Напряженно работая несколько недель сряду над новой книгой, она умудрялась терять ключи от квартиры, удостоверения и документы. Бывало, выбежит в магазин, захлопнет входную дверь, вернется, пороется в сумочке — ключей нет, телефон тоже забыла, и сидит себе на ступеньках дома в надежде, что кто-то из жильцов откроет подъезд и даст ей телефон, чтобы вызвать слесаря. Обдумывает написанное, с только что купленным картонным стаканчиком капучино в руке.

Часто, возвращаясь домой после наших подружеских ланчей, ужинов или просто чаепитий, я не могла отделаться от ощущения, что ее интеллектуальный изыск гармонично сосуществовал с отсутствием некоей жизненной мудрости. Предполагаю, что она в свою очередь думала о том, что мои семейные узы и оседлость скрутили меня по рукам и ногам. Временами это проскальзывало и в наших разговорах.

— Ты давно видела Майкла? — спрашивала я о ее бойфренде, живущем на другом побережье Нового Света.

— Месяца два назад, но у нас в этом году совпадают университетские каникулы, — и она уверяла меня, сколь важна разлука для свежести чувств и остроты ощущений.

— Когда ты наконец начнешь искать настоящую работу? — задавала она мне всегда один и тот же вопрос.

Я преподавала русский язык на скромной и низкооплачиваемой должности лектора и ради карьеры мужа и стабильности детей не собиралась срываться с места ради «настоящей работы».

Мне казалось, что у меня есть свое настоящее, а у нее свое. Нас притягивала друг к другу именно наша непохожесть.

Она была совершенно лишена зависти и мелочности и искренне радовалась чужим успехам. Именно ей, первой, я поведала, что неожиданно для самой себя вдруг начала писать прозу, и она стала моей первой читательницей. Ее похвала была для меня бесценна. Я знала, что она не солжет.

— У тебя легкое перо! Пиши, пиши и вырывайся почаще из семейных уз в иные миры, — без устали повторяла она.

— Но кому все это нужно здесь, я ведь могу писать только по-русски? Не сравнивай твой английский с моим!

— Прозу надо писать на языке души, английский тут ни при чем. Всегда ведь можно перевести, — уверяла она.

Именно она нашла мне переводчика, старенького профессора-эмигранта, который все еще преподавал художественный перевод и заинтересовался моими рассказами. В последние месяцы жизни она особенно настаивала на том, чтобы я поступила в программу *creative writing*, странно звучащую в русском переводе как «писательское творчество».

— Этому нельзя научить, — сопротивлялась я.

— Научить, может, и нельзя, а наладить нужные связи и оторваться от домашних дел можно.

А я принималась мыть наваленную в ее мойке посуду, посудомоечной машины в ее квартире почему-то не было, думая про себя: «Если бы я вечно не возилась с детьми и не мыла посуду, я, возможно, тоже могла бы состояться как личность». И мы садились ужинать японской едой «на вынос» из ее любимого ресторанчика за углом под названием «Сакура».

Память о нашем подружестве ярка, но фрагментарна. Вот уже пять лет после ее ухода каждый раз, направляясь по делам в центр Бостона, я думаю: «Ой, я же не позвонила Миле!» — и, проходя мимо окон ее бывшей квартиры, вдруг вспоминаю ее вечеринки, приглашения на которые она рассылала друзьям и коллегам с зазывной надписью: «Are you going to join the Party?!»[3] Для меня там всегда

---

[3] Ты присоединишься к вечеринке? (*англ.*).

Светлана Бойм и Ольга Симонова-Партан, 2014 год

приписка по-русски: «Ничего не приноси, кроме бараньей ноги. Целую». Сколько бараньих ног было запечено и доставлено — не перечесть! Стремительно распахивалась входная дверь, и она, возбужденная, радостная, в чем-то непременно черном или бордовом, с яркой, тоже бордовой помадой на губах, провозглашала: «Прибыл наш партийный шеф-повар!» Встречу Нового года она любила отмечать бурно и шумно в больших компаниях, и в момент, когда на экране телевизора вместо боя кремлевских курантов с небес спускался мерцающий шар на нью-йоркской *Times Square*, она всегда сбрасывала туфли и взбиралась с бокалом шампанского или на диван, или на кресло, или на кофейный столик, совершая прыжок в новизну, в брызгах шампанского в первые секунды Нового года.

А вот предпоследнее лето ее жизни. По мерцающей глади залива Кейп-Код плывет огромная черная шляпа. Отдыхающие (все в бейсбольных кепках, независимо от возраста и пола) недоумевают: «Что это за диковина?», а это — Мила плавно и размеренно плывет брассом вдоль побережья в роскошной широкополой французской шляпе, ни лица, ни брызг не видать. Затем она выходит на берег в черном сплошном купальнике с сеточкой, как бы по ошибке заплывшая сюда на пляж со средиземноморского курорта. Она приехала погостить ко мне на пару дней в городок Брюстер, где я снимаю на несколько недель небольшой дачный коттедж. В легком Милином чемоданчике, почти не распакованном после европейского путешествия, ни одного соответствующего кейп-кодовской простоте наряда. Зато уже через день появляется респектабельного вида поклонник, который показывает ей в отрытом автомобиле окрестности.

— Ну ты даешь! — восклицаю я. — Я на этом пляже сижу с детьми каждое лето, год за годом, и никто никогда ко мне не клеился. Вон, смотри: твой обожатель прикатил!

— Каждому свое! — парирует моя подруга, выпархивая из дома в элегантном шифоновом одеянии: большие сочно-бордовые розы на черном фоне.

Отношения с бойфрендом Майклом часто не ладились.

— Мне кажется, у него кто-то появился. Он странно себя ведет и всячески откладывает поездки в Бостон.

Я всегда недолюбливала этого Майкла — надменного, псевдозагадочного, всегда чем-то недовольного профессора психологии. Мила старательно скрывала от него свой диагноз и, когда он приехал на несколько дней в разгар агрессивного лечения, умудрилась ни разу не снять при нем парик. Майклу было сказано, что была сделана операция по женской части и что дело идет на поправку.

— Он, по-моему, пока даже не понял, что я в парике. И это твоя заслуга, — прошептала она мне в телефон. — Ну все, пока. Созвонимся завтра.

И действительно, в парике и с легким макияжем она первое время выглядела просто слегка утомленной и сильно похудевшей, не более.

Следующее текстовое сообщение было коротким и зловещим: «Майкл уехал, а рак остался. Получила результаты последних обследований. Все очень плохо. Приезжай, когда сможешь. Завтра? Надо поплакаться».

Была назначена вторая операция, после которой Мила уже не вернулась домой. За день до операции она попросила меня заехать за ней и отвезти ее в больницу:

— Я велела родителям приехать уже после операции. Я не в силах видеть папину растерянность и мамины слезы.

Операция задерживалась, и мы целый час просидели в комнате ожидания. К нашему удивлению, на каждом столике лежали карандаши, картинки для раскрашивания и спицы с разноцветной пряжей: все это в терапевтических целях, для успокоения больных и их близких. Неожиданно для самих себя мы взялись за спицы, и пальцы сами собой вспомнили давно забытые упорядоченные движения, отбросившие нас назад, на уроки труда, в далекое детство.

— Я и понятия не имела, что помню, как вязать, — удивилась Мила.

— А ты помнишь свою училку по труду? У нашей была кличка Салтычиха, — вдруг вспомнила я. — Она всех посылала к завучу, свирепствовала.

— А моя была сердобольной старушкой, от прошлой жизни. Как сейчас помню — Нина Лаврентьевна Петухова. Мы ее называли курицей. Она очень любила пословицы и поговорки: «Без труда не вытащишь рыбку из пруда», «Хорошо трудиться — хлеб уродится!» — улыбаясь, вспоминала Мила.

И вместо мучительного ожидания мы все быстрее и быстрее вязали, глядя не столько на пряжу, сколько на мелькающие в памяти образы детства.

— Знаешь, я свою школьную форму обкромсала однажды до неприличия. Мини-бикини. И родителей вызывали в школу. А еще, ради эпатажа, я каждый день приходила в пионерских галстуках разных цветов, — хвасталась Мила.

— Как это разных цветов?

— Я их нарезала их разного тряпья — всех цветов и отливов. Меня выгоняли, а я радостно шла есть мороженое за 19 копеек с розочкой.

— Да-а-а... Я и не знала, что ты была такой хулиганкой. Не запомнила ты, видно, напутствия: «Как повяжешь галстук, береги его: он ведь с красным знаменем цвета одного».

И мы расхохоталась, на короткие мгновения забыв обо всем.

— Мила Брег! — пригласила ее в предоперационную медсестра. — Примите наши извинения за задержку.

Как я потом благодарила судьбу за эту задержку и за те радостные мгновенья!

В последний раз мы виделись за три дня до ее ухода. Передо мной в больничной палате полусидело, полулежало, слабо улыбаясь, малюсенькое, исхудавшее существо. На голове — чуть отросший ежик темных волос, на лице — одни отрешенные карие глаза, видящее уже что-то на *другом берегу*.

— Спасибо.

— За что?

— Что пришла... За подружество, — слабо улыбнулась она.

Вошла медсестра, тон которой напомнил владелицу магазина париков:

— Вот, Мила, капучино для вас, — и обращаясь ко мне: — Для вашей подруги мы специально приносим кофе из «Caffè Nero», через дорогу. Наш больничный кофе не для нее.

Есть Мила уже ничего не могла, и маленькой пластмассовой ложечкой я давала ей сначала молочную пену, а потом глоточки кофе.

— Мы скоро опять будем обо всем долго-долго говорить, — прошептала она. — Знаешь, мне очень интересно, что ТАМ.

И вот что удивительно: приблизительно через месяц после ее ухода я получила послание по электронной почте, отправленное с ее личного адреса лишь с одним словом: «Surprise». Вначале я похолодела, а потом несказанно обрадовалась. Говорят, что такие странности происходят иногда с электронными адресами умерших и что это чистая случайность интернетовских реалий, но я поняла это иначе. Это послание было совершенно в ее стиле и заключало в себе потустороннюю словесную игру. Это слово «Surprise» было открыто к столь любимым ею смысловым интерпретациям: то ли «меня здесь ждал сюрприз», то ли «удиви (дескать, твори, дерзай!)», то ли «это тебе сюрприз от меня, дань подружеству». Ее убитые горем старики-родители, единственные, кто имел доступ к ее личной электронной почте, никогда ничего подобного мне не посылали. Они не суеверны, но были счастливы услышать от меня благую весть.

Составители книги хотят поблагодарить всех своих и Светланиных друзей, кто помогал им в этом проекте, и в первую очередь Наташу Стругач и ее сына Александра Стругача, которые своими прекрасными переводами, сохраняющими дух Светланиных рассказов, инициировали этот проект. Мы благодарны Ольге Партан, которая написала и разрешила использовать свой трогательный рассказ, посвященный памяти Светланы, и Александре Смит, чье стихотворение мы сделали эпиграфом. Мы благодарны нашему редактору Эльвире Фагель, которая вложила душу в работу над редактированием текста, а также Петру Ильинскому, который рекомендовал нам Эльвиру Фагель и сам провел огромную работу по превращению компьютерного файла в нормальный вид. И конечно, мы благодарны Светланиным друзьям и коллегам из Гарвардского университета, Стефании Сандлер и Давиду Дамрашу, которые оказывали и оказывают гигантскую помощь и поддержку в каждом проекте по сохранению памяти нашей дочери Светланы Бойм.

Содержание

Муза и Юрий Гольдберг. От составителей 7
Ольга Симонова-Партан. Предисловие 9
Наталья Стругач. О Светлане Бойм
   (вступление переводчика) 13

1. Ребята, нас обманули! 21
2. Космос в женском туалете 42
3. Отторжение 54
4. Ниночка 70
5. Заменить незаменимое.
   Рассказ об иммигрантских вещах 81
6. Мои значимые другие: Зенита, Сусанна, Иланка 93

Ольга Симонова-Партан. Вместо послесловия.
   Памяти Светланы Бойм. Подружество 149

Светлана Бойм
РЕБЯТА, НАС ОБМАНУЛИ!
(Жизнь в рассказах)

Директор издательства *И. В. Немировский*
Ответственный редактор *И. Белецкий*
Куратор издания *В. Кучерявенко*
Заведующая редакцией *Н. Ломтева*

Дизайн *И. Граве*
Редактор *Р. Рудницкий*
Корректоры *Е. Гайдель, А. Филимонова*
Верстка *Е. Падалки*

Подписано в печать 28.11.2024.
Формат издания 60 × 90 $^1/_{16}$. Усл. печ. л. 10,1.
Тираж 300 экз.

Academic Studies Press
1577 Beacon Street, Brookline, MA 02446 USA
https://www.academicstudiespress.com

ООО «Библиороссика».
198207, г. Санкт-Петербург, а/я № 8

Эксклюзивные дистрибьюторы:
ООО «Караван»
ООО «КНИЖНЫЙ КЛУБ 36.6»
http://www.club366.ru
Тел./факс: 8(495)9264544
e-mail: club366@club366.ru

Книги издательства можно купить
в интернет-магазине: www.bibliorossicapress.com
e-mail: sales@bibliorossicapress.ru

Знак информационной продукции согласно
Федеральному закону от 29.12.2010 № 436-ФЗ